U0102571

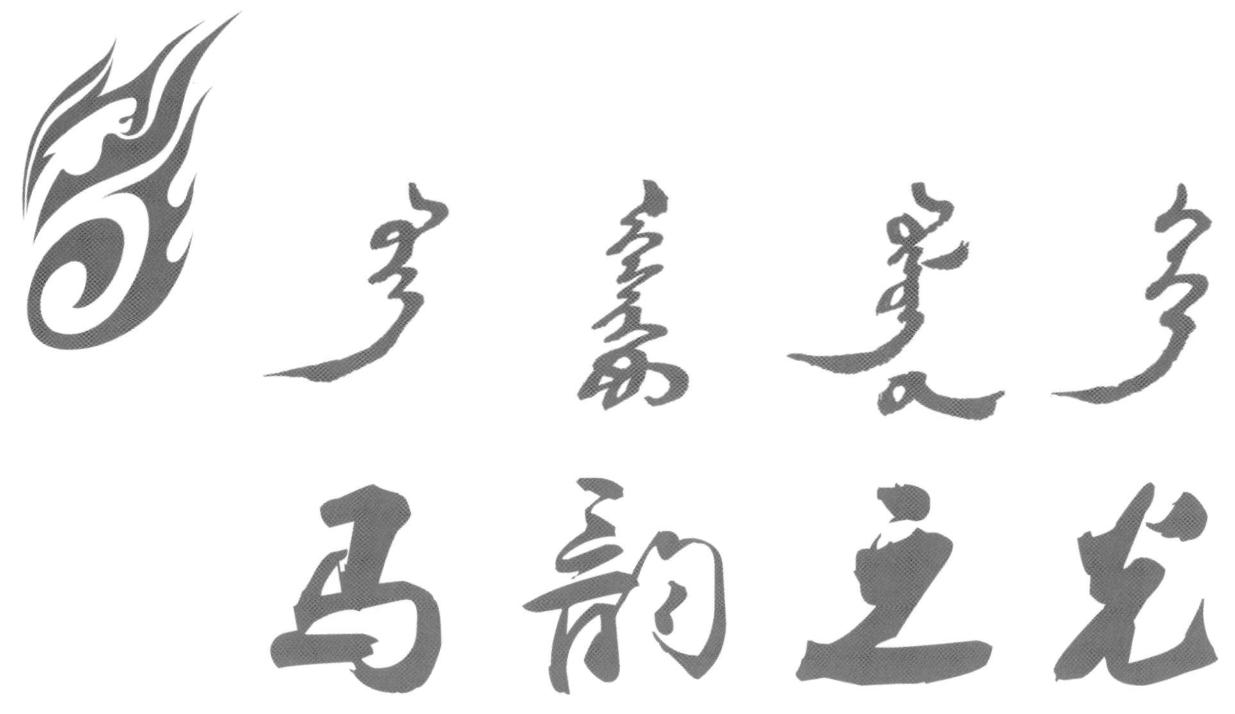

常霞　主编

内蒙古科学技术出版社

图书在版编目（CIP）数据

马韵之光 / 常霞主编. — 赤峰：内蒙古科学技术出版社，2021. 5
ISBN 978-7-5380-3315-1

Ⅰ. ①马… Ⅱ. ①常… Ⅲ. ①摄影集—中国—现代②诗集—中国—当代③散文集—中国—当代 Ⅳ. ①J421 ②I217.1

中国版本图书馆CIP数据核字（2021）第091546号

MAYUNZHIGUANG
马韵之光

主　　编：常　霞
责任编辑：季文波 杨永俐
封面设计：刘文娟
出版发行：内蒙古科学技术出版社
地　　址：赤峰市红山区哈达街南一段4号
网　　址：www.nm-kj.cn
邮购电话：0476-5888970
印　　刷：赤峰天海印务有限公司
字　　数：152千
开　　本：787mm × 1092mm　1/12
印　　张：17.75
版　　次：2021年5月第1版
印　　次：2021年6月第1次印刷
书　　号：ISBN 978-7-5380-3315-1
定　　价：198.00元

《马韵之光》编委会

出 品 单 位：锡林郭勒盟文学艺术界联合会

编委会主任：常　霞

编委会副主任：额日德木图　额尔德木图　李慧兰　和　平　吉　嘎

主　　　编：常　霞

编委会成员：（按姓氏笔画排序）

王静洁　乌　仁　乌日古木拉　艾日贡　孙永斌

闫　云　李迎新　李建勇　张昊辰　陈巨澜

孟根其其格　曹要拉图　朝克图那仁

统　　　稿：李慧兰

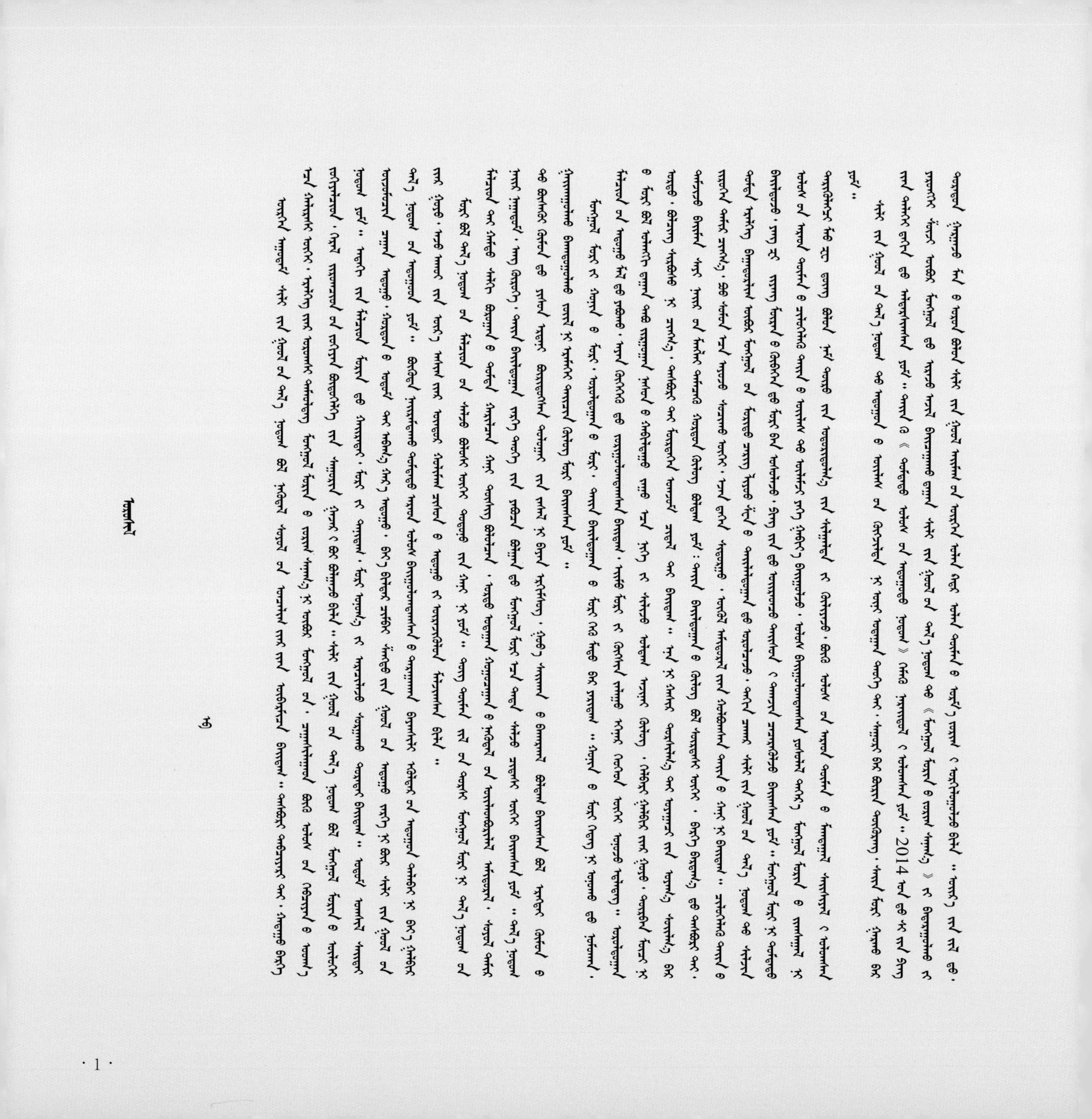

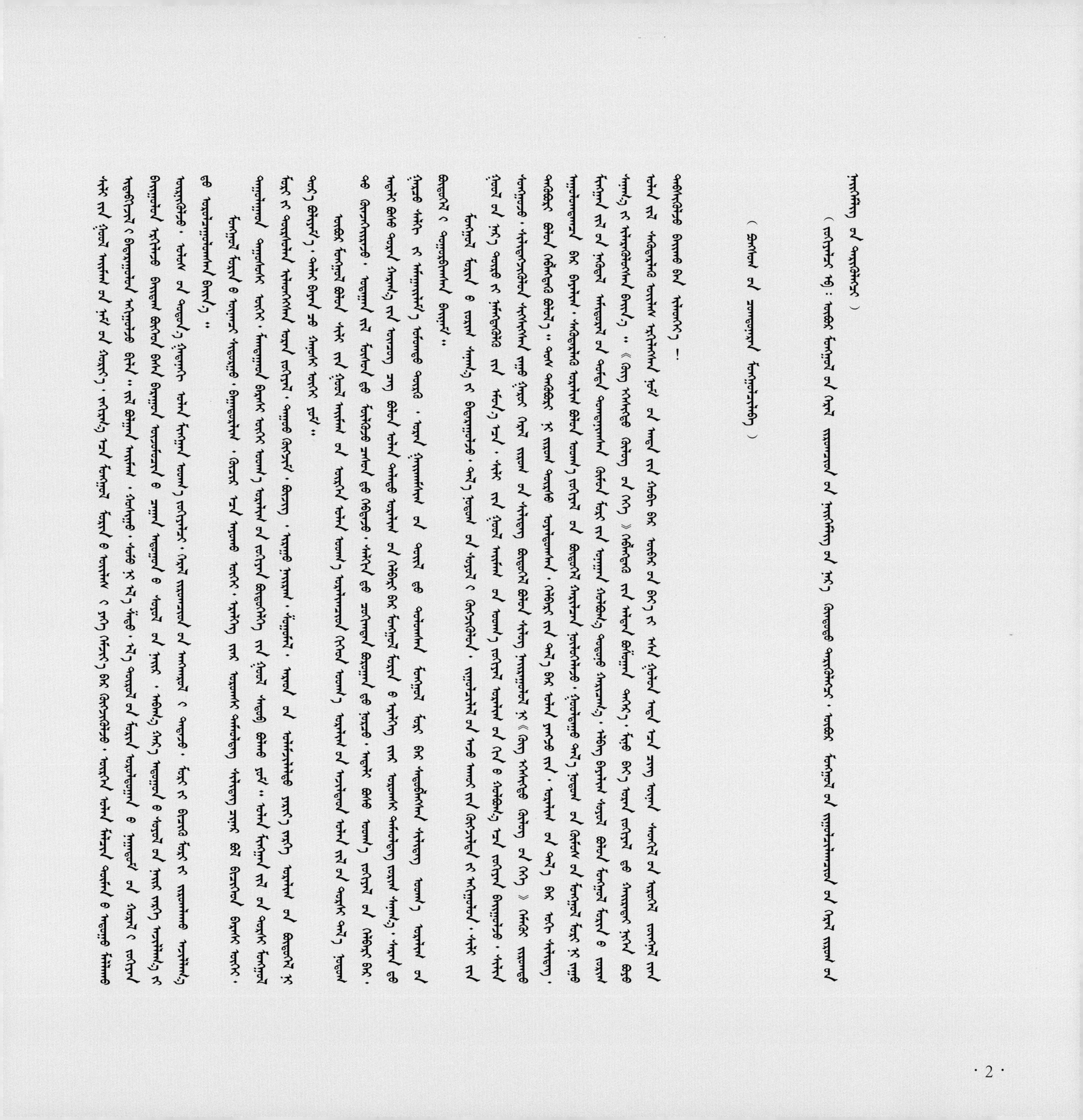

[illegible]

序 言

额博

广袤的锡林郭勒草原，以其独特的游牧文化，吃苦耐劳、不畏艰险、勇往直前的蒙古马精神，成为内蒙古乃至全国文学家、摄影家的创作基地。锡林郭勒草原是蒙古马的故乡。这里的牧民爱马、懂马，喜欢养马。优良的乌珠穆沁白马、善于奔跑的阿巴嘎黑马、矫健俊美的上都河马，均出产在锡林郭勒草原。新中国成立初期的白音锡勒种马场，还培育出体形俊美、经济价值很高的混血马。

马是草原上人们的亲密伙伴。千百年来，蒙古马与草原上的牧人风雨相伴，在长期的游牧生产生活、体育竞技、文化娱乐、狩猎、战争等历史进程中都离不开蒙古马。在草原上，如果女人的财富是华美的头饰，男人的财富就是一匹雄健的蒙古马。

蒙古马分为牧马、赛马、战马。牧马多为老实马，为牧民放牧骑乘，这类马老人、妇女与儿童都能骑乘。赛马大多是五岁左右百里挑一的骏马，体形俊美，四腿修长，肌肉发达，既有耐力，又有爆发力。经过有经验的老马倌吊驯，才可成为优秀的赛马。战马体形剽悍，吃苦耐劳，心理素质好，不畏枪炮战火，忠实于骑兵战士，是骑兵的生死战友。在解放战争中，英勇的内蒙古骑兵，纵横辽沈战场，转战锡察草原，饮马扬子江畔，兵临平津城下……威震敌胆。

蒙古马为中国人民的解放事业立下了汗马功劳，曾在开国大典上受到毛主席等党和国家领导人的检阅，深受全国人民的赞誉。

锡林郭勒草原马业发展历史悠久，基础比较完善，以盛产优良马匹而闻名天下，因此有“中国马都”之称。2014年，习近平总书记考察内蒙古时，在锡林郭勒草原提出了弘扬“蒙古马精神”，我区及锡林郭勒盟广大干部群众深受振奋与鼓舞。近些年，锡林郭勒盟委、行署大力发展蒙古马产业，极大地调动了广大牧民养马的积极性。每年盟、旗、苏木都举办各级各类的那达慕赛马会，还举办西乌珠穆沁白马文化节、阿巴嘎黑马文化节等赛事活动，吸引了成千上万的国内外文学家、摄影家写马、拍摄马。

蒙古马的忠诚勇敢、吃苦耐劳、勇往向前的优秀品质是写不完、咏不尽、赞不绝的文艺创作主题。千百年来，有关蒙古马的文学、音乐、舞蹈、诗歌、雕塑、民间传说等文学艺术作品，脍炙人口，浩如烟海，举不胜举。内蒙古及锡林郭勒盟广大文艺家和文艺工作者，多年来深入草原，长年爬冰卧雪，栉风沐雨，以不同的文学形式，不同的镜头视角和多元的艺术形式，将蒙古马勇往直前的精神，踏月追风的雄姿表现得出神入化，创作出一大批以蒙古马为题材的优秀文艺作品。

为弘扬蒙古马精神、繁荣草原文化、推动旅游经济的发展，提高锡林郭勒的知名度，由锡林郭勒盟文学艺术界联合会组织精选出百余幅优秀的摄影、诗歌、散文作品，编辑成《马韵之光》图文集。该集亦文亦图、形式多样、艺术精湛、内涵丰富，摄影艺术与文学作品相得益彰，主要表现草原上的人与蒙古马，在千百年的游牧生活中形成的人马合一的亲密关系、多姿多彩的文化，以及蒙古马精神。在《马韵之光》图文集付梓之际，我作为一个热爱文学，从事摄影多年的文友，不揣浅陋，在此表示衷心的祝贺！

（额博：内蒙古摄影家协会名誉主席，内蒙古旅游摄影家协会主席）

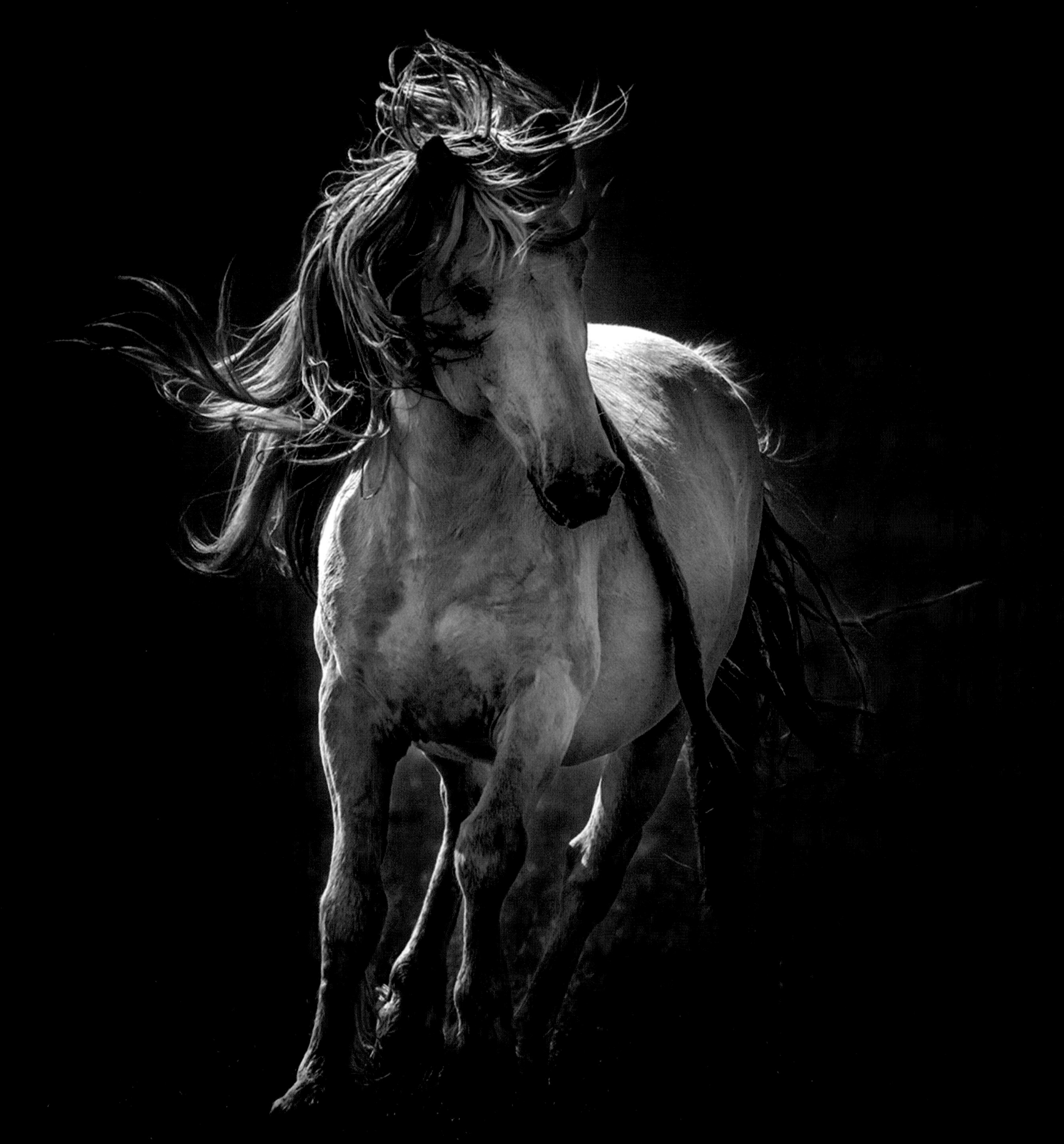

目 录

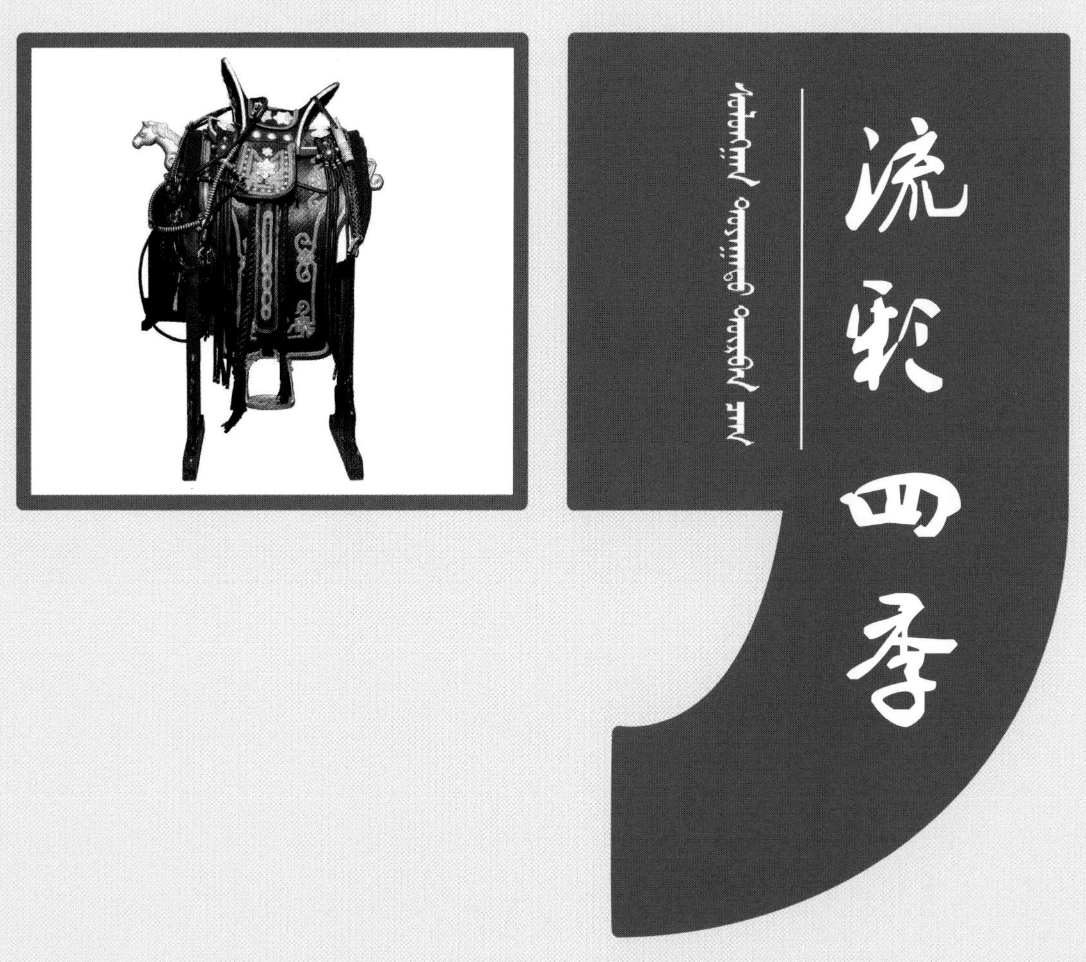
流彩四季

故乡的蒙古马

常霞

辽阔壮美的草原，蕴含着诗和远方的憧憬。许多慕名者跋山涉水来到美丽的锡林郭勒草原——中国马都。在蓝天白云下，领略着蒙古马的骁勇飘逸，追逐着蒙古马的遒劲足迹。当我陪着他们去那达慕会场观看赛马，去敖特尔牧人之家挥杆套马，去草库伦、九曲湾牵缰遛马时，他们的惊叹、痴迷和眷恋，深深地感染了我。让我这个生长于草原的人对蒙古马与草原的渊源，蒙古马的特征、品质与精神有了全新的领悟与震撼！从而更迫切地想走近草原灵魂蒙古马，读懂草原跳跃音符蒙古马，感悟草原吉祥图腾蒙古马……

神奇苍茫的锡林郭勒草原自古就是蒙古马的绿色摇篮和天然牧场，早在旧石器时代，就有了人类生存繁衍的足迹。游牧民族对自然崇拜以“苍天”为最高神灵，他们认为马是人类和神之间心灵沟通的天使，是连接着草原与牧人之间的生命脐带。中国古代神话和传说中，马代表着吉祥。伏羲氏观天下，看龙马之身称之为“祥瑞之兽”。古人认为，龙马就是仁马，它是黄河的精灵，是中华儿女的化身，具有特别的象征和意义。穿越历史的尘埃，马寄托了人们太多的崇敬和美好祈愿。“千里疾风万里霞，追不上百岔的铁蹄马。”从蒙古族这句谚语中就可以看出世代逐水草而居的马背民族对马的由衷喜爱和赞美。

广袤丰饶的锡林郭勒草原，曾是匈奴、东胡、鲜卑、突厥、蒙古等少数民族主要的繁衍生息之地。13 世纪，元朝的夏都——元上都在此建立，促进了中原农耕文化与草原游牧文化的交融。这片得天独厚的草原，也孕育和淬炼了具有耐寒、耐粗饲、抗病力和持久力强等特性的蒙古马。早在距今五千多年前，蒙古高原的先人就已开始驯服饲养马了，积累了丰富的饲养和驯化马的经验。自周、秦到元朝以来，就有大量优良马匹源源不断输送到中原地区。特别是在清代，这里是驰名中外的塞北名马及军马的盛产地，素有“皇家御马苑”之殊荣。在高寒草原上生存的蒙古马，是世界上较为古老的马种，虽没有阿拉伯马的高大漂亮，没有英国纯血马的名贵娇气，没有汉武帝梦寐以求汗血宝马的神奇，但蒙古马长年处于艰苦的自然环境中，夏日忍受酷暑蚊虫，冬季抵御透骨奇寒，在天寒地坼的大草原上担负着转牧场、踏坚冰、战沙场等重任，以坚韧不拔的毅力穿沙漠过雪原，任何恶劣的气候和环境都阻挡不住它的步伐。它拥有世界上很多马都比不上的优势，那就是无穷无尽的耐力和勇往直前的魄力。

极具蒙古高原和东方色彩的蒙古马给人以美的震撼和力量的启迪。在蒙古族的生产劳动、行军作战、社会生活、祭奠习俗中，都伴随着马的踪影。蒙古马的形象反复出现在诗歌、谚语、音乐舞蹈和雕塑中，足以说明人与马的感情经久不衰，历久弥新。英雄史诗《江格尔》中多处描写了蒙古马的形象。如“阿兰扎尔（蒙古马的名字）的背部多么美观，它是一切美质的产生之源。它那炯炯有神的眼睛，凝聚着它的智慧和聪明。阿兰扎尔的前腿像兔子的前腿，那么劲秀，蕴含着它的矫健和神速……阿兰扎尔直竖的双耳，仿佛竖牢而锋利的剪刀。阿兰扎尔甩动的脑鬃，在阳光之下熠熠闪耀……” 对马的欣赏、体验与感动，很多时候我觉得是语言和文字无法企及的。当你跨上马背驰骋碧野间，是否感受到蒙古马奔放中的神武俊健，强悍中的自信不屈？蒙古马仰天长啸、长尾飘洒，似闪电流火在击鼓扬尘中气贯长虹，在纵横千里中描摹出草原的鸟语花香。当你置身于白雪皑皑的群山环视中，是否感受到蒙古马寂寥中沉淀的深邃，守望中凝聚的力量？蒙古马伫立风雪中冥思遐想，目光如潭，鬃毛如瀑，巍峨如山的身躯似一尊凝固在苍穹之间的雕塑，镌刻着历史的沧桑，饱经岁月的磨砺。蒙古马不仅用一马当先的豪迈与万马奔腾的气概，书写着孜孜不倦的风采，还用自己的筋和骨造了马头琴这个不朽的铸魂之作，让生命在长调与牧歌中千秋永存。无论是马头琴那悠远、沧桑、凄婉的鸣响，还是雄浑、明快、铿锵的旋律，能否让你感到灵魂的涤濯和心灵的共鸣？在草原上，还有什么能与蒙古马相媲美呢？！无论是你千里迢迢心怀图腾而来，还是你提缰挥鞭奔向辽远，相信你都会对蒙古马的奔放、凝望、驻守一往情深。蒙古马可谓是独领风骚的一道风景线，是风霜雨雪中永不休止的跳跃音符，让无数爱恋草原的人为之荡气回肠。

蒙古马以忠义、无畏践行着“勇往直前、驰而不息、永不言败”的誓言。蒙古马是极富感情又忠于主人的动物，英国作家詹姆斯·奥尔德里奇在《奇异的蒙古马》一书中写道，英国人为了搞科研从蒙古戈壁带走的一匹蒙古马，马儿远在他乡，寝食难安、神情黯然。凄清的秋风一路向西越过山岗，这匹马就像远嫁的姑娘，不停地扬起头向家的方向频频回望与嘶鸣。后来经历无数个星辰相伴，风雨兼程，经过了无数次激流险滩，砭骨饥寒，终于回到了自己的故乡。品读蒙古马这种故土情结，总让人不由热泪盈眶。

蒙古马喜欢群居、爱老护幼，对伴侣忠贞，从不伤害其他动物，是与大自然和谐相处的典范。

蒙古马在烽火中与战士共患难，胜似战友。马飞驰在战场，如战士的翅膀，有的在冲锋陷阵的硝烟弥漫中倒下，有的在枪林弹雨的狂奔突围中累死。蒙古马为自己的主人流血流汗、鞠躬尽瘁、死而后已。荣获第十二届中国舞蹈“荷花奖”的舞剧《骑兵》，我看了很多次，每一次看后都心潮澎湃。黄沙漫天，狼烟四起，猎猎战旗在空中飘扬，铮铮马蹄声似乎又把我带到曾经战火连天、保家卫国的岁月，让我重温人马情、英雄情和家国情！

姥爷是一位身经百战的抗日老兵。辽沈战役中，骑兵师铁马勇士乘胜追击溃败逃窜的敌军。敌人借着暮色弥漫，在清水泡子边复杂的灌木丛和水流湍急的河边伏击赶来的骑兵。接连有战士及战马倒在血泊中。在这危急的时刻，一个鄂温克族老兵，毫不犹豫地带领姥爷与几个年轻战士，策马回身，腾空跃起，用自己的身体和马背做后盾，掩护着战友们分散撤离的同时，疾驰如箭般冲向流弹纷飞的方向。“清水泡之战”胜利集结号吹响了，可这位老骑兵却再也听不到战友的呼唤了。那匹随他屡立战功的枣红马，久久伫立在鲜血染红的河湾，淌着泪，耷拉着耳朵，不肯离去。辽沈战役大获全胜后，姥爷骑着老骑兵留下的那匹枣红马，怀着战友未完成的遗志，转战大青山，奔向察哈尔大草原开展剿匪战斗。沿着祖辈前进的足迹，父母赶着马车蹚过乌拉盖河与色吉勒河泥泞的沼泽滩，屯垦戍边在祖国的边疆。至今我仍念念不忘父母对我们最大的期望，“胸怀要像能跑马的草原一样宽阔；志向要像识远途、有耐力的蒙古马一样，把吉祥火种播向天边。”虽然红色骑兵和兵团战士已退出历史舞台，祖辈们也未给我们留下什么值得炫耀的财富和显赫的功名，但是那枚传家宝——红色骑兵功勋章，无论何时拿出仔细端详，依旧熠熠生辉。功勋章上面那闪亮的星，如心底那一簇薪火，为我积蓄着永不枯竭的温暖与力量！

“一方水土养一方神灵”。蒙古马经受住来自自然界，来自猛兽，来自一切敌人的生死考验，既求得了生存发展，又成就了蒙古马的英名。蒙古马与草原已被岁月牢牢地拴紧了感情的纽带，彼此难以割舍分离。马已成为一个内涵丰富的符号，草原赋予了它神性，也给予了它人性。人与自然、生命无时无刻不在对话，草原、牧人、骏马奏响了自然界最动人的和谐乐章。

马蹄踏过，仿佛历史在心灵深处回响；马背回望，仿佛远古在向你召唤，蒙古马承载着草原生生不息的辉煌。2014 年马年春节来临前夕，习近平总书记来到锡林郭勒盟参加牧民传统那达慕大会时，被蒙古马精神所感动，希望全国各族人民团结奋进，干事创业就要像蒙古马那样吃苦耐劳、一往无前！星河灿烂、流芳四季，“蒙古马精神”早已融入草原各族儿女的血脉之中，已熔铸到中华民族龙马精神之中。在实现“守望相助 共圆伟大中国梦”的征途中，天骏嘶鸣声声、马蹄铮铮、奔驰如弓、疾速如箭。勇往直前的蒙古马，以驰而不息的雄姿丈量着蓝天的高远和大地的辽阔，以不达目的不罢休的坚韧与执着，奋蹄奔向远方的波澜壮阔！

（常霞：中国作家协会会员，中国少数民族作家学会会员，锡林郭勒盟文学艺术界联合会党组书记、主席，曾出版文集《梦里花落》《碧野涛声》）

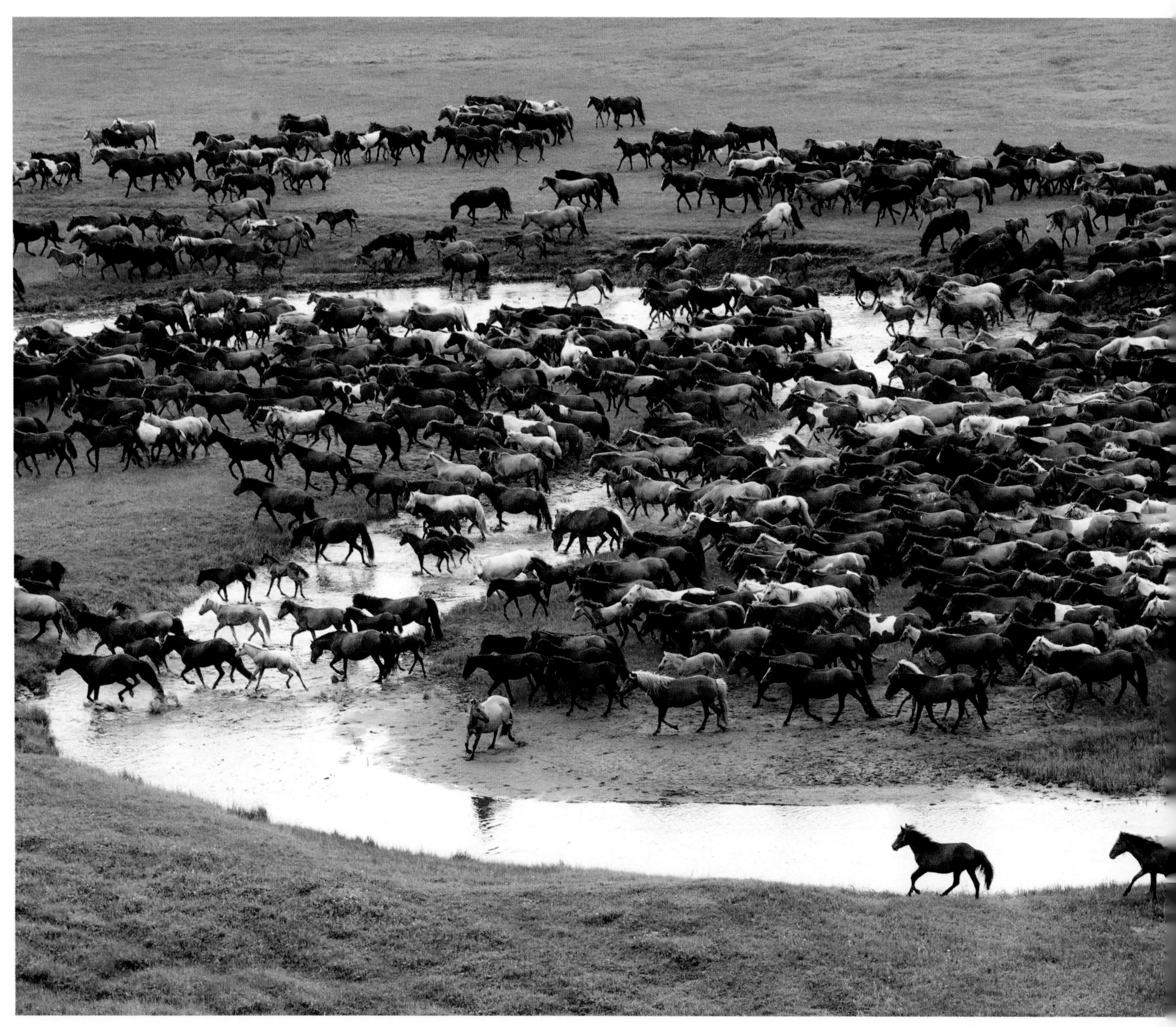

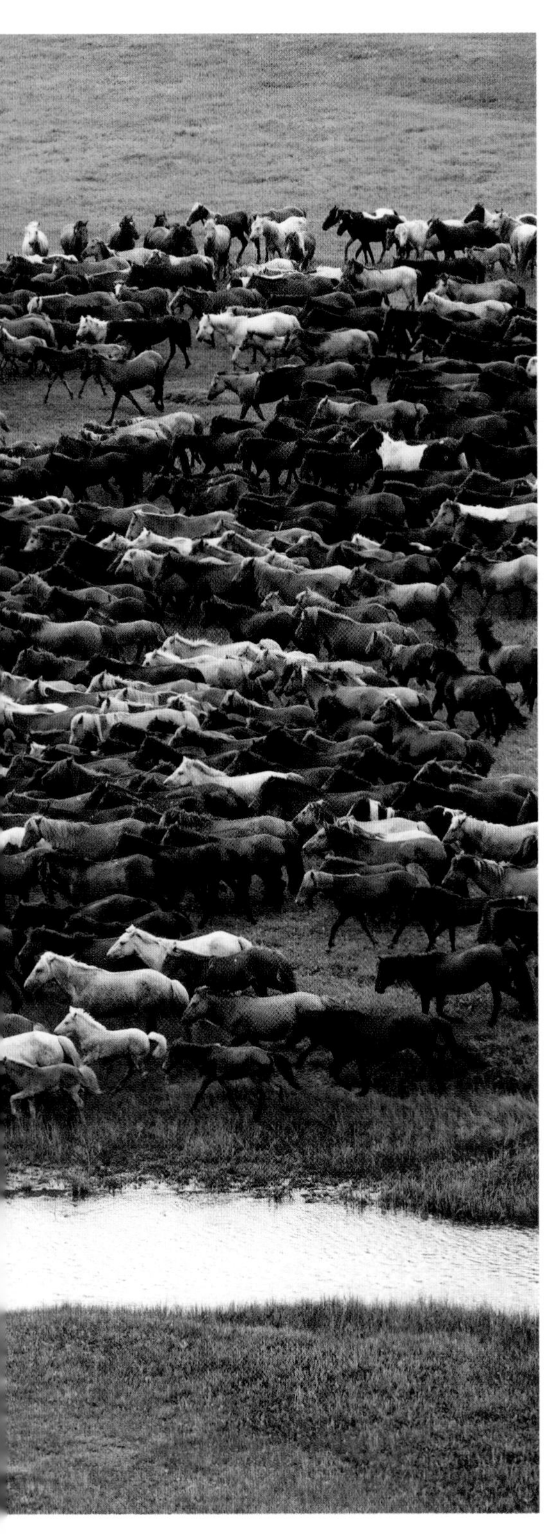

《乃林郭勒》 摄影 / 白嘎利

骏马

青格里

绿海翻卷蹄下生花
阔野中风云叱咤
一曲悠扬的长调
萦绕在美丽的家

驮着一个民族
穿越千山万水
一曲艰难进取的歌
一部民族发展的史话

驮着古老的信念
早迎旭日 晚送彩霞
驮着四季营盘
踏去雨雪风沙

欲知牧人的胸怀
请跨上草原的骏马
鞍桥上风光无限
云去天开一派北国画

生 任重道远
扬鬃飞蹄量天涯
死 忠贞如一
马头琴上一曲悲壮佳话

啊 骏马 骏马
奔驰在白云下
你是民族的骄傲
你是宇宙胸前的一朵花

翻过远山的牧歌

王志勇

在草原
远处的山就是信念

当月光悄悄爬上山顶
巴特尔就把马群赶下了坡
那个水草肥美的草场

一声声长嘶 悠悠的
长调一样在云端响起
走马的蹄音 嘚嘚嘚 打着节拍
似远古传来的琴音

牧歌就一声声融化在风中 草中
翻过那山……

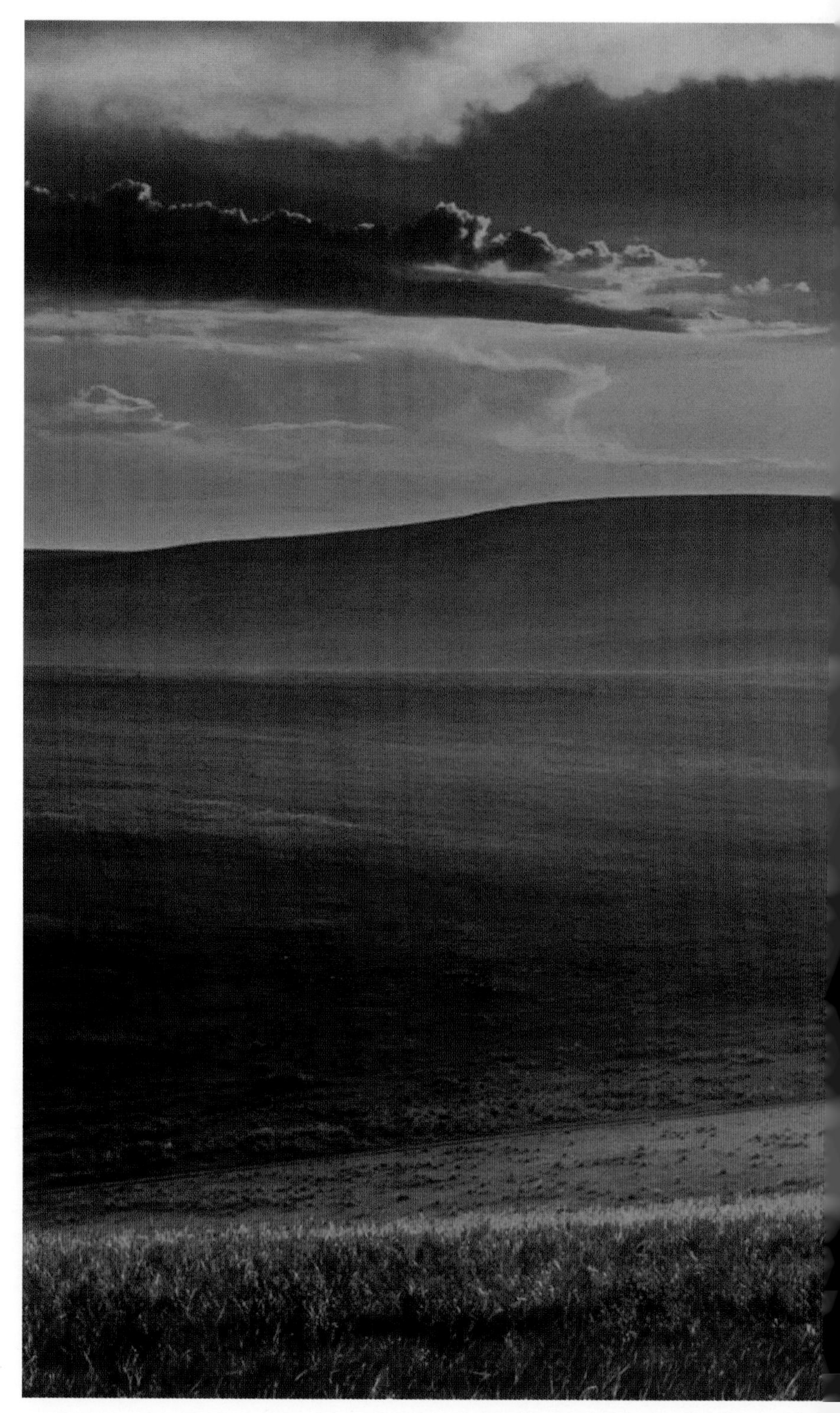

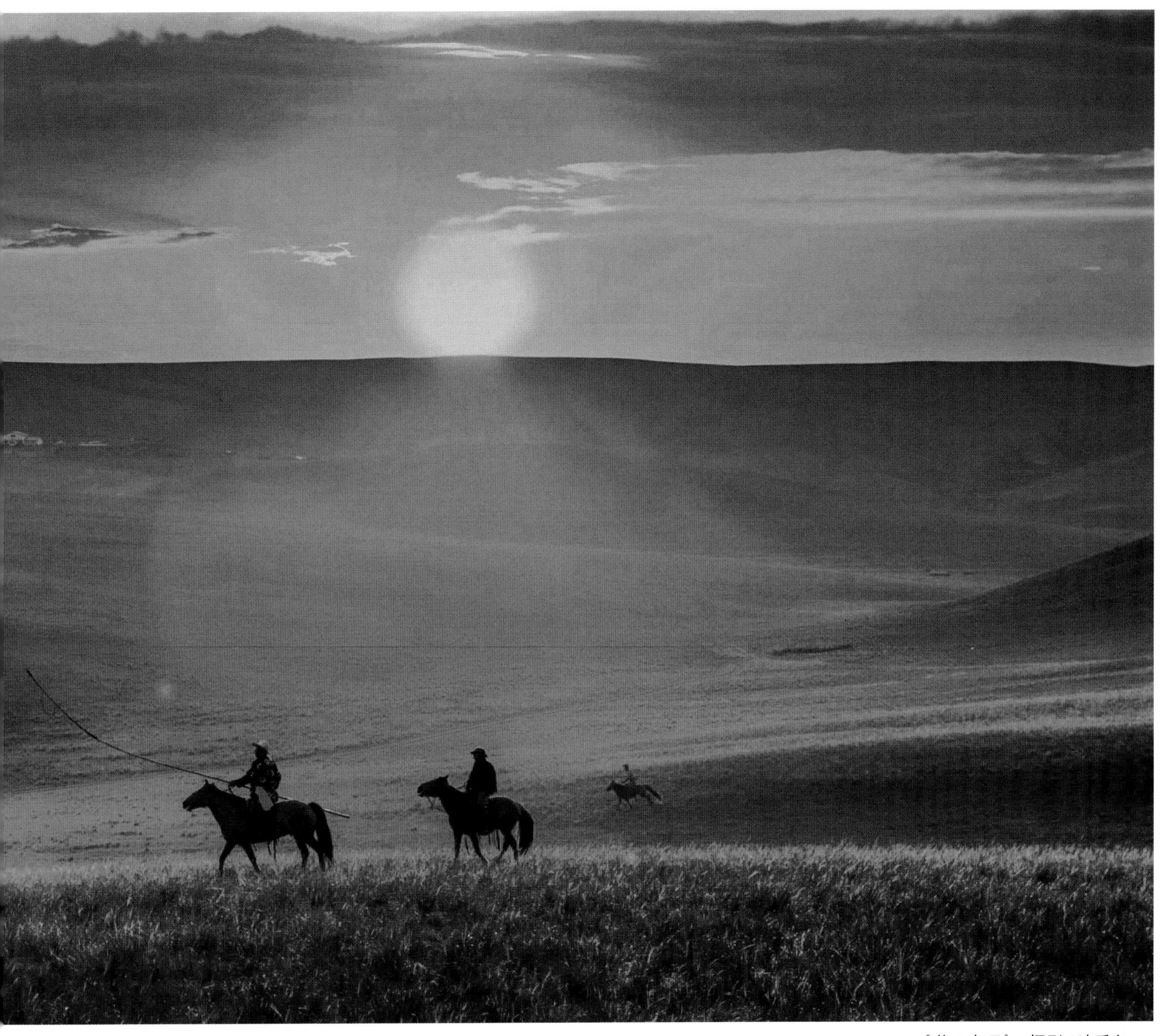

《落日余晖》 摄影 / 沈爱冬

白马·乌珠穆沁

斯日古楞

在蒙古马体系
你是骁勇的一支

岁月 翻卷着风尘
马蹄踏浪
苍天 大漠 戈壁
地平线上重叠
回放你激荡的旋风
从天边到天边
千百年来名不虚传

坐骑 圣祖成吉思汗的坐骑
铁流滚滚 走成了威猛
大气轩昂抖擞长鬃
一鼓作气追星逐月

白马如闪电
宝马良驹的剪影
以久负盛名的荣耀
在辽阔草原前行

乌珠穆沁白马
白马的乌珠穆沁
你是自己的敖特
你是自己的图腾
你是自己的赞歌
你是自己的诗篇

白马 乌珠穆沁的灵魂
跨越万水千山
驰骋茫茫草原
你是成吉思汗头顶的白云
投射在大地上的影子
传递乌珠穆沁的泣血基因

你的路 没有遥远只有永远
你的生命不会终结
马头琴的传说就是你的座右铭

抚摸着你的眼睛
我听到了启程的宣言
能与你同行是我的光荣
我的梦一定是与你相伴
我们大路朝天 烈马飞奔
神骏如旗 旗开得胜 马到成功

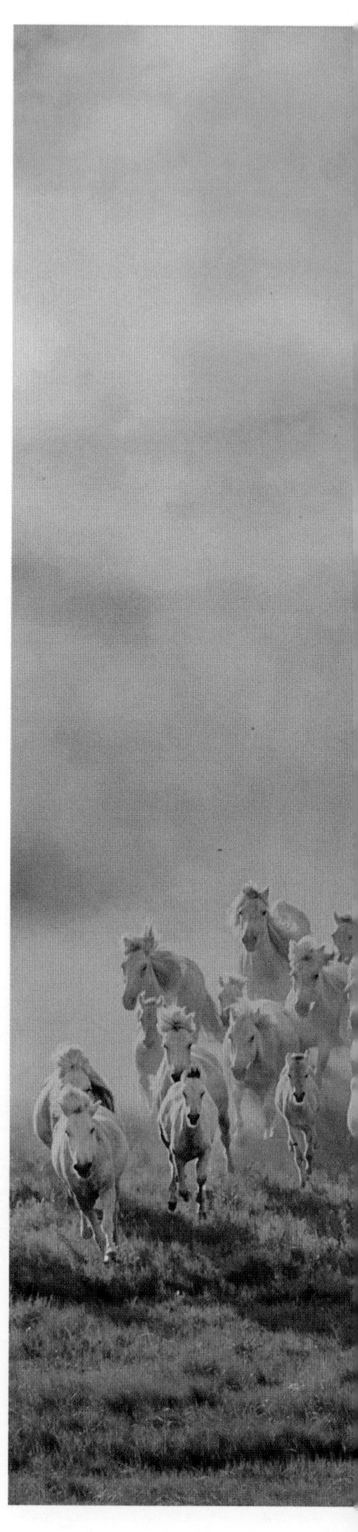

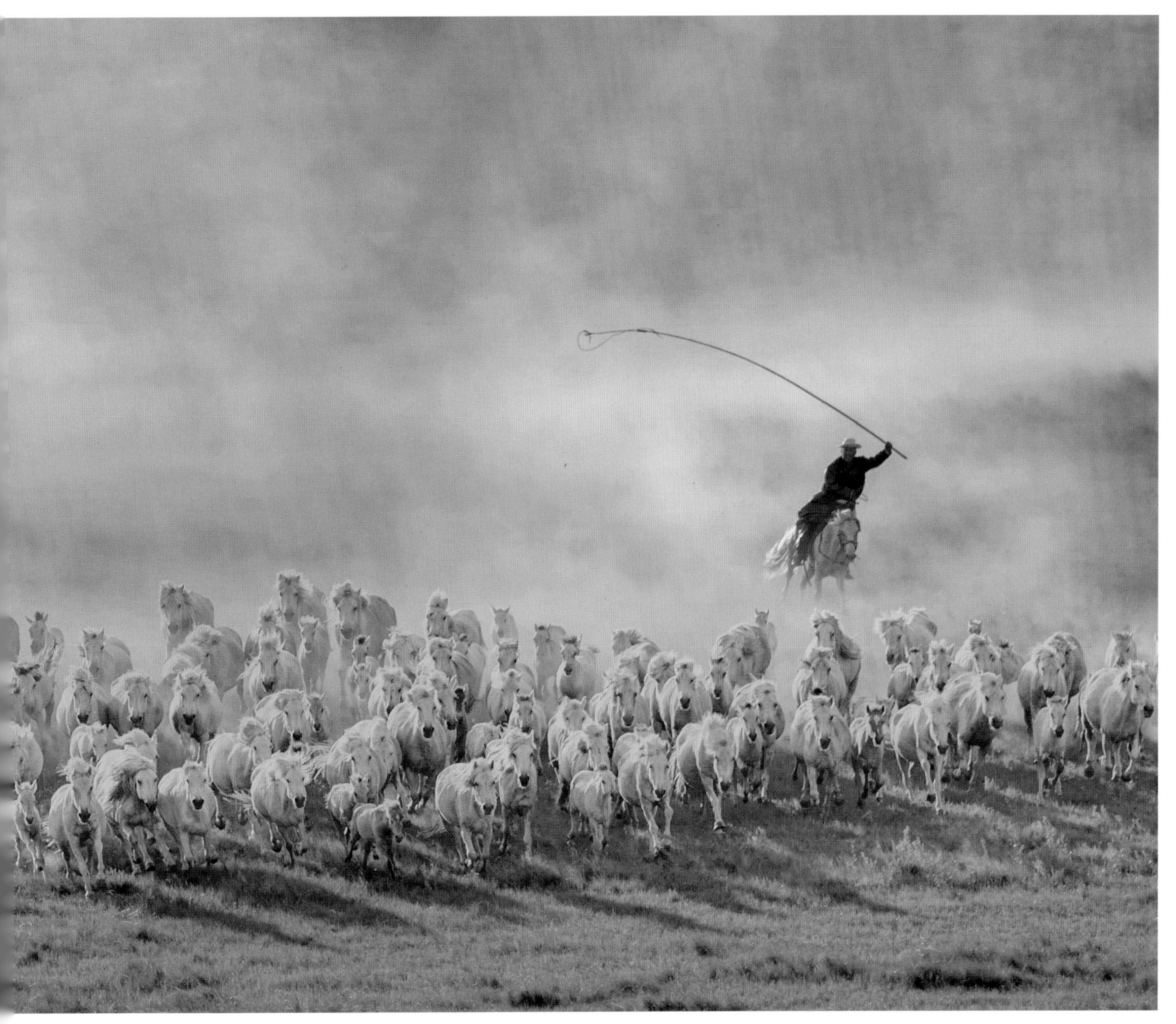

《扬鞭策马》 摄影 / 张树森

蒙古马

王学英

你用你的勇敢
把故事写满大漠草原
你用你的神采
把忠诚刻进牧人心田
昂扬的蒙古马
顶着风雨奔跑
踏起飞雪做伴
一路奋勇向前
阅尽万里河川
托起英雄捧金莲花鲜

你用你的奔腾
把飞翔印在草原
你用你的爱恋
把情感装进牧人心间
昂扬的蒙古马
顶着风雨奔跑
踏起飞雪做伴
向前向前向前
阅尽美丽花开
鼓舞新时代草原开创未来

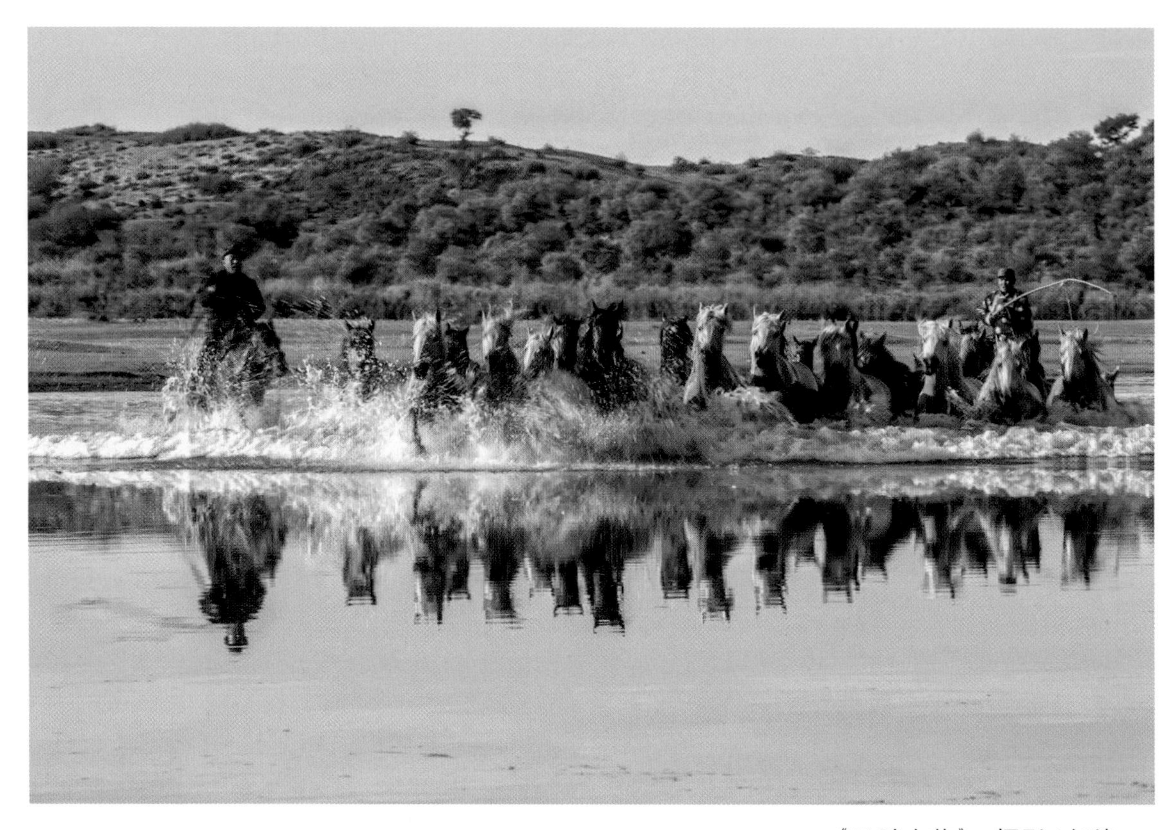

《马踏水花》 摄影 / 任峰

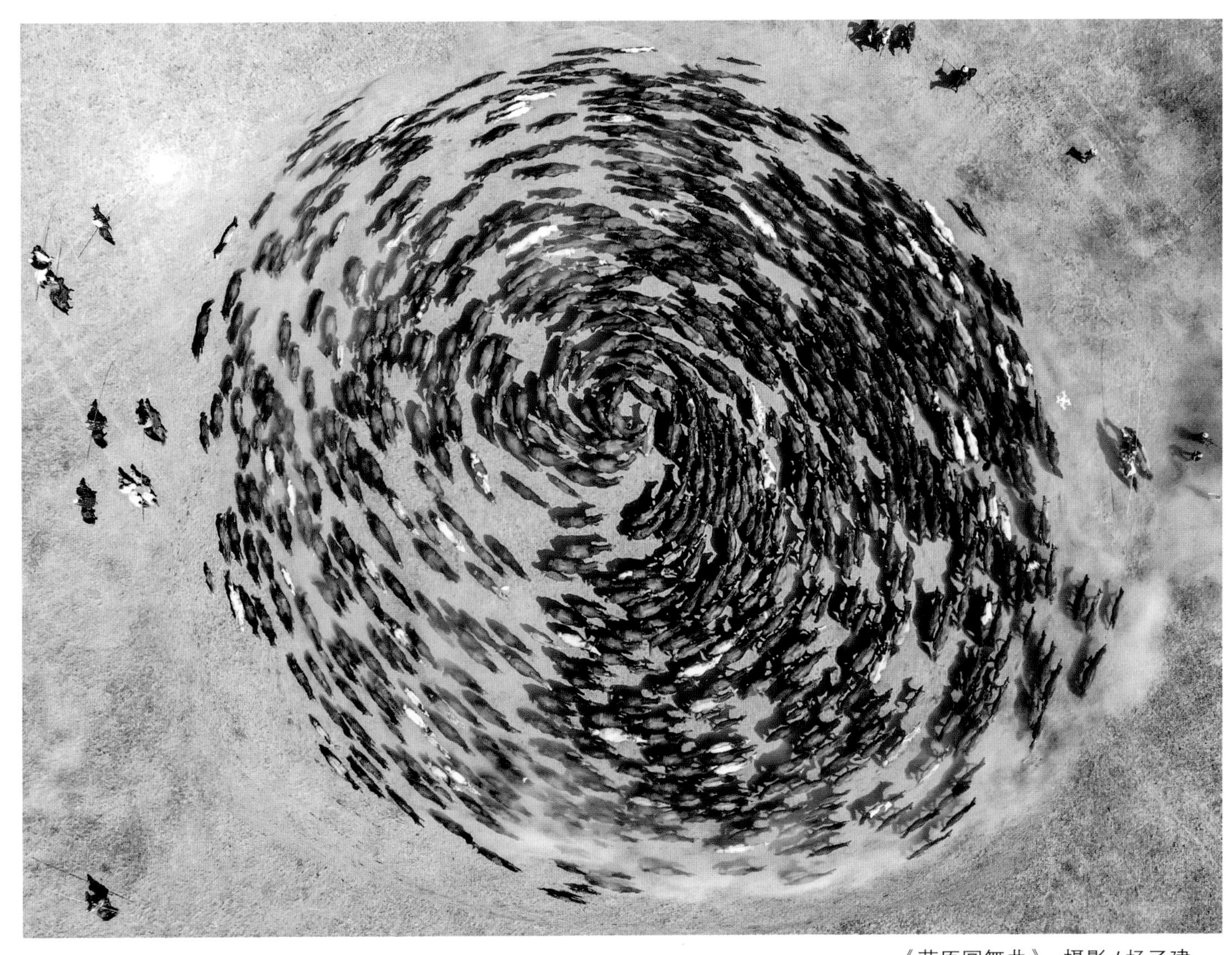

《草原圆舞曲》 摄影 / 杨子建

琴声

李瑞芳

蹄音的节拍
是千年古钟的指针
穿透空灵
化作一曲悠远的蒙古长调

嘶鸣的咆哮
是沉浮喧嚣的历史
穿越苍茫
雕塑成古老民族的马头琴

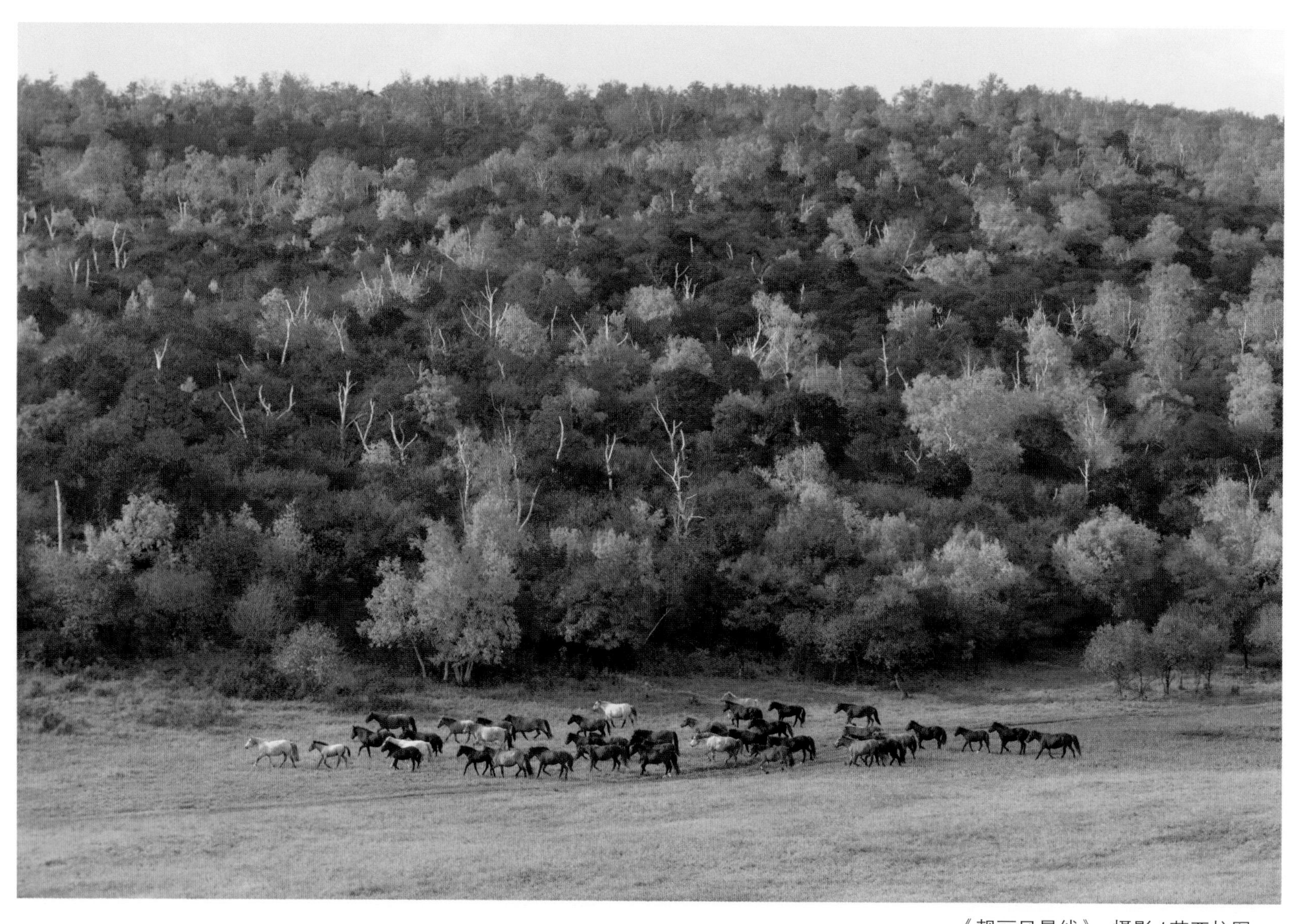

《靓丽风景线》 摄影 / 苏亚拉图

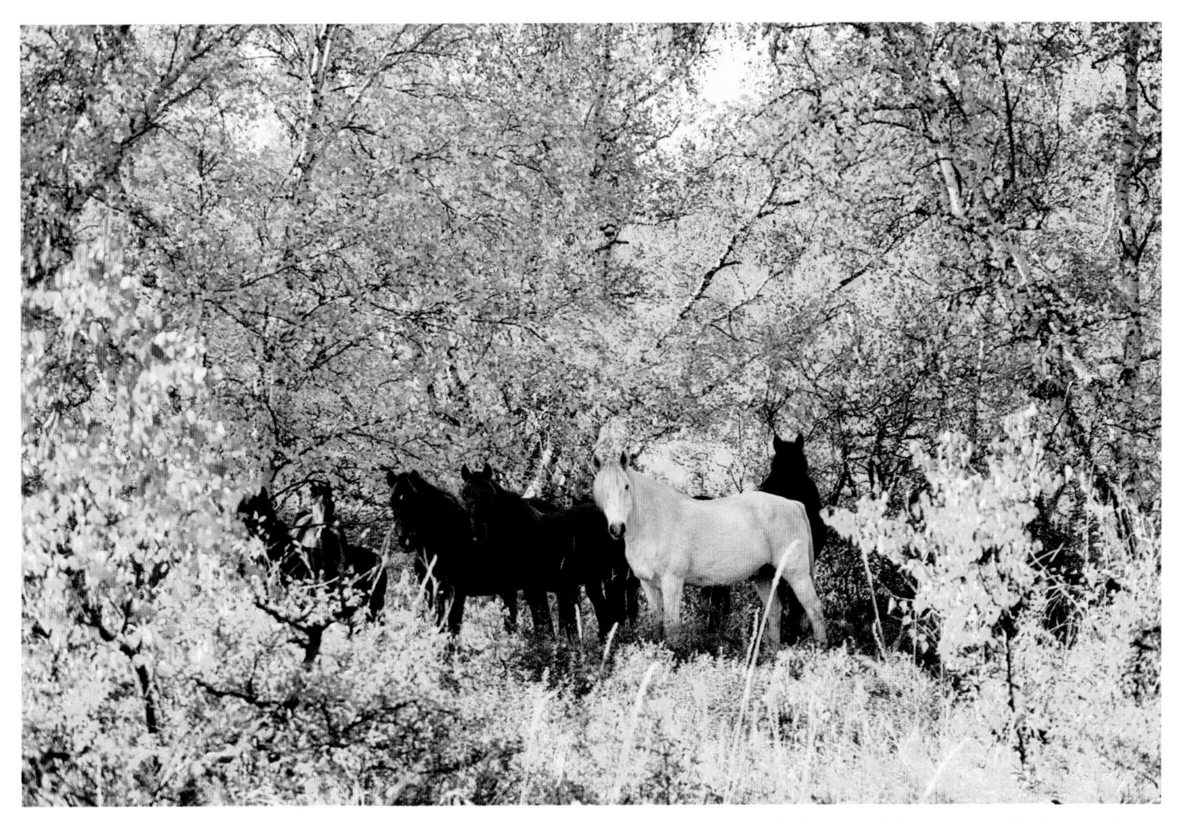

《金色天堂》 摄影 / 代钦巴特尔

流动的风景

贾金兰

秋天的草原

成熟了一片金黄

绿 演绎着一场谢幕

黄 成了秋天的主题

打草机 捆草机

轰鸣着丰收的旋律

一捆捆 一排排的草捆

如一个个音符漫洒在广袤无垠的原野

秋景秋情渲染着秋日的唯美

花开无声 雪落无痕 任岁月流淌

悠闲的马儿 肥壮的牛羊

才是这四季草原流动的风景

一匹马，把春天驮回来

孙永斌

已无法想象辽阔的边界
在一匹马的眼里 太阳就是背上的鞍
无论春天有多远 都要把它驮回来

跋山涉水 就是草的坚韧
春风归来的路上 我看到时间的力量
一往无前的路上 一切都有该有的样子
日夜奔腾的马蹄 把冰雪的禁锢踏碎

春天 有驼铃走过荒原的吟诵
有松软的泥土 还有月亮发出的鼓声
不再想了 浪花比任何想象都丰富
那么多的河流淌着春汛
积雪覆盖的日子 曾经的冰冷
温柔地落进手心 又从手心里走掉
写到这里 未来 以姣好的面容奋力抵达
无可比拟的秀发 垂于时光的两岸
此刻的春风像一朵花 在鸟儿的羽毛上绽放

大千世界 每一处都有炊烟
把目光放远 任何描述里都有峰回路转
每一次相遇 都要把月光饮尽
酒杯的碰触 盛着彼此的原谅和祝福

门一次次被打开 想说给故人的话
已先于时间 在彼此对视中沉默
自离乡以来 对盛夏和荒败过于纠缠
看到城墙与人流 以及那些可以回首的往事

那些被寒流束缚的脚步 解封后
接近一盆花拥有的春天 目光无限吟唱
大地汹涌着草木的气息 即将看到的景色
都觉得眼熟 又都能让我们内心安妥

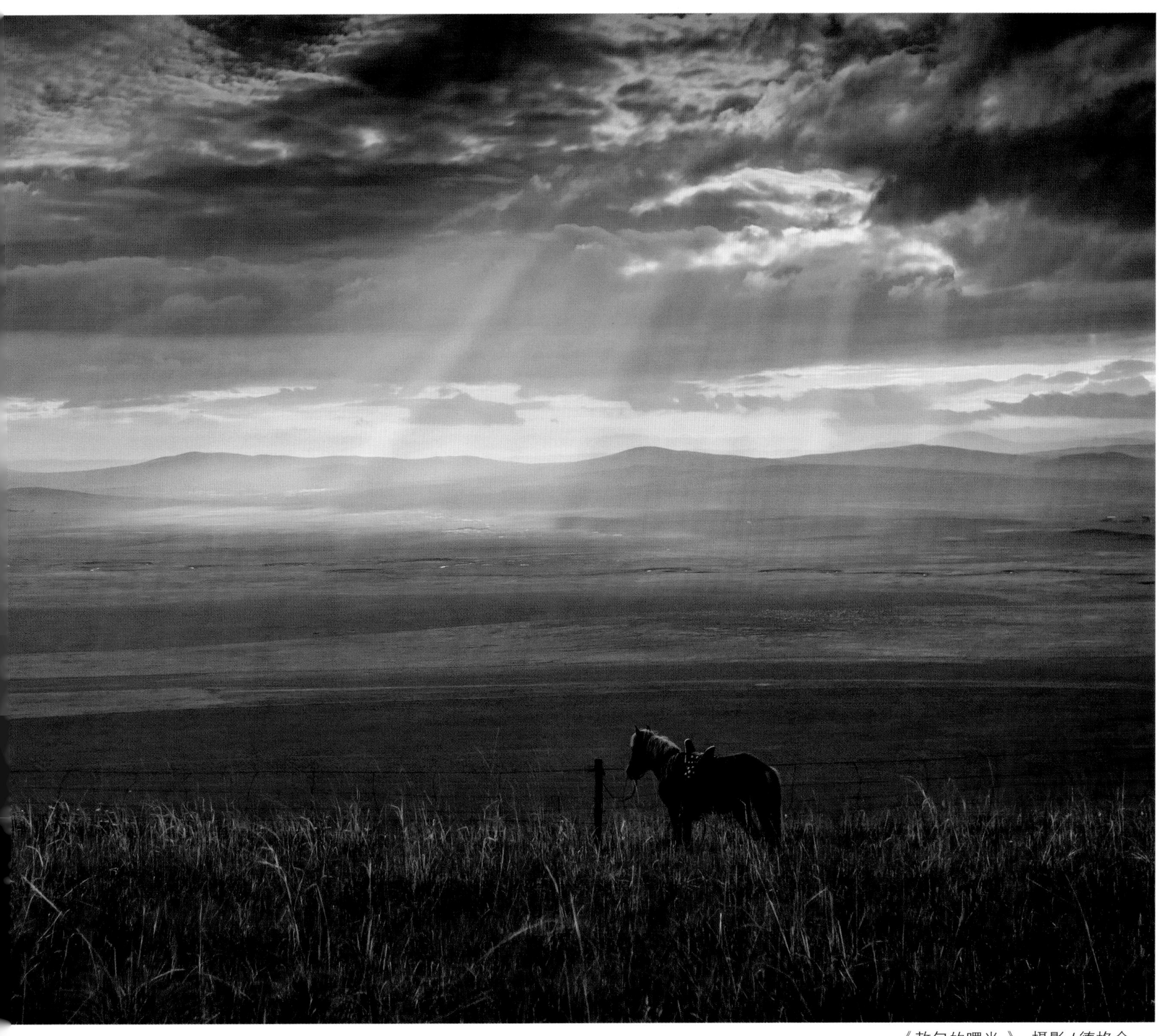

《敖包的曙光 》 摄影 / 德格金

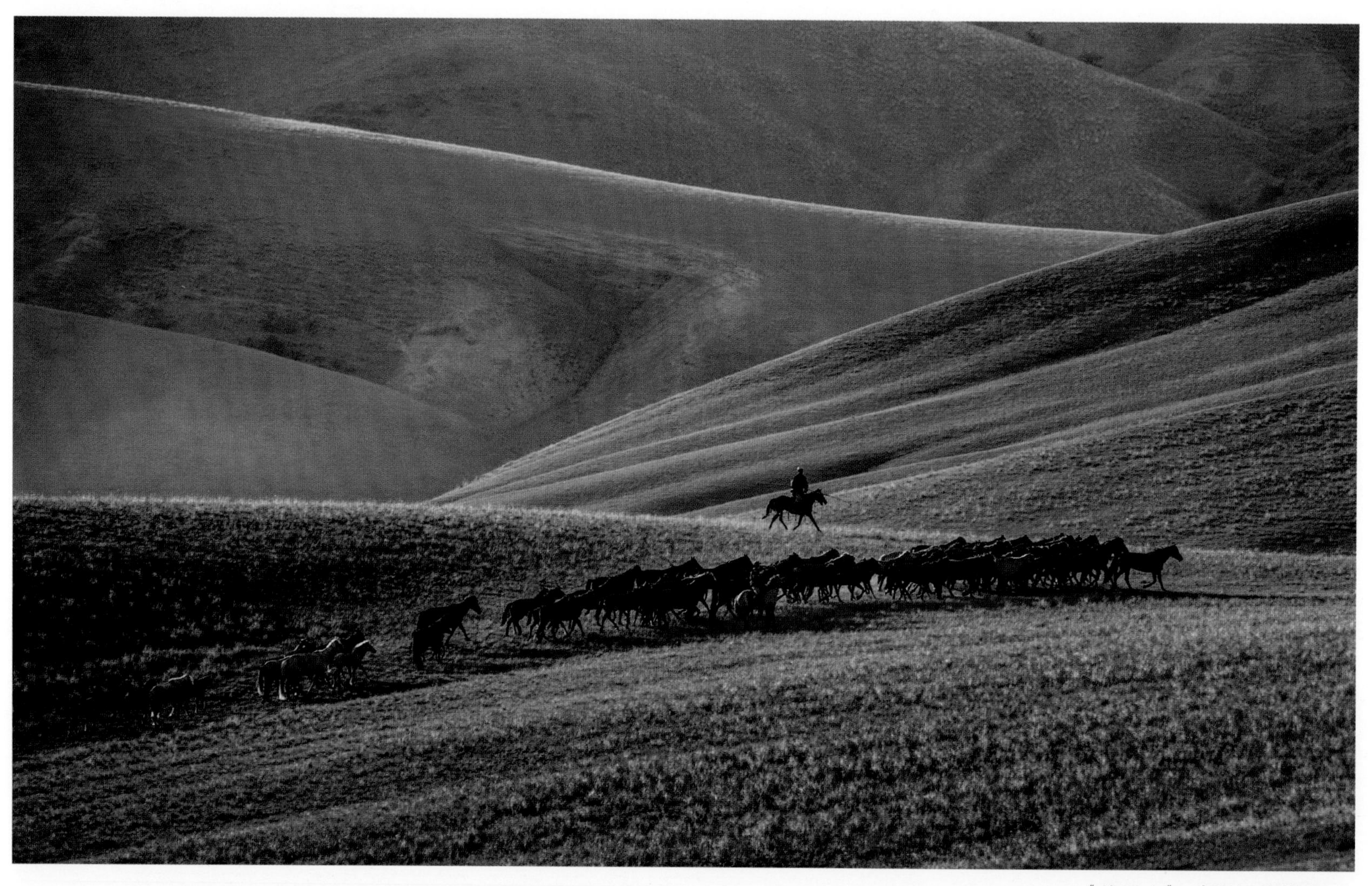

《牧马人》 摄影 / 崔巍光

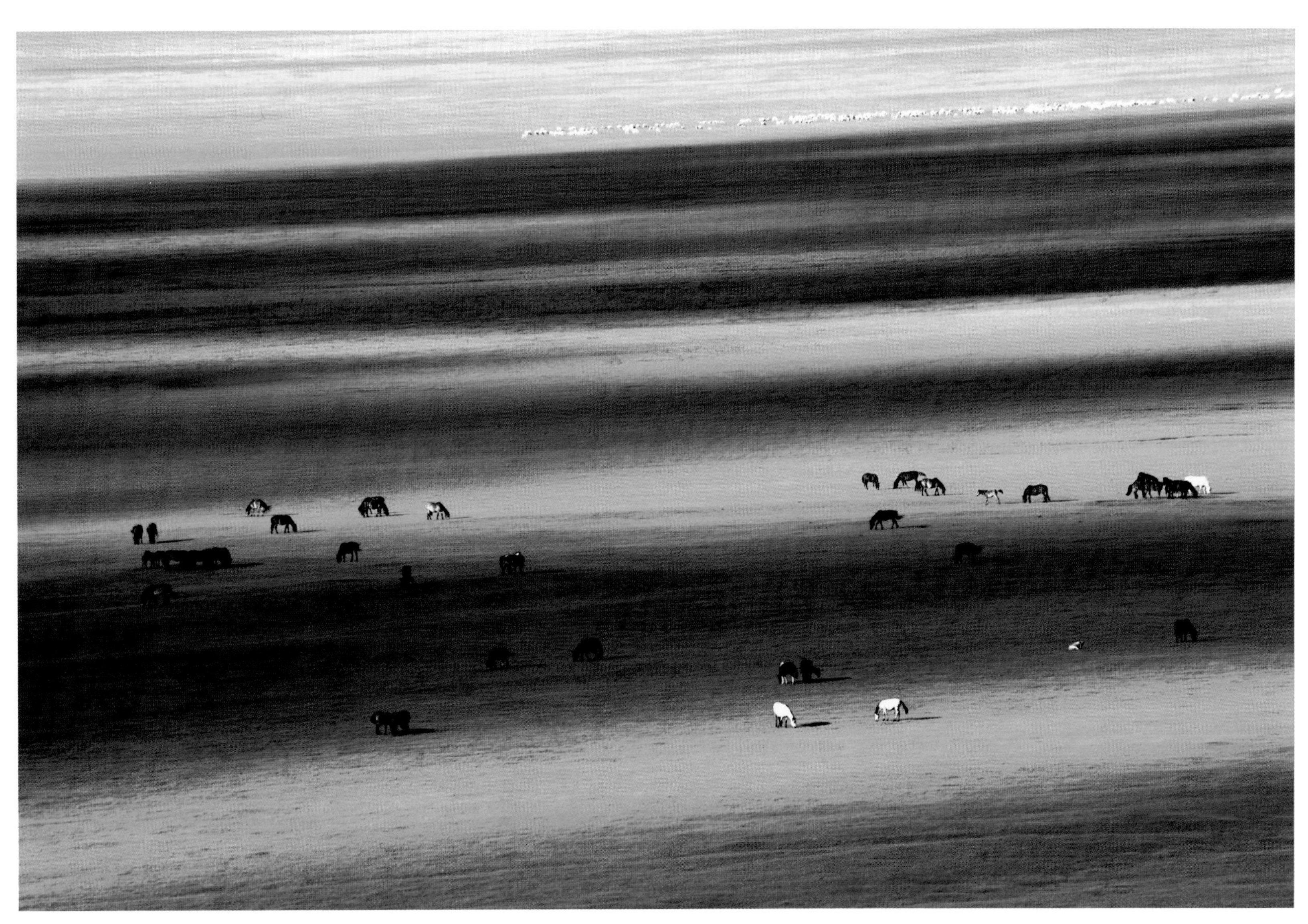

《绿野畅想》 摄影 / 冷俊霖

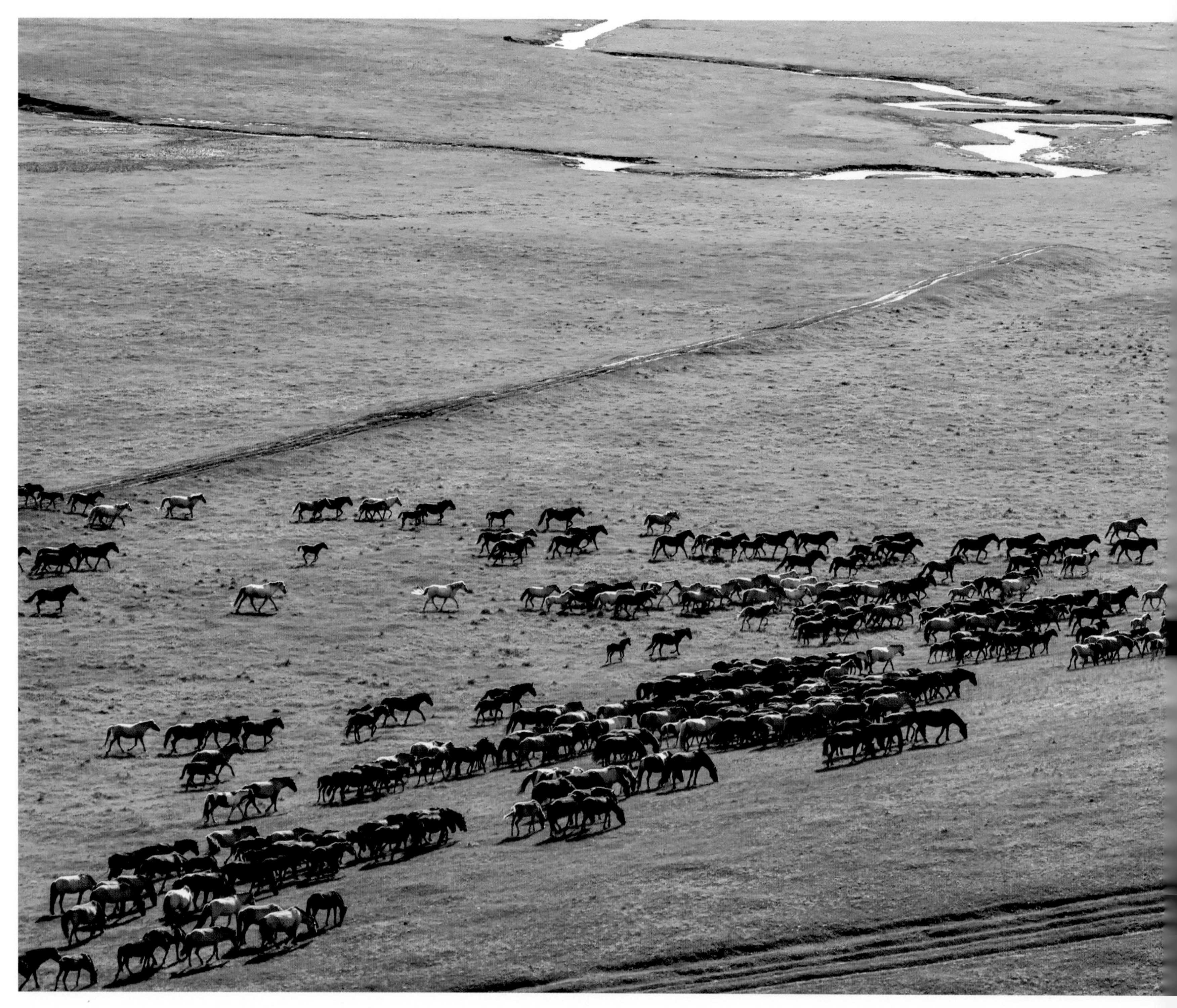

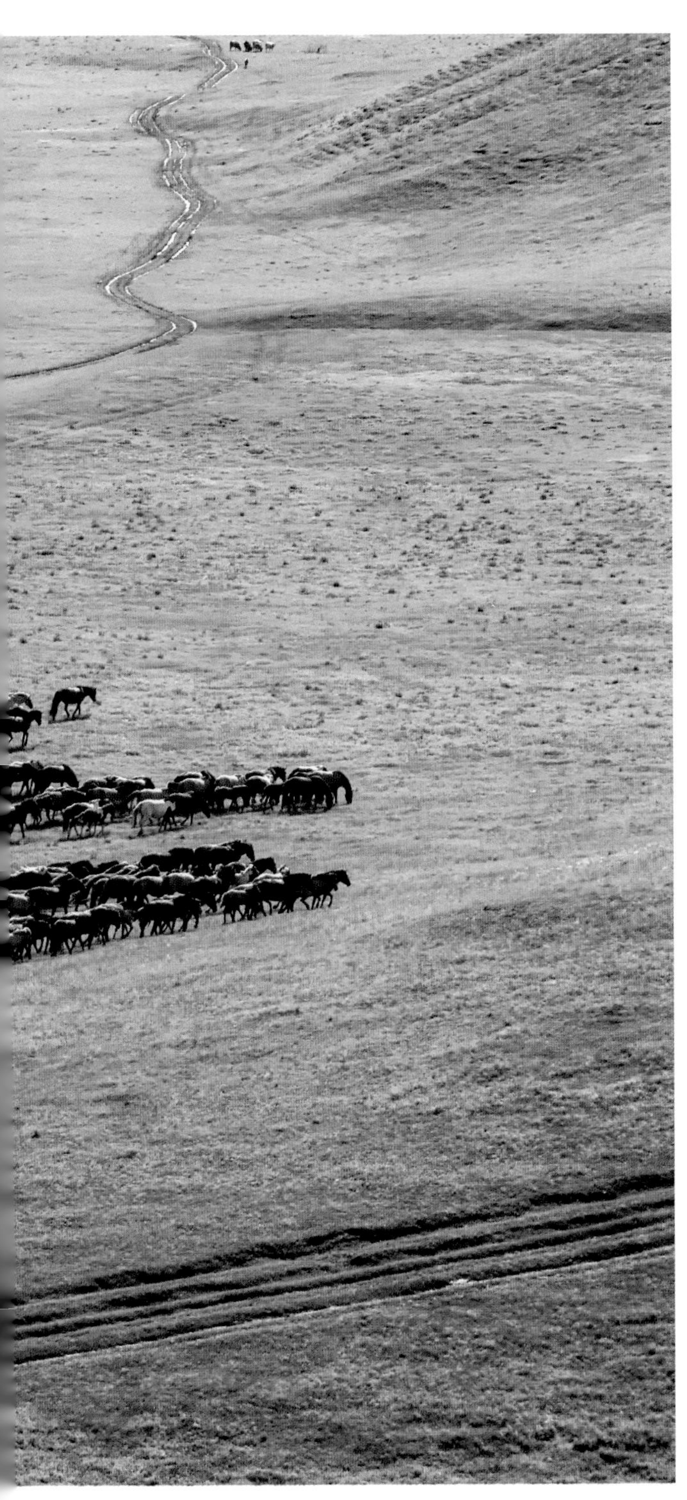

《天边草原》 摄影 / 查干阿斯楞

蒙古马的故乡

刘晓明

美丽的蒙古马奔向远方
清澈的锡林河日夜流淌
无边的草地
雨后的斜阳

平顶山是天神的马槽
九曲湾是天马脱的缰
浑圆的山丘
绿色的乳房

马奶酒卸下一身的疲惫
马头琴化开眉梢的冰霜
袅袅的炊烟
归家的儿郎

地平线托起太阳
马蹄“嘀嗒”着时光
古老的勒勒车
年迈的老额吉

月亮升了又落
山坡青了又黄
万马奔腾惊醒大河之梦
千秋浩荡彰显草原之王

蒙古马 这是你的故乡
勇敢是你一生的荣耀
希望是你不变的行囊

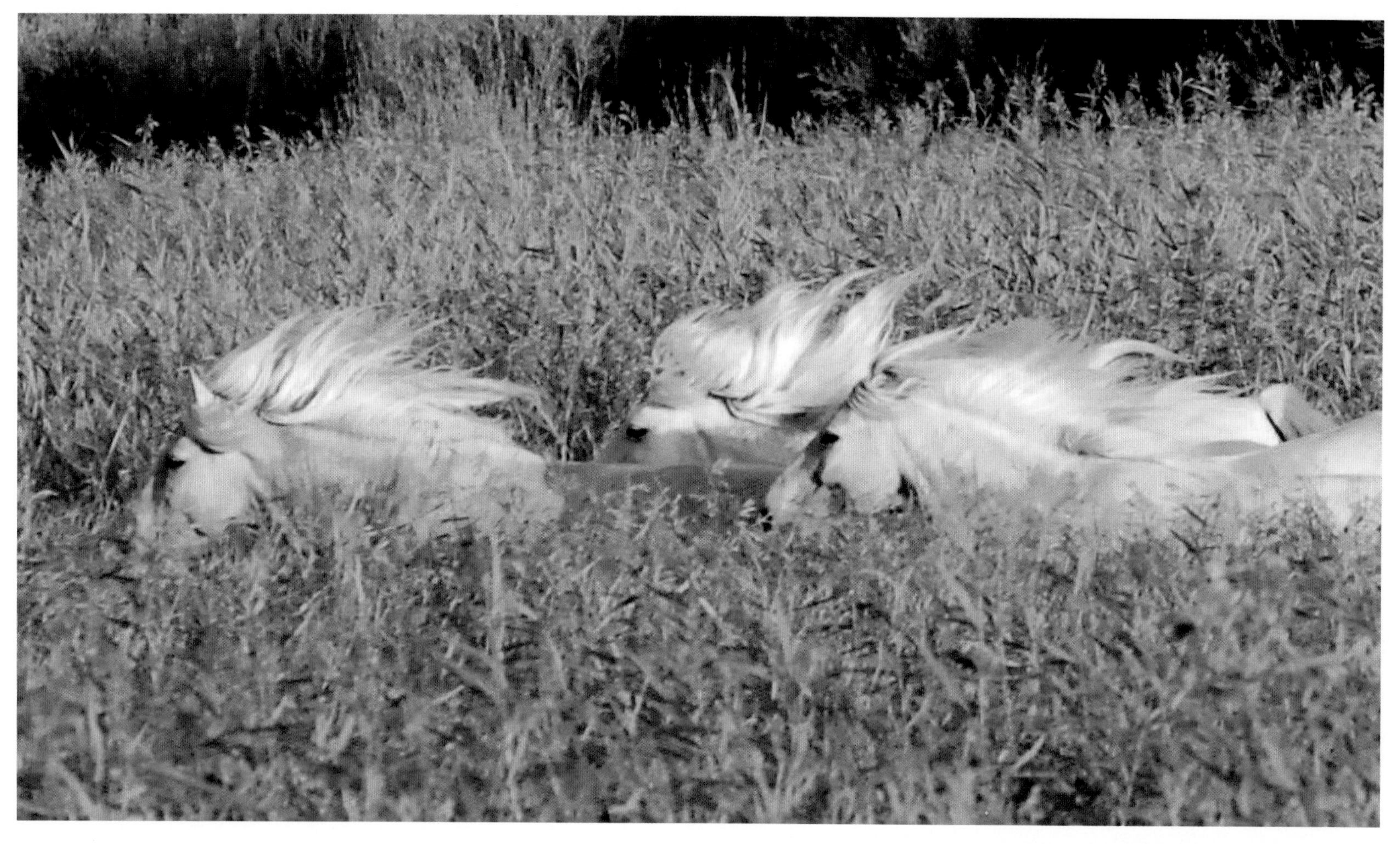

《草海深处》 摄影 / 娜仁

以梦为马

安一凡

河流 牧歌
清澈 绵长
静谧原野中的毡房
风中摇曳的绿草香

雄姿 驰骋
勇毅 奔放
骏袭千里的草原精灵
盈盈 策马来
奕奕 踏歌行

整座草原都是你的

刘海林

跨上马 整座草原都是你的
风是你的呼麦
马蹄声是你的节拍
笼头拴住往事
马镫一踩 你的力量越过山水

银泡子是在达海淖尔洗礼过的
跨在马背上闪闪发亮
牛皮袋子里装满老酒
马梢上系好风干肉
远方 一声声长调在呼唤

在牧场上任意驰骋
赛场上尽显风华
风不停 你便不会停下
任世事不羁
蹄印一样的信念
洒落在草原每一个角落

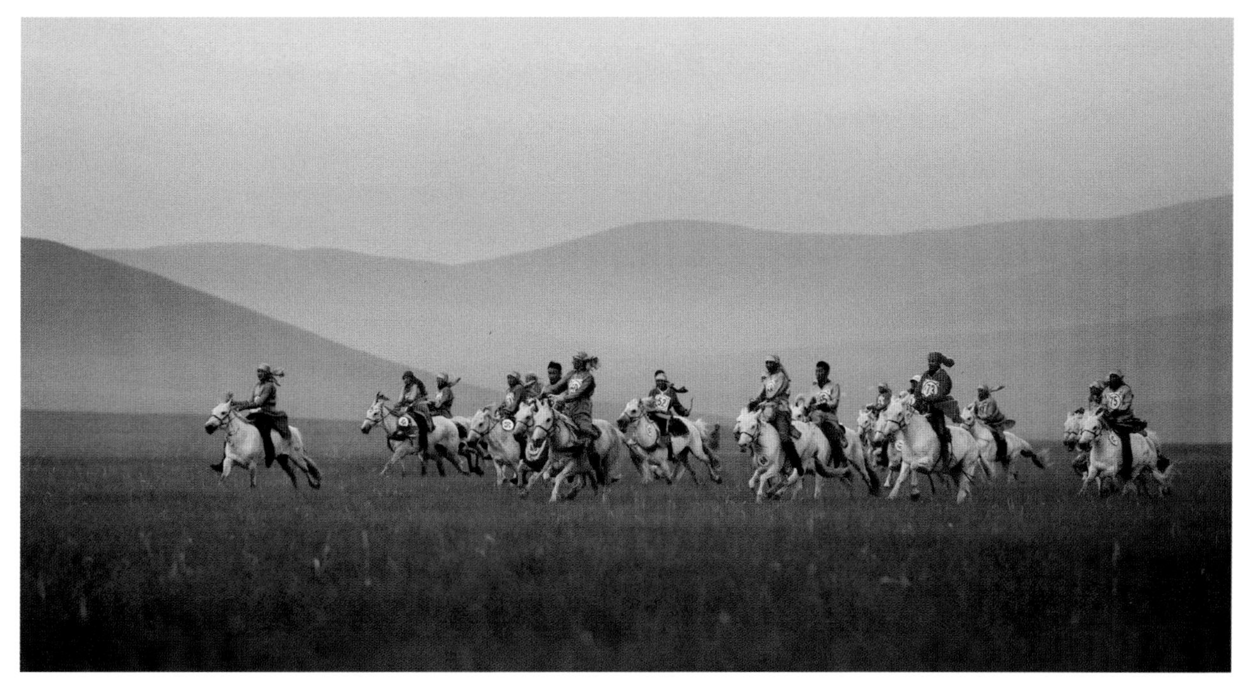

《快乐的赛马手》 摄影 / 南吉德

归来的路是一根缰绳

白云

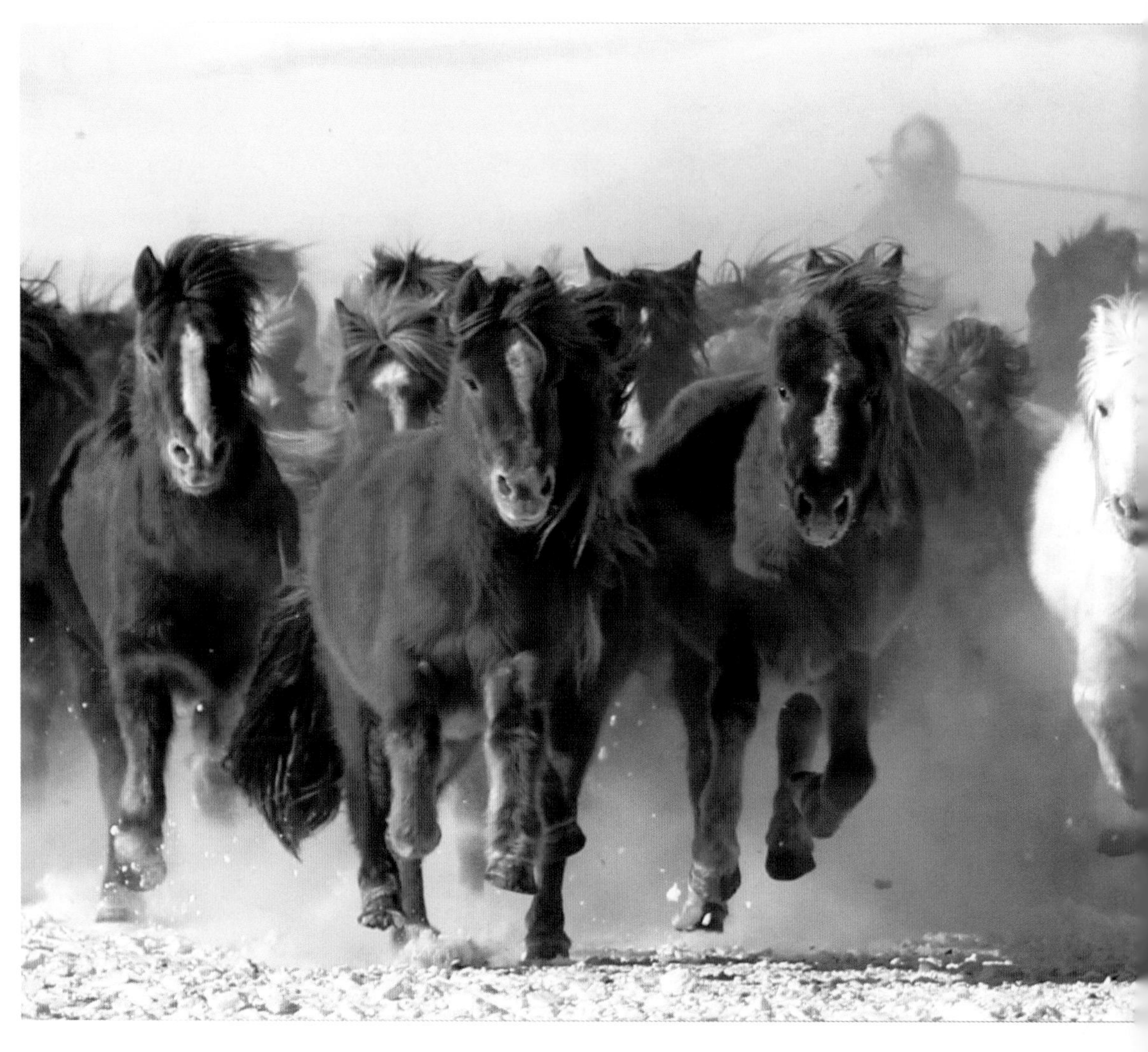

踏破冰河的
是你钉上铁掌的蹄音
梦里梦外八百年岁月
草青草黄十万里荒原
奔跑起来白马是月光流淌
红驹似燃烧的火焰
北风吹
迎向它的永远是你的头颅
无论多么疲劳四肢从不弯曲
和你相比山矮了下去
激流比你缓慢
双眼一瞪日升月落
尾巴横扫星光满天
你也有柔情的侠骨
当大海把一波波的蔚蓝
推入脚下　悬崖勒紧
你看到浪花的下面
是一丛丛的绿草
野花张开羽毛飞上天空
一条寂静的小路缰绳一样牵着你
那一头是故乡
于是这世上有座山
叫马鬃山
有一种花
叫马蹄莲

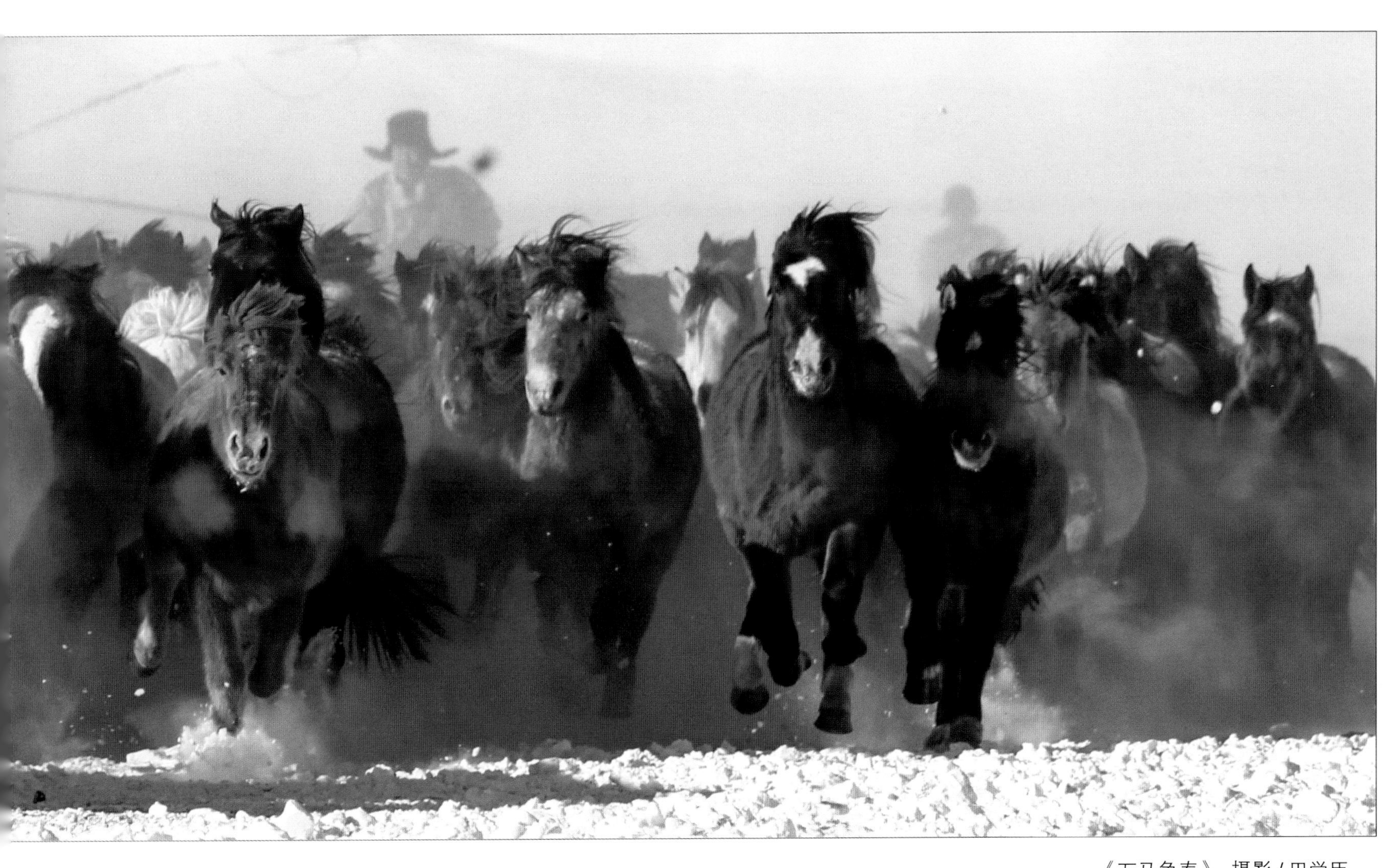

《万马争春》 摄影 / 田学臣

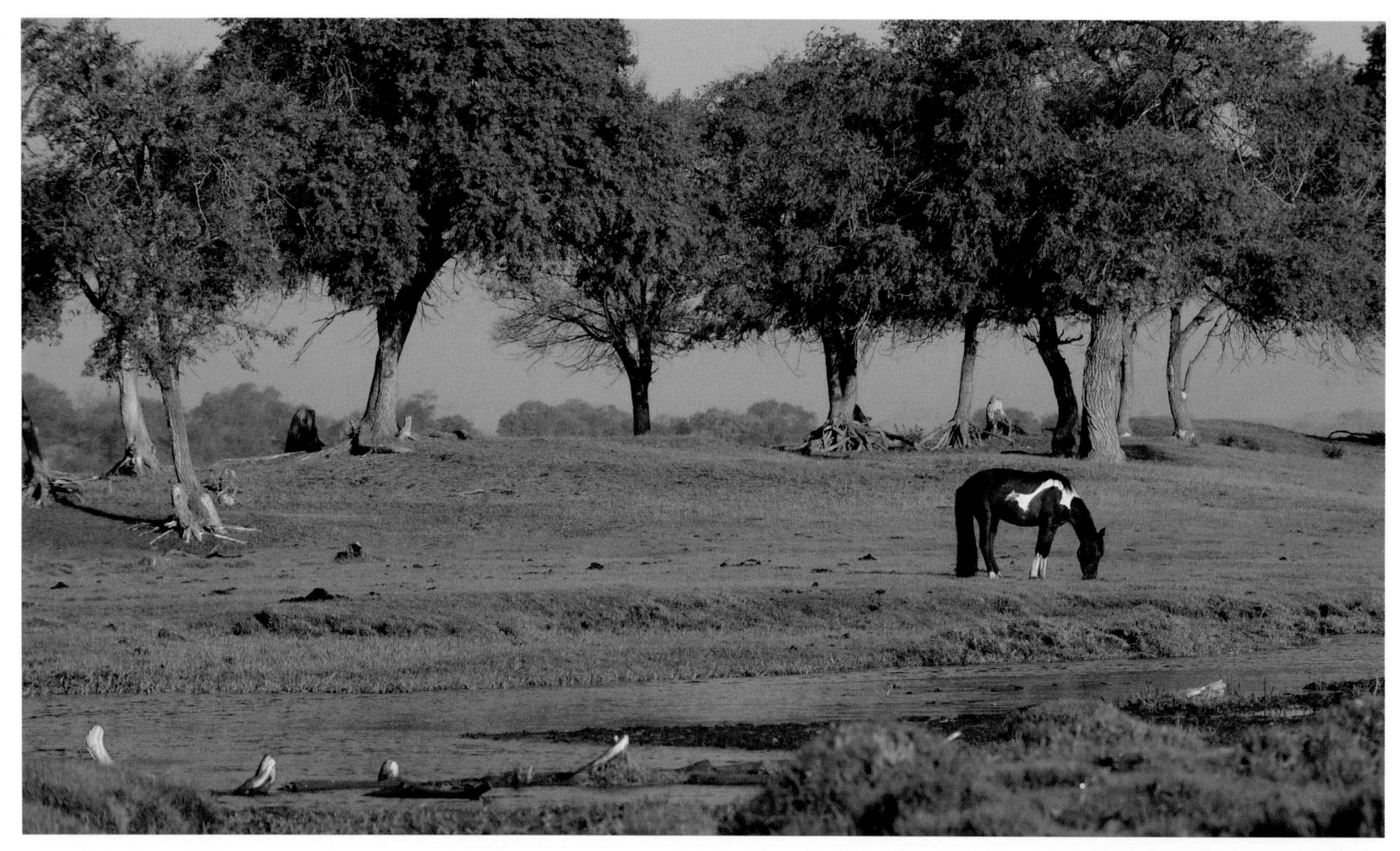

《一匹马的草原》 摄影 / 包锋

一匹马

敕勒川

清晨 我看见一匹马 一匹
枣红色的马 它先是
亲了亲大地 然后和一条小河
亲亲热热说了一会儿话 它甚至
吻了吻太阳的红脸膛 马鬃
阳光一样垂向大地……

随后它奔跑起来 时间一样
奔跑起来……

——那是一匹闪电 缓缓地
牵出了一座草原

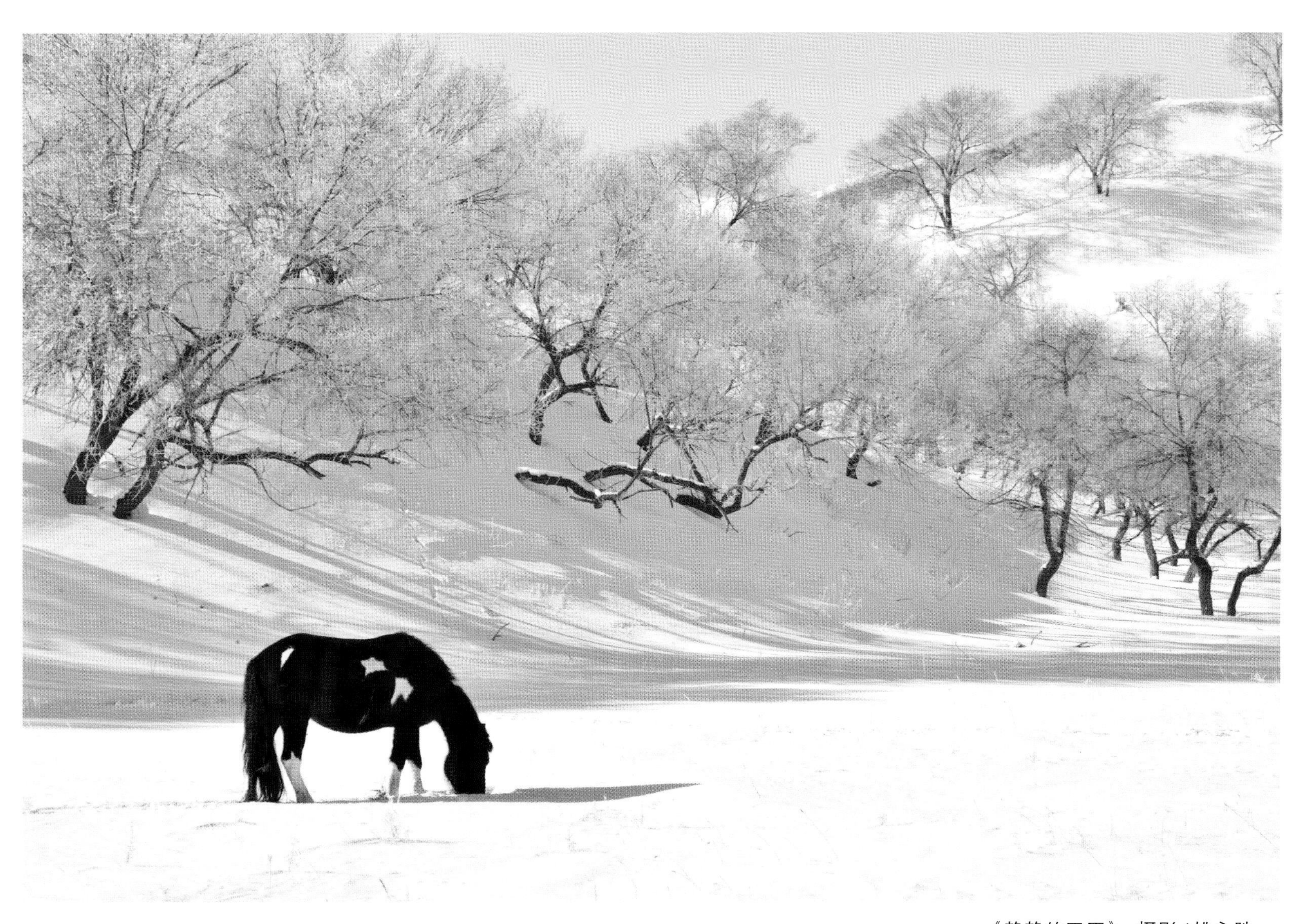

《静静的雪原》 摄影 / 姚永胜

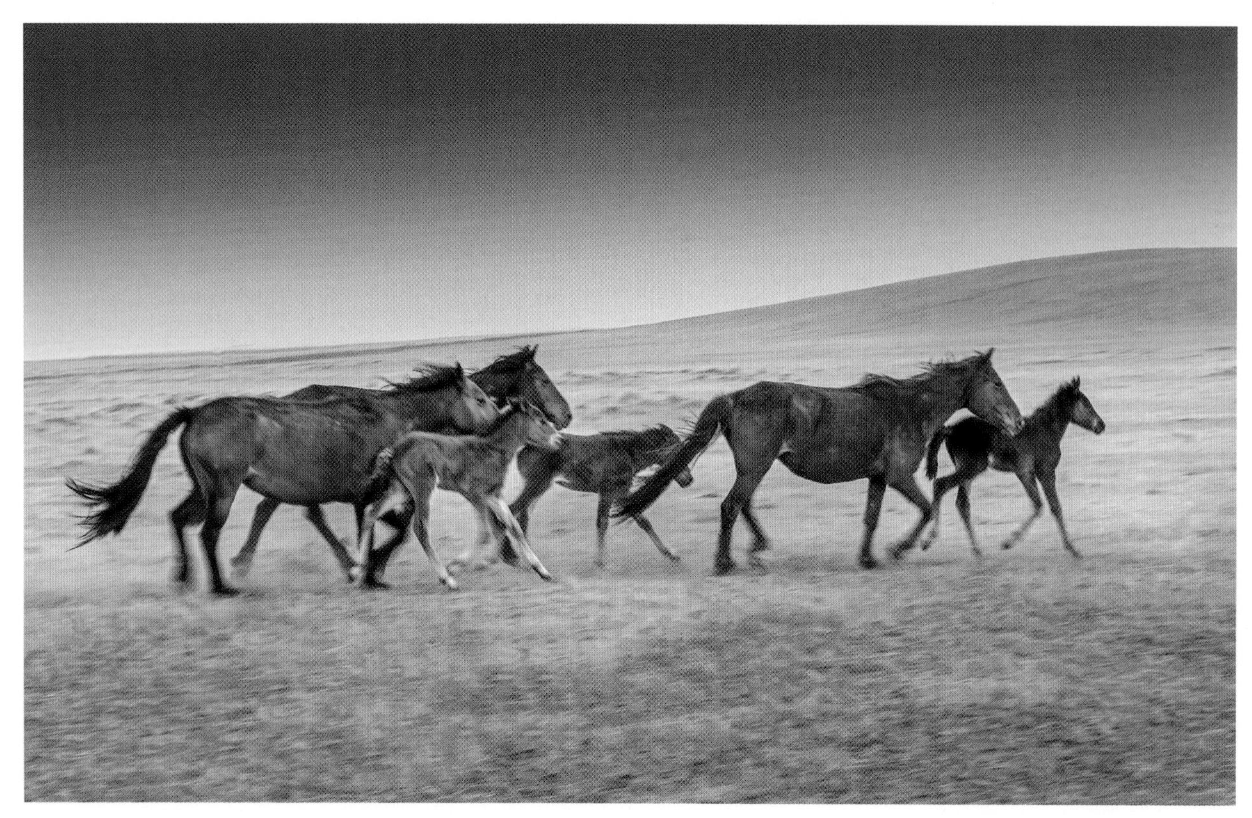

《陪伴》 摄影 / 安一凡

深情陪伴

安一凡

舐犊情深

温婉依恋

似一道柔柔的光

抚过岁月映像抚过相伴足迹

周身暖意融融

奔跑的足音敲响心上的字字句句

跋涉中的风沙与酷暑

是你抵挡七分

剩三分 伴我左右

有一分勇气 有一分价值 有一分自由

这般深情 大地有 山川有 万物有

心连着这一切

万里戈壁

尽收眼底

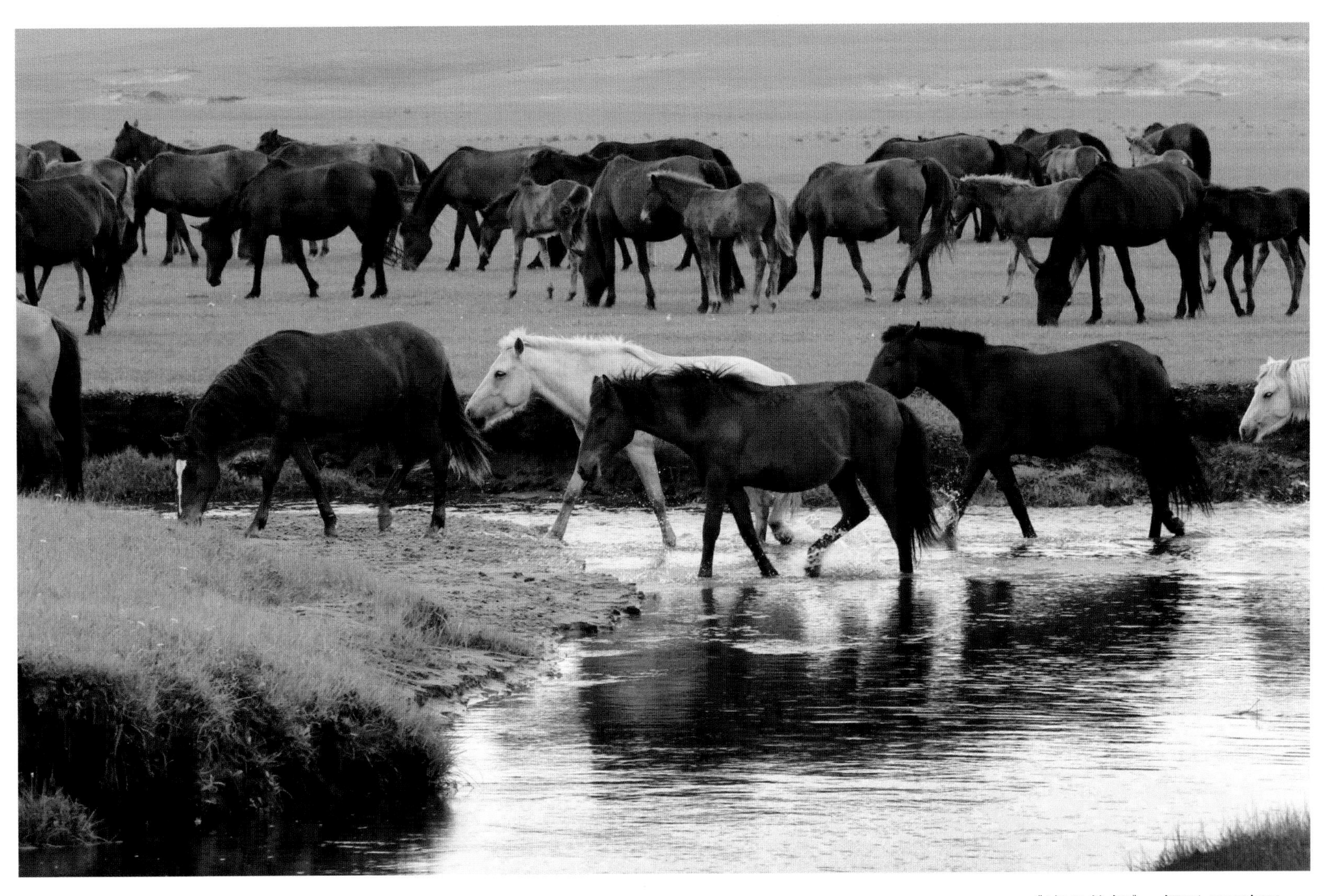

《岁月静好》 摄影 / 王建国

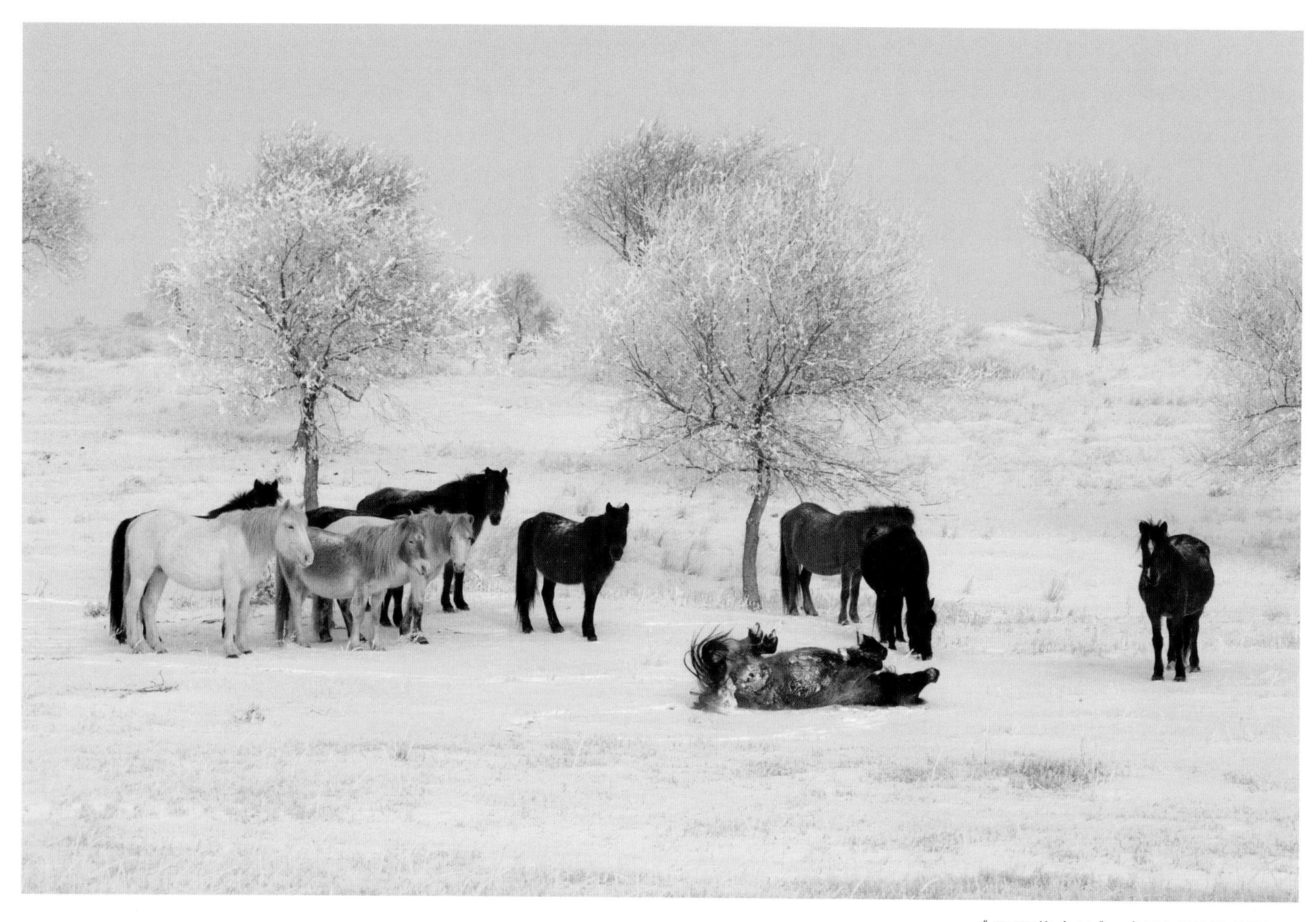

《雪原蒙古马》 摄影 / 呼努苏图

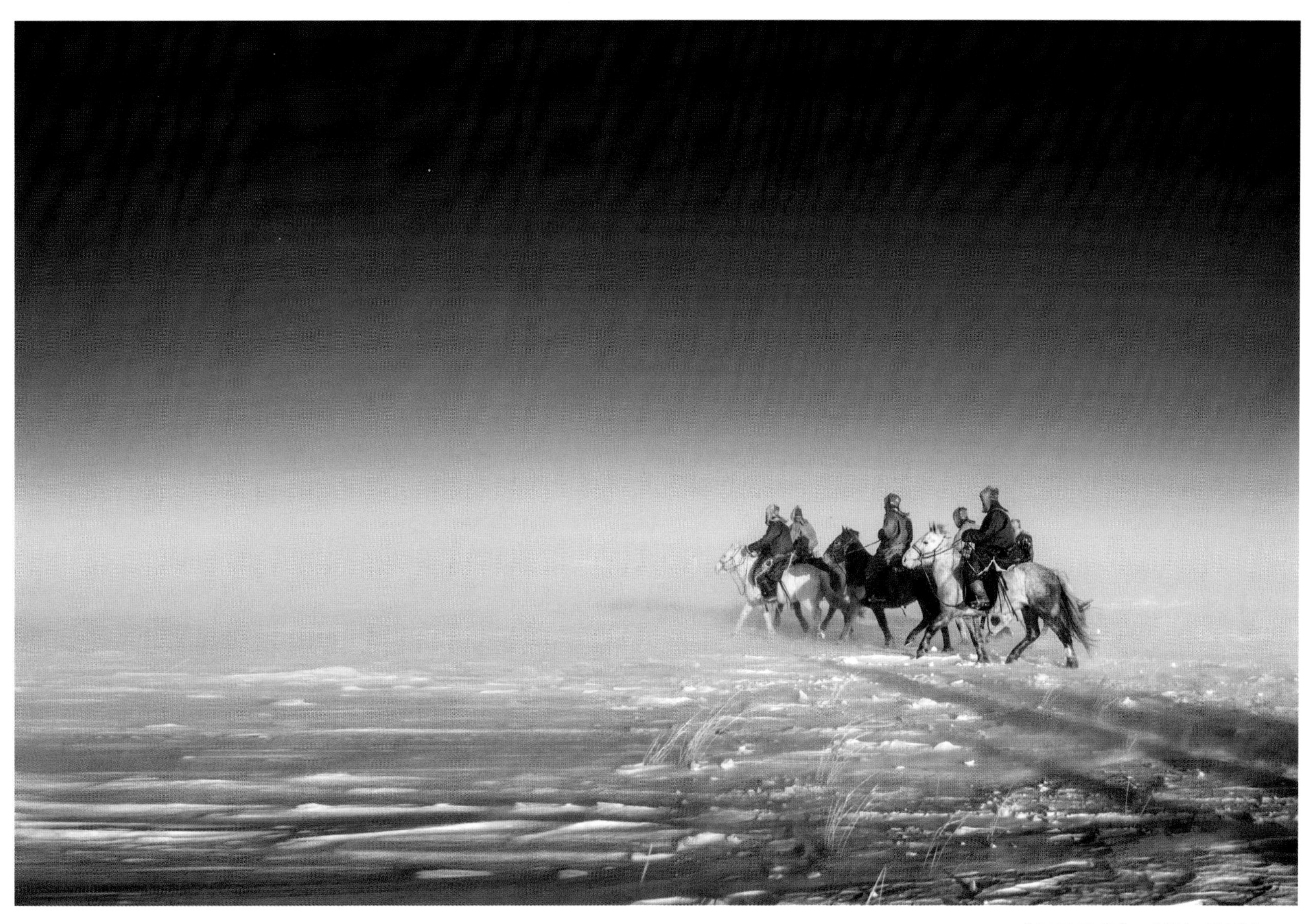

《风雪寻踪》 摄影 / 沈爱冬

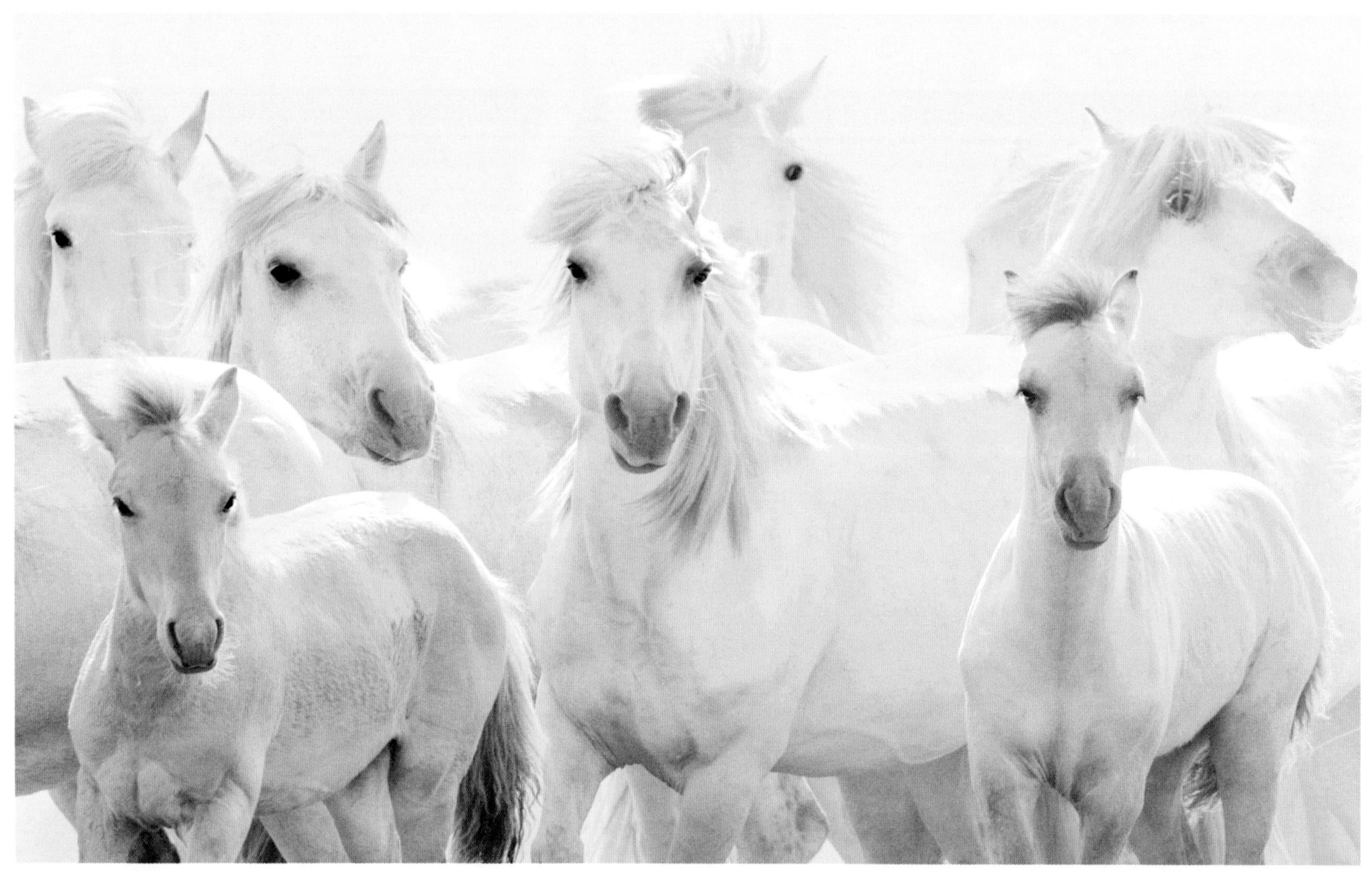

《草原白骏》 摄影 / 和平

雪原·白马

许恒荣

在冬天的乌珠穆沁草原上
不被云朵打扰的天空 静静的
不被风声追赶的雪原 静静的
不被鸟鸣唤醒的白桦林 静静的
就连阿爸的白马群 也是静静的

如一片白雪
覆盖着
另一片白雪
如果不是一匹白马突然抖了一下
雪花纷纷落下

我以为
雪原和白马群
原本是经我巧手绘制出的
一幅天地大画

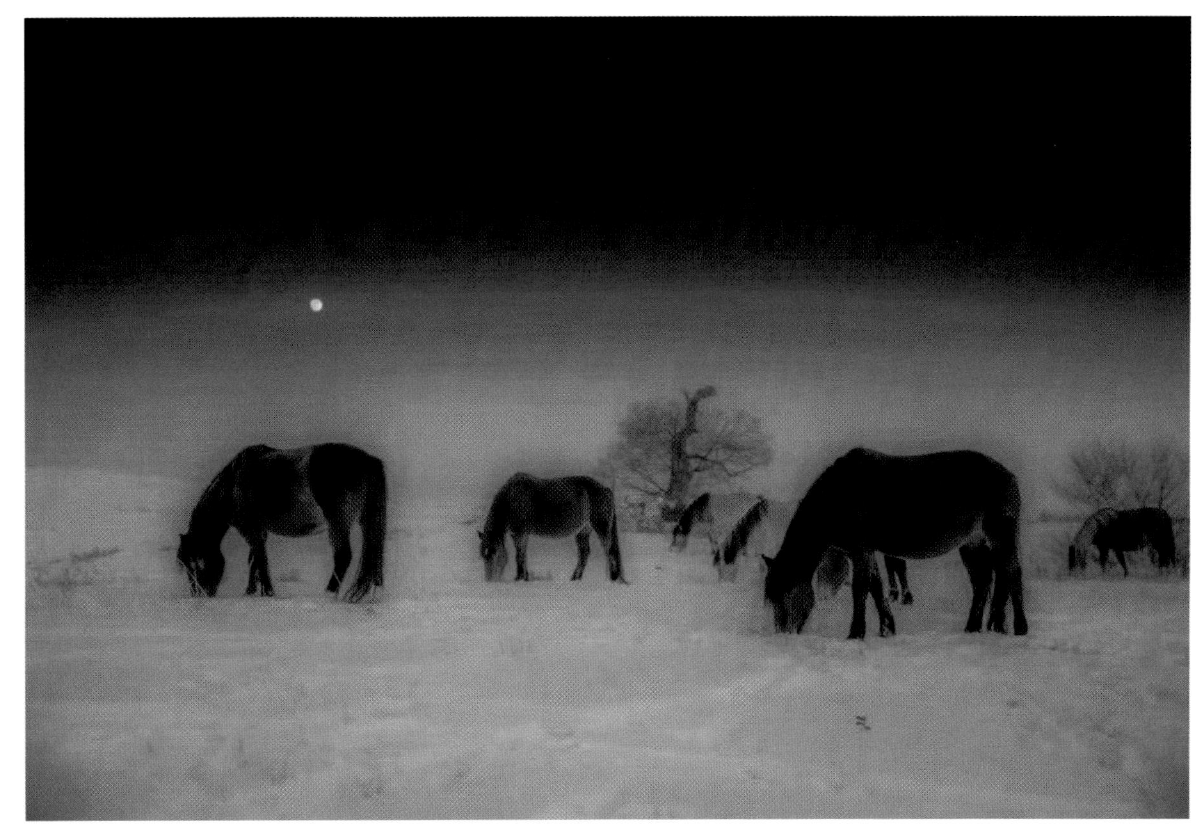

《月色》 摄影 / 斯琴巴图

倾听草原

任俊娥

寂静的星空
白雪覆盖了大地
大地如此辽远
苍茫间静坐着一对恋人
有关理想 人生 未来的悄悄话
被一旁的马儿偷听了去
他们羞羞地低着头
静静地守着倾心的草原之夜

黎明的曙光在即
火红的太阳冉冉升起
载着我可爱的牧马人
奔跑于草原
跋涉于湖泊
任凭风吹雨打一路前行
幸福的节奏
和谐的步调
欢快动听

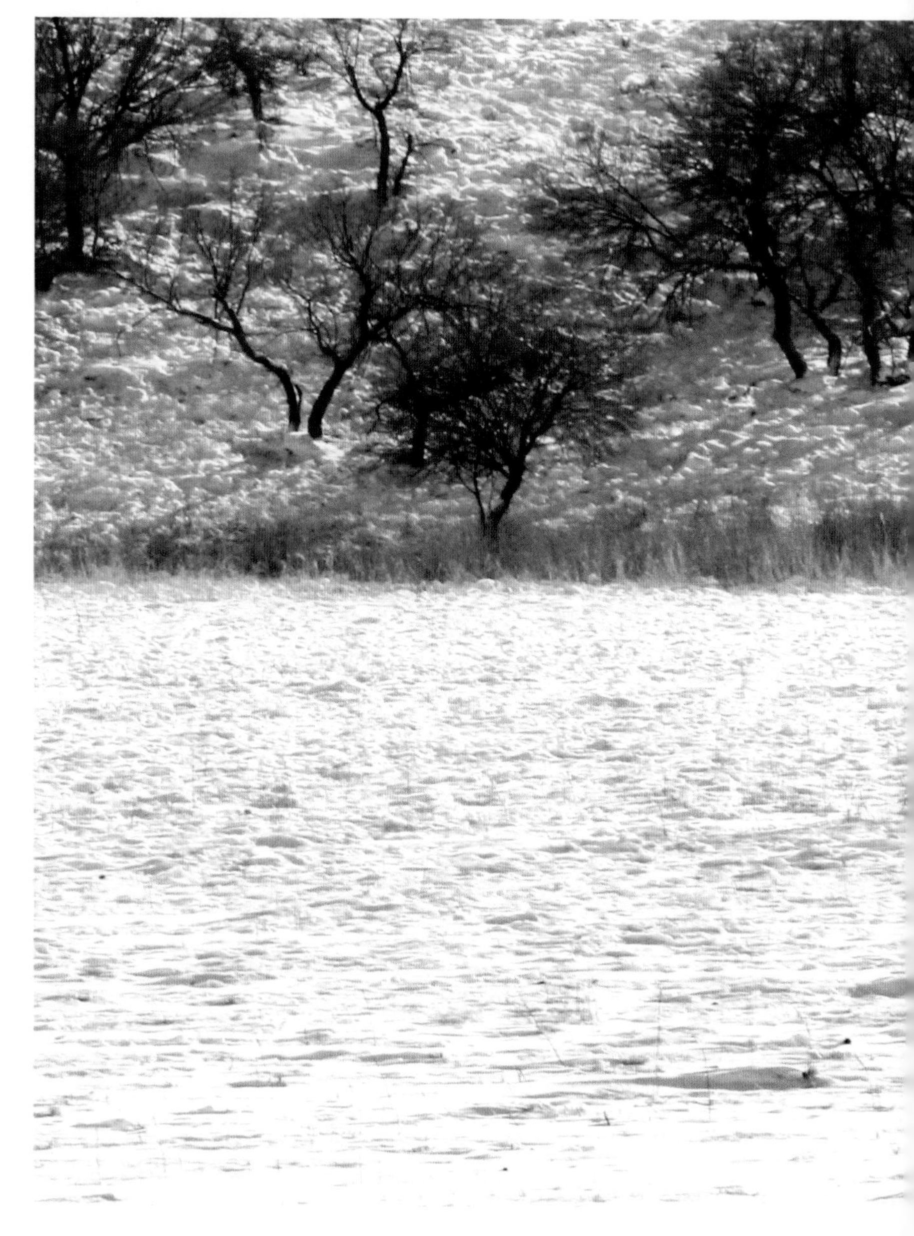

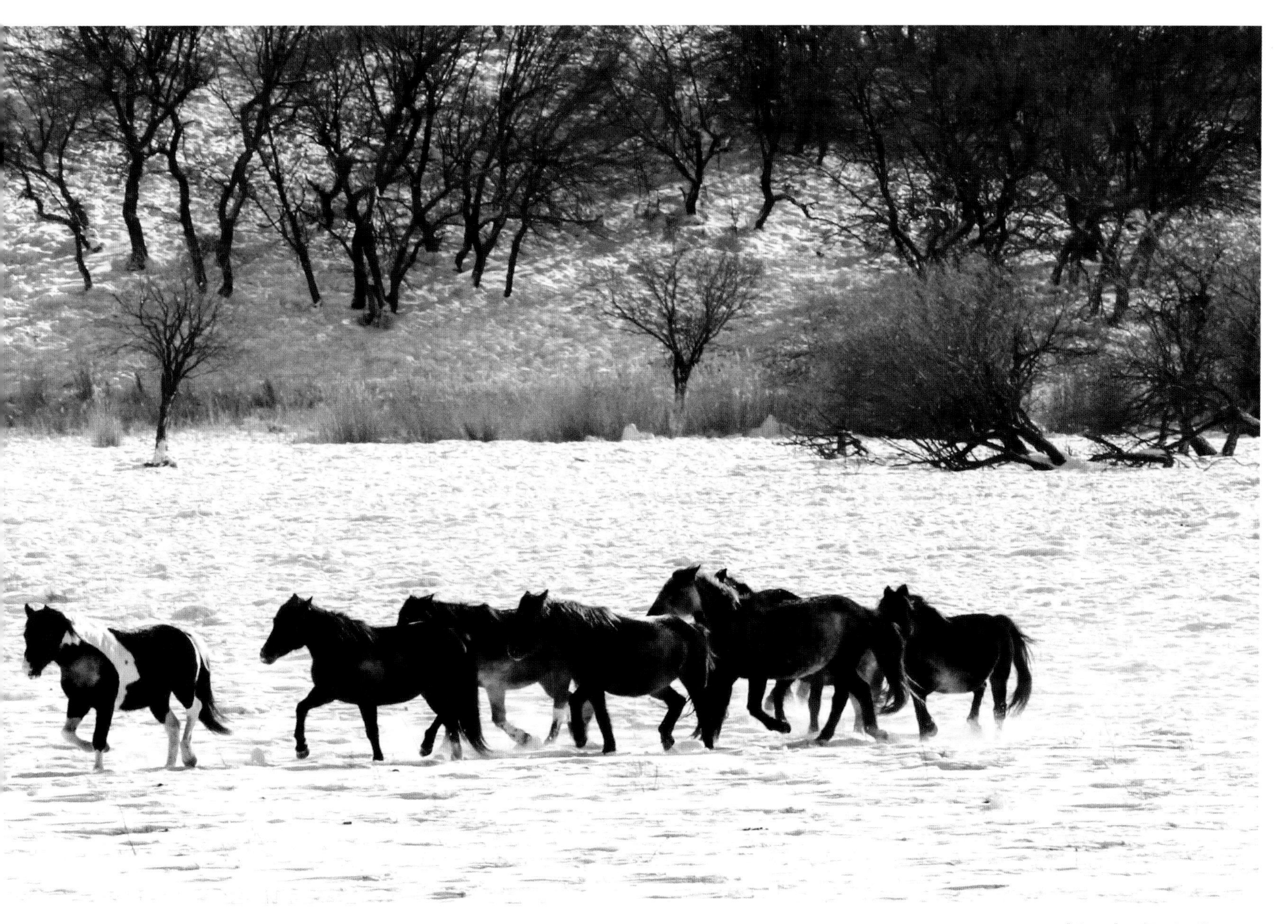

《冬至》 摄影/常霞

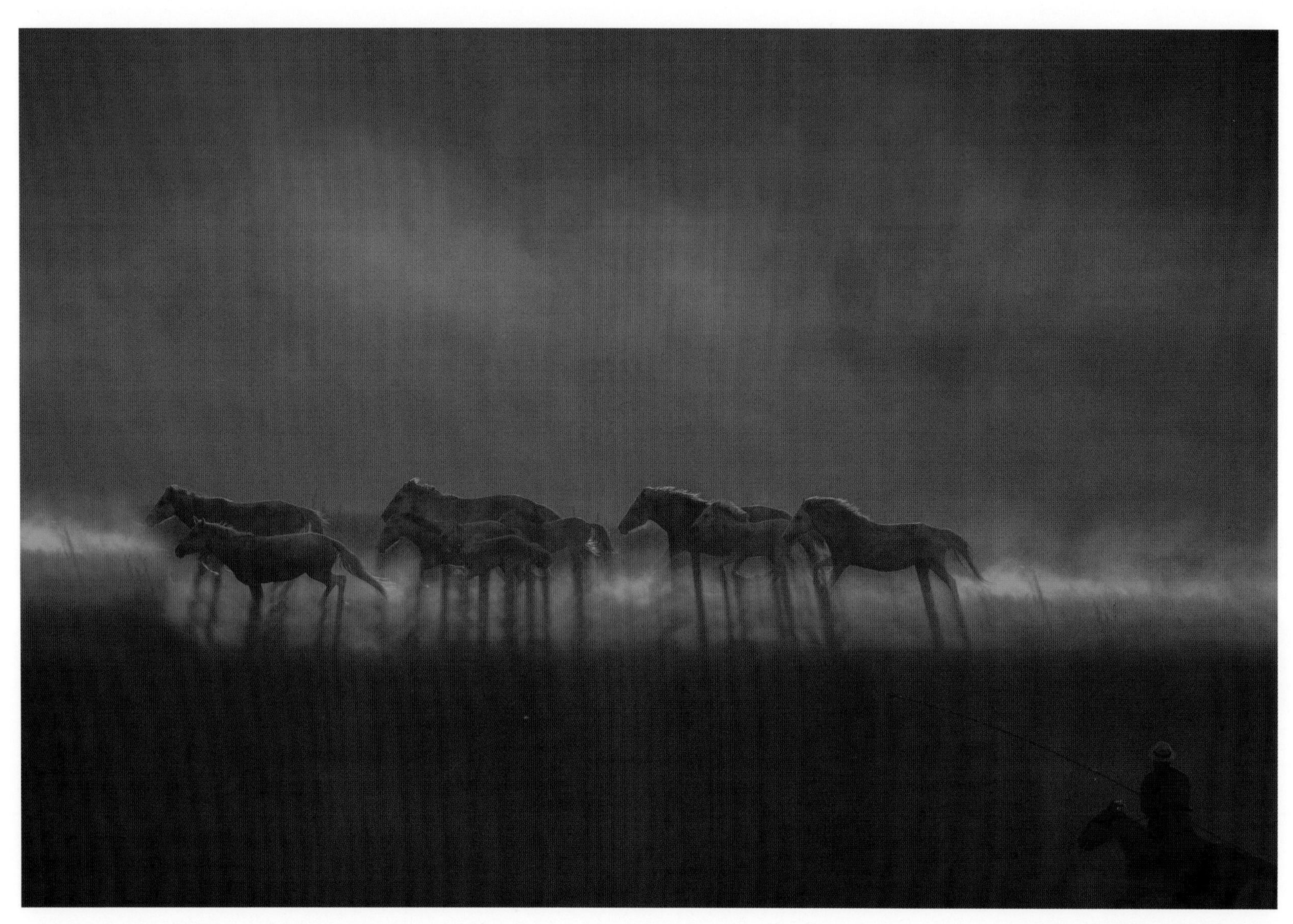

《沐浴阳光》 摄影 / 巴德玛

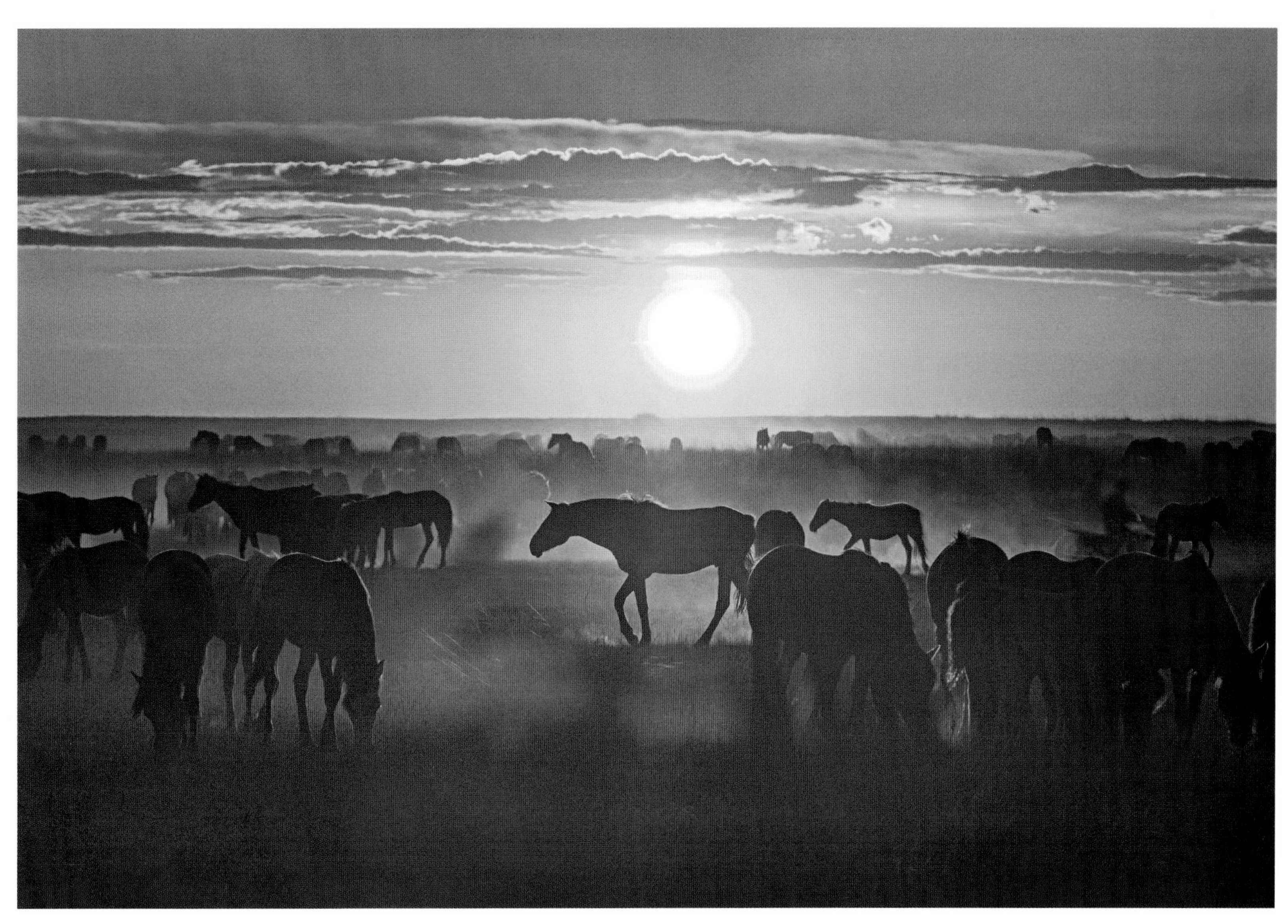

《夕阳》 摄影 / 嘎·巴特尔

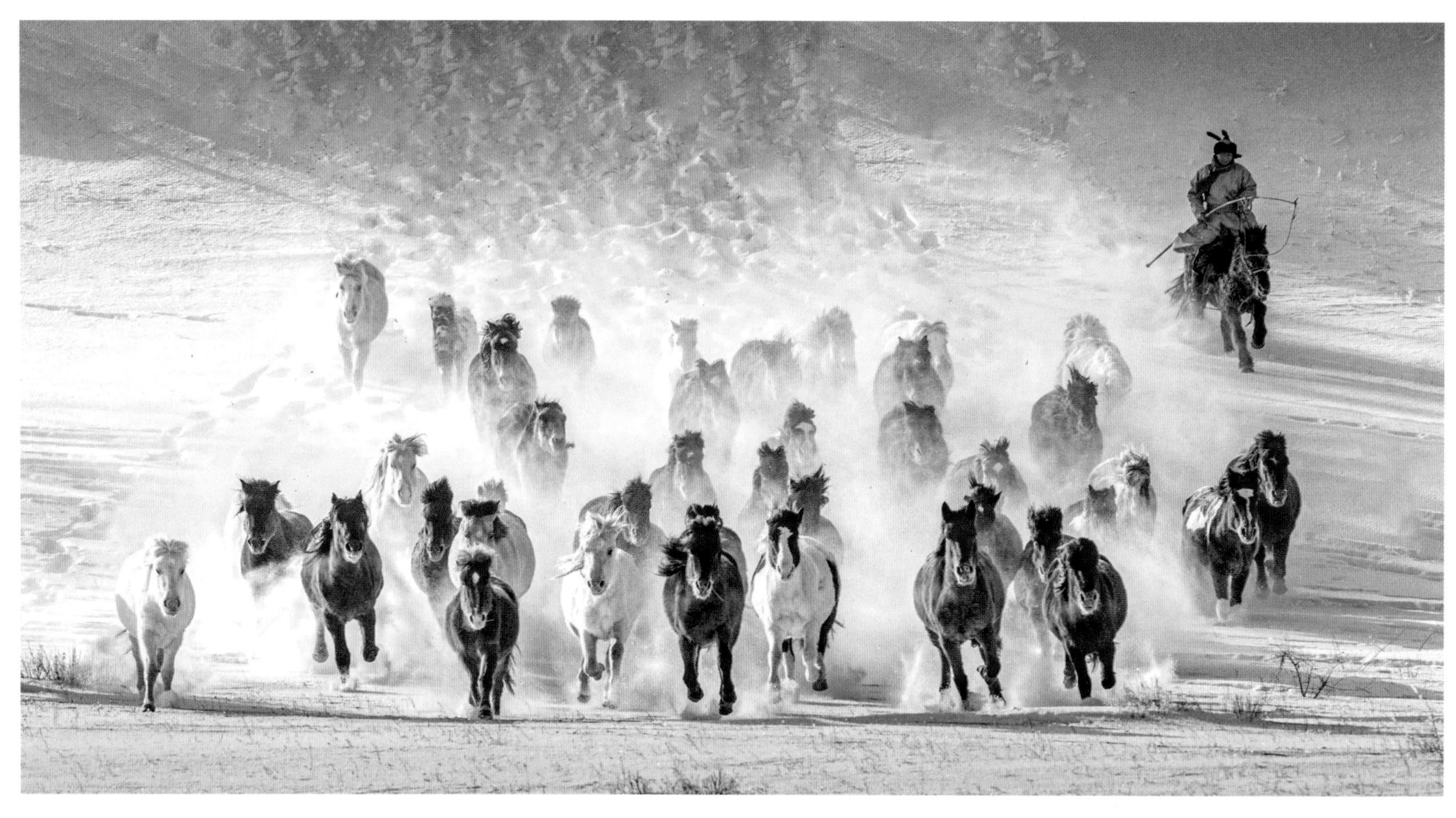

《雪韵》 摄影/孟振洋

蒙古马的神韵

宋金龙

锡林郭勒草原的马
从悠扬的马头琴声里
从天籁般的蒙古长调里
浪涛般铺天盖地
飞奔而来
马群呼啸 涌向天边……

一匹儿马长鬃飘洒
仰天嘶鸣——
声音在原野低低回响
水汪汪一双温和的眼睛
是春天里清澈的湖泊
映着高山大河

从天边洪荒里奔来的马
为自由奔驰而生的精灵
时刻听从草原的召唤
默默前行 踏踏而去……

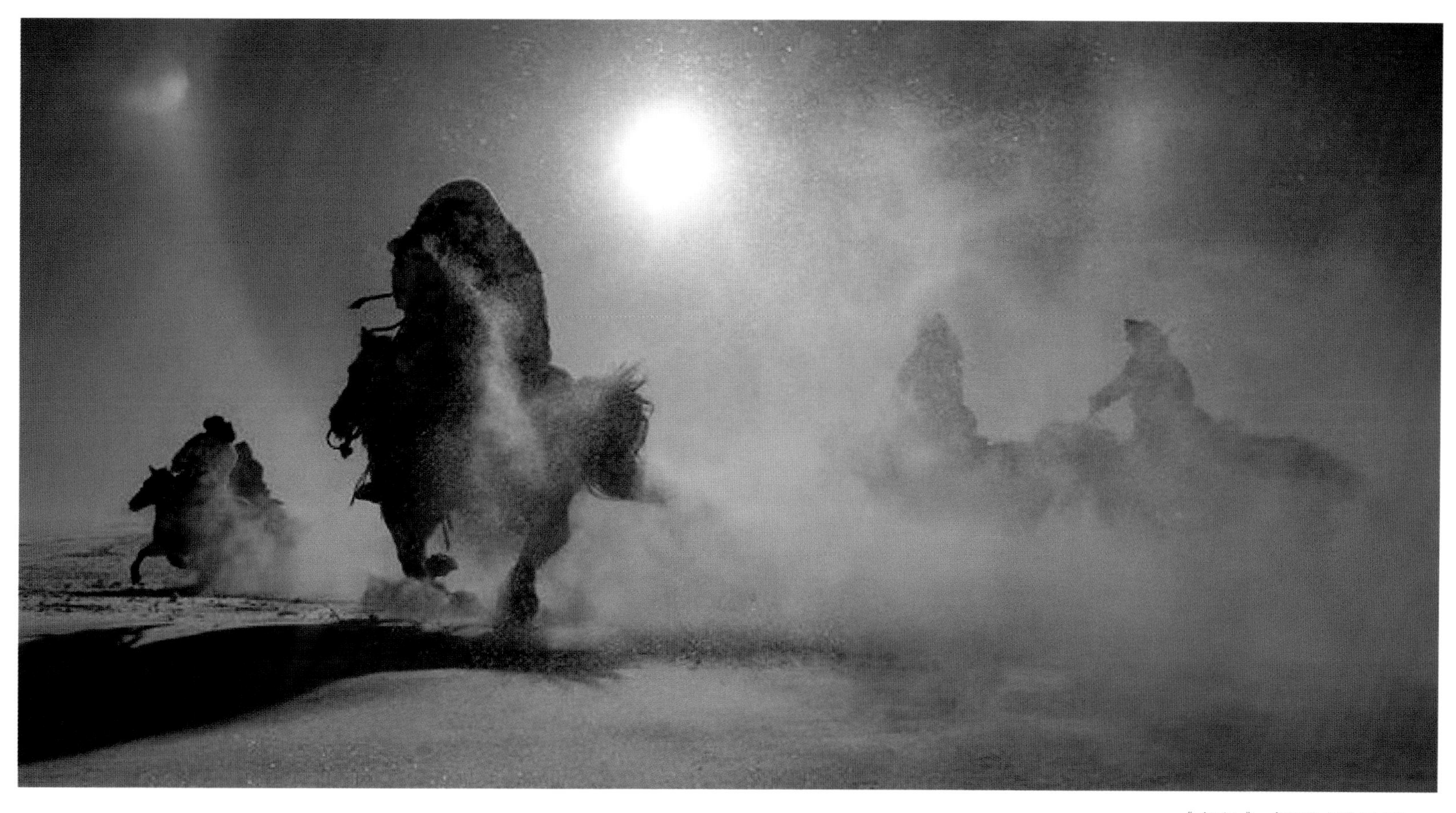

《冬韵》 摄影 / 韩凤麟

从远古走来
从浩瀚越过
昂起的头
是一尊棱角分明的雕塑

套马杆挥舞阿爸的雄风
勒勒车装满阿妈的传说
留给草原的记忆
并非一串凝固的蹄痕

昨天的马头琴
擦干了忧伤
昔日的勒勒车
已风干了史书的记忆

从草原深处来
穿越戈壁洪荒
飞扬四蹄
头颅高昂
心中的梦想
将风霜雪雨的征程照亮

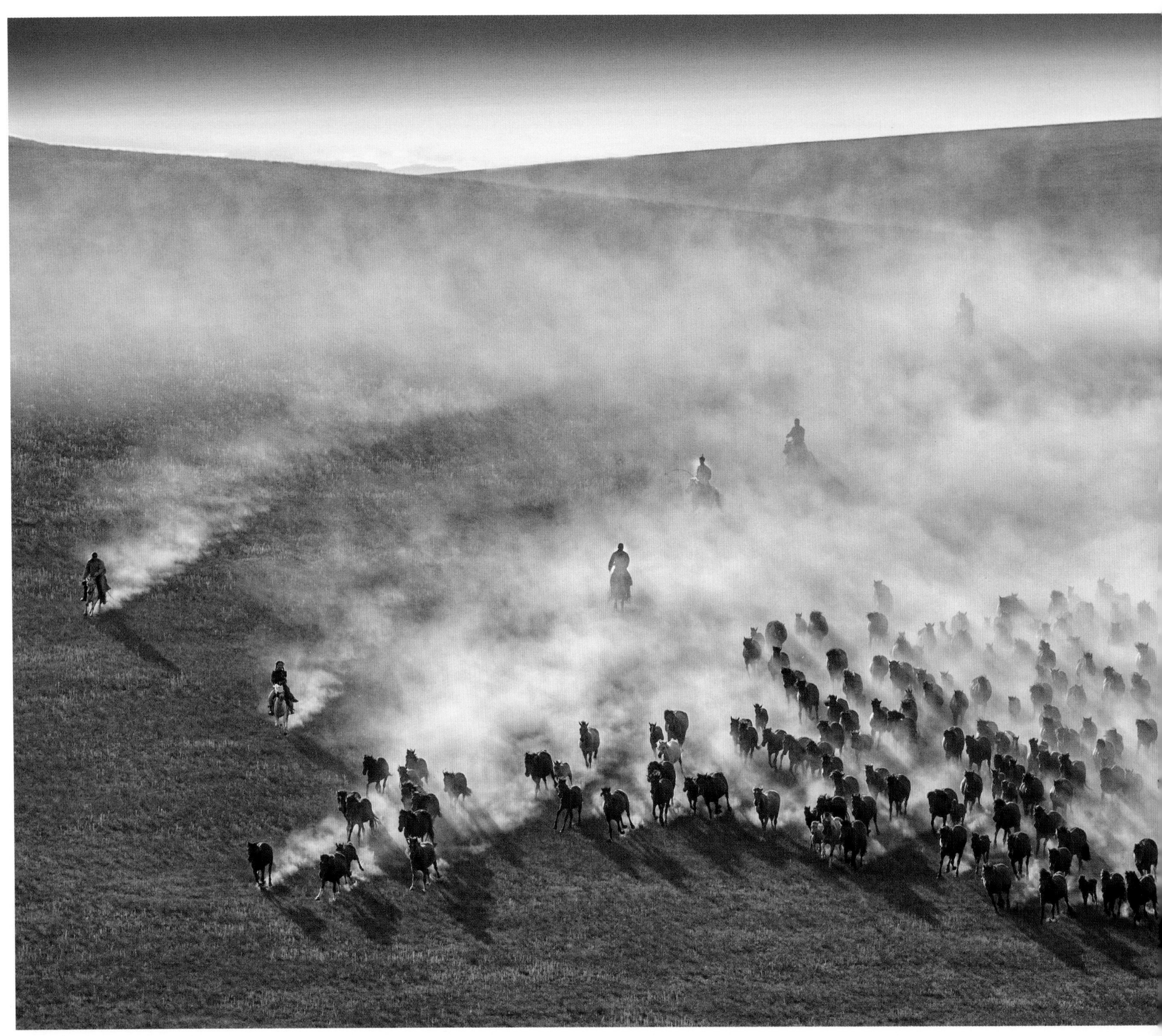

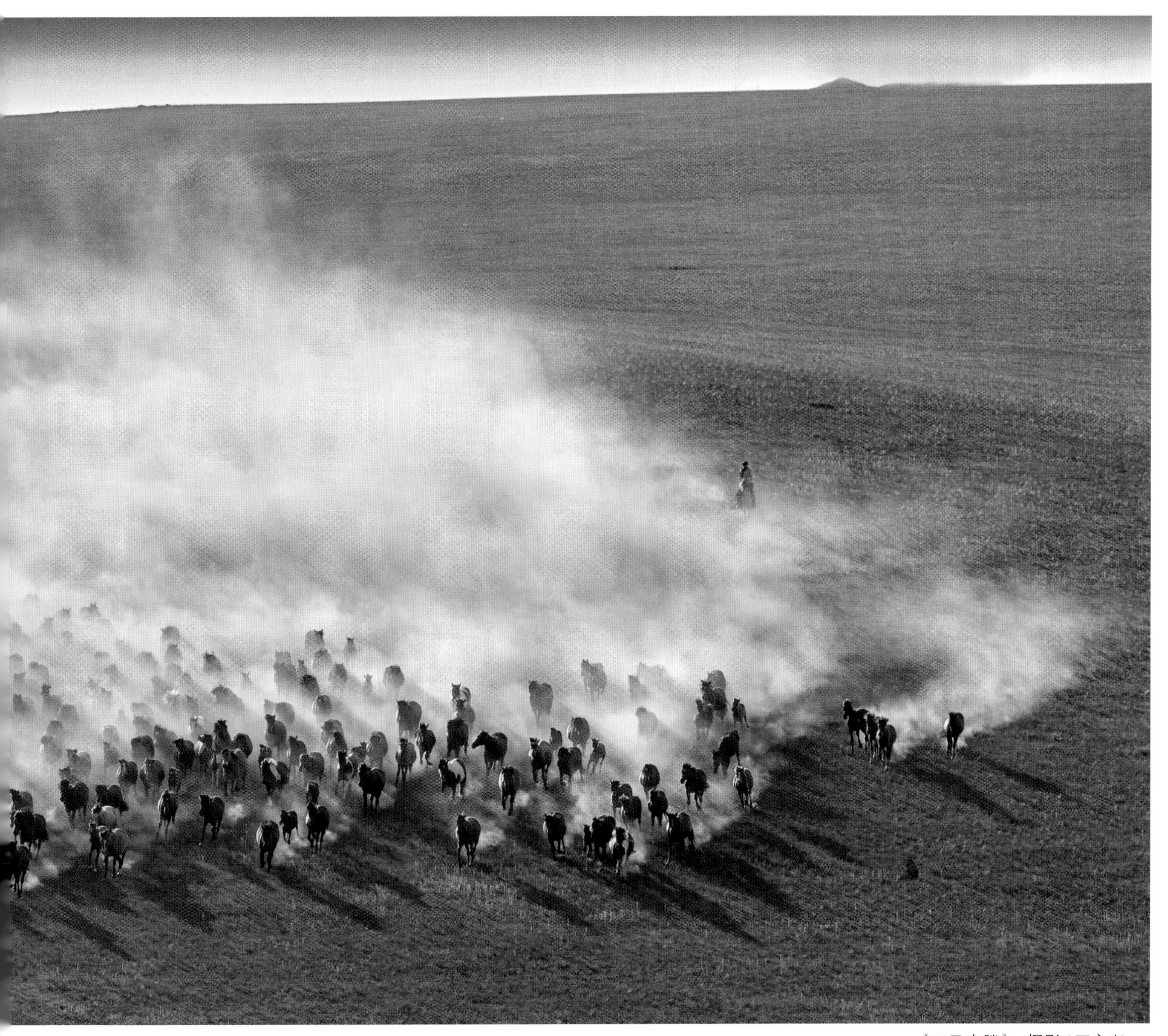

《万马奔腾》 摄影 / 王文兴

黑骏马的蹄音

许恒荣

奔跑中的黑骏马
踏花蹄香 踏雪如泥
你的蹄音是大地的心跳
阿巴嘎草原有多古老
你的蹄音就有多久远

而我的耳朵 总是追随
一种由远及近的鼓声
那是黑骏马雄浑激越的蹄音

萨满的鼓声暗藏玄机
祈求人与神的靠近
而你的鼓点 更接近
大自然的音律
如河面上汹涌的波涛
如夏日里的疾风暴雨
更像催征的鼓槌
擂响大地
每一声 都在告诉世界
奋进 奋进

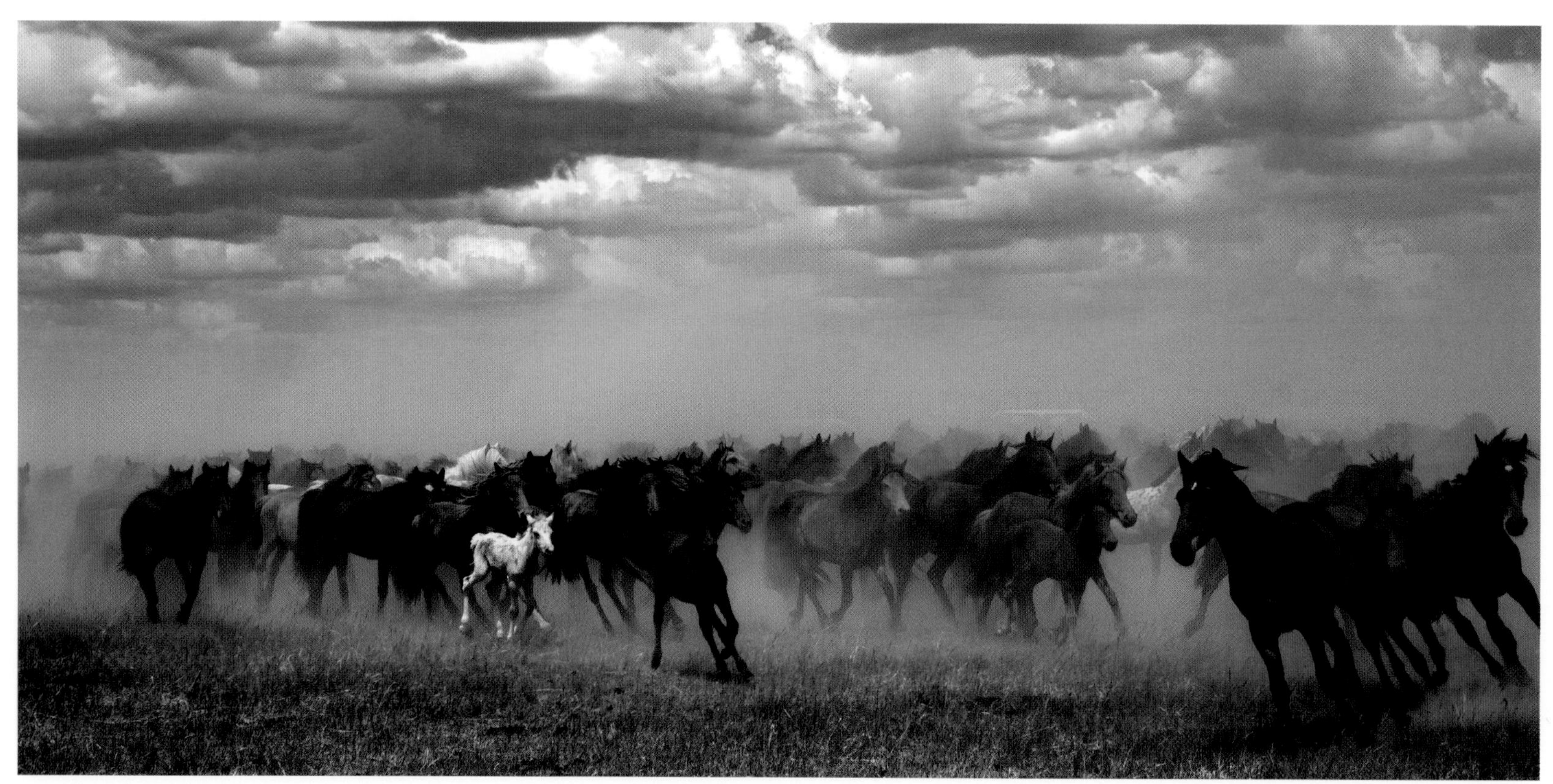

《天边神骏》 摄影 / 苏德毕力格

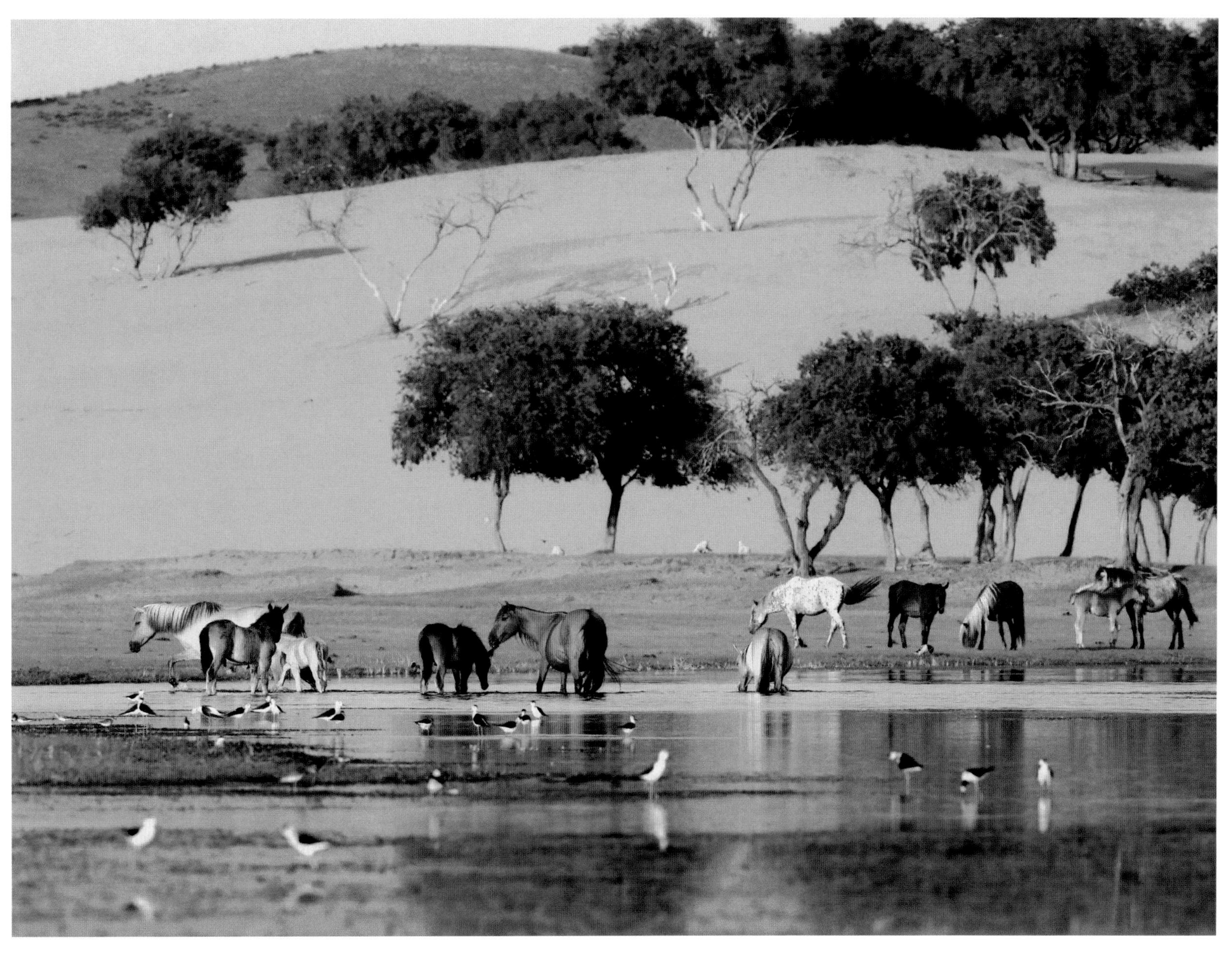

《和谐乐园》 摄影 / 闫云

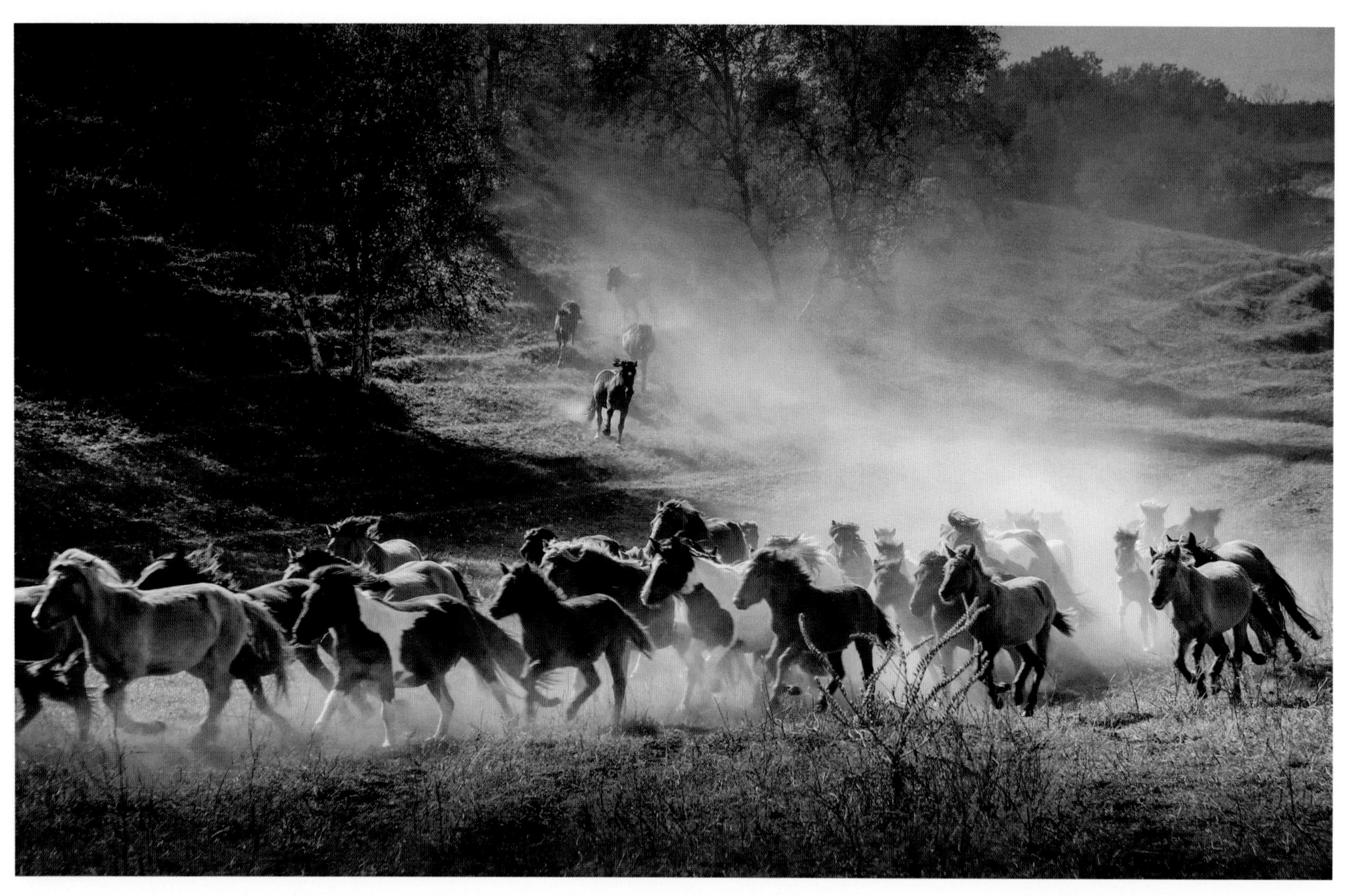

《金秋骏马奔腾》 摄影 / 赵胜利

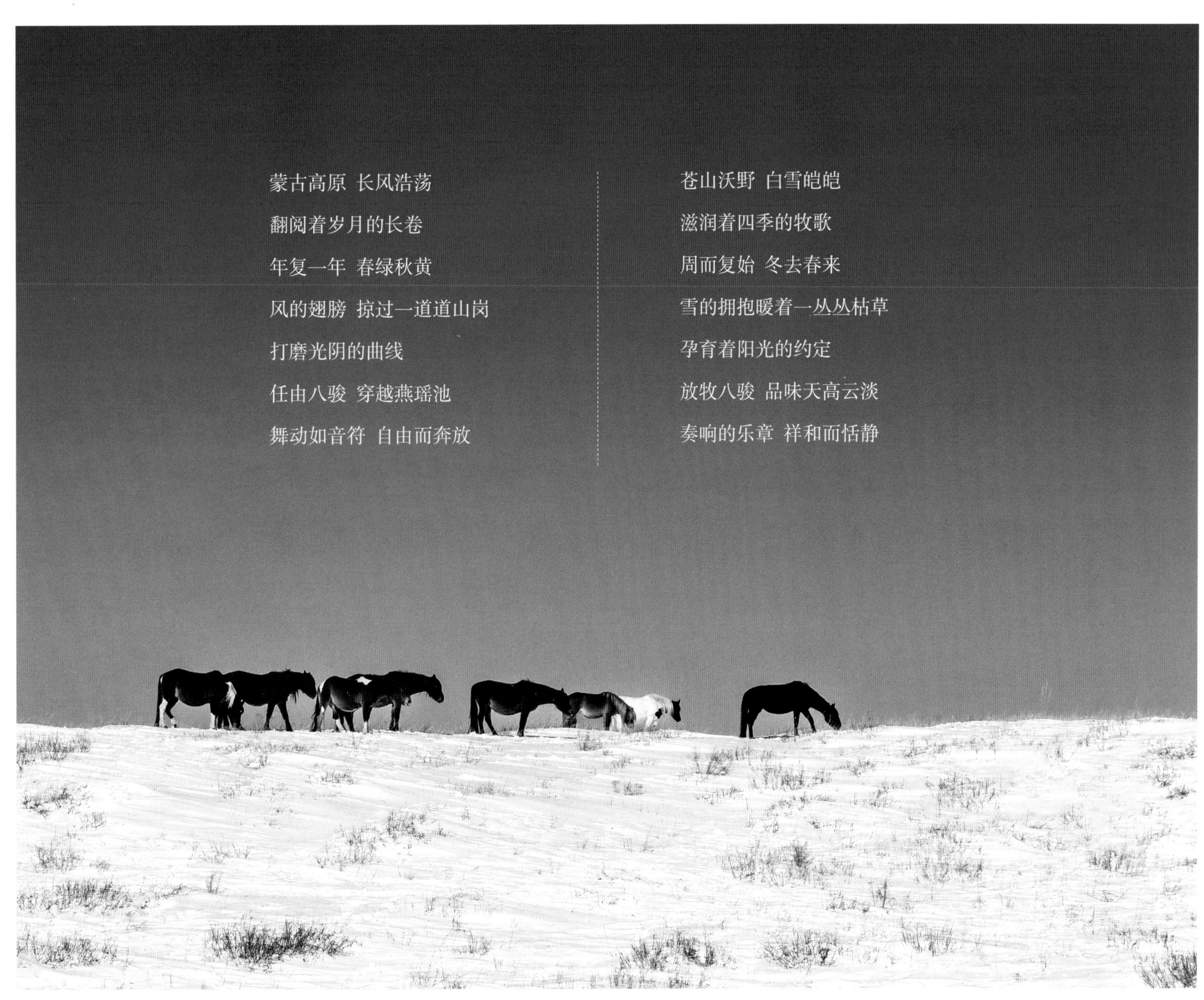
蒙古高原 长风浩荡
翻阅着岁月的长卷
年复一年 春绿秋黄
风的翅膀 掠过一道道山岗
打磨光阴的曲线
任由八骏 穿越燕瑶池
舞动如音符 自由而奔放
苍山沃野 白雪皑皑
滋润着四季的牧歌
周而复始 冬去春来
雪的拥抱暖着一丛丛枯草
孕育着阳光的约定
放牧八骏 品味天高云淡
奏响的乐章 祥和而恬静

《八骏》 图文/常霞

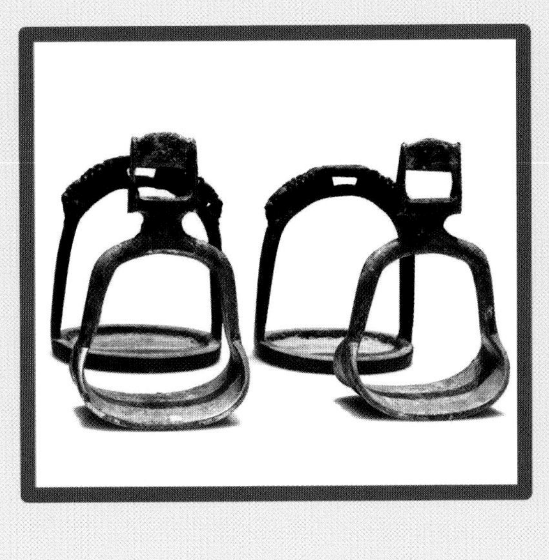

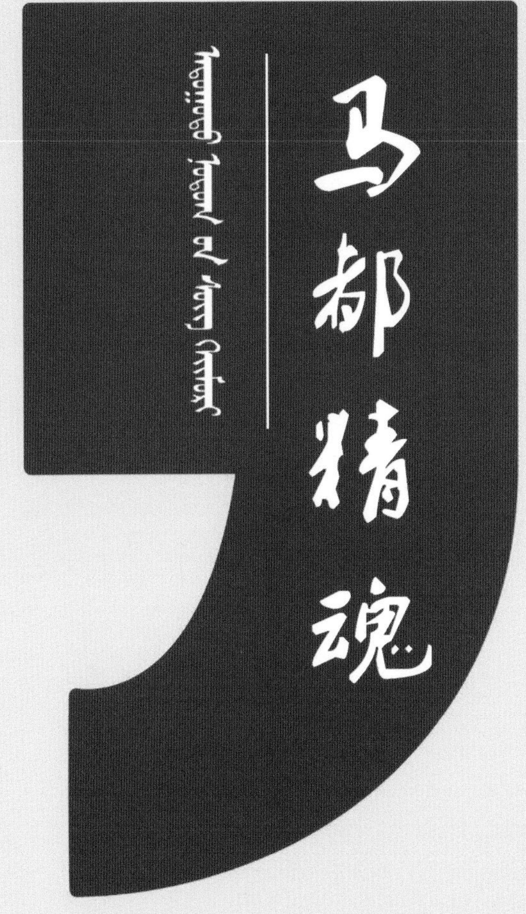
马都精魂

穿过岁月的蒙古马

李慧兰

我能驾驭你纵横驰骋江山，更想在你精神里的江山一览风光。蒙古马是草原上的自由之神，以弓马取天下成就了铁马的荣耀。究竟是蒙古马的铁蹄远，还是蒙古马的精神疆域远，抑或是纵马之人的雄心更远？虽然硝烟已散，蒙古马作为战争工具已经退役，它的历史使命和现实角色也已改变，但是它从未离开人类，从未离开草原。蒙古马已不仅仅是一个物种，而是一种精神存在，要用自然和文化的双重眼界解读这个生物界的尤物。

蒙古马，这种连睡觉都站着的物种，只要不死就永远站着。死了，就魂归马头琴。那忠烈悲壮的传说，让马头琴成为蒙古马灵魂的化身。琴弦上跳动着蒙古马对故乡的眷念，也跳动着马背民族对于蒙古马与生俱来的钟爱。这两根弦的古老乐器，诉说着马背民族与北方草原相依为命的生存方式，低回深沉、旷远激昂的琴声，那是与长生天的对话，也是与苍天大地的共鸣。

蒙古马是远去的历史活着的字典。那古老的传奇故事从头到尾都是蒙古马的注释。蒙古马的身影在苍狼和白鹿的神话里复活，在史册里纵横驰骋、风云叱咤。五百年兴衰史，是一部铁蹄写下的历史。草原上的部落就像蒙古马踏出的一个个蹄窝，成为岁月长河中流动的风景。

当我喊一嗓子乌珠穆沁，千匹白马就像天边卷起的白云，惊天动地向我涌来；乌珠穆沁黄骠马也享有内蒙古四大名马的美誉；黑马，是马中的贵族，油亮油亮的鬃毛在阳光下闪着寒光，像身着华丽的黑缎子，放大了蒙古马的威严和神秘。阿巴嘎，正是黑马的故乡。乌珠穆沁白马和阿巴嘎黑马方阵曾在天安门广场接受庄严的检阅；苏尼特草原多以枣红马著称；南部的察哈尔在历史上就是官马养殖基地，数以百万计的御用马和军需马匹，在融合各民族的历史进程中彰显了蒙古马特有的威力。蒙古马也为中国革命立下了赫赫战功，从长征时期“马背上的共和国”，到解放战争时期的“内蒙古骑兵”，多少可歌可泣的故事荣载史册。

锡林郭勒草原上的蒙古马基因中，有世界上任何马种比不上的耐力，有其他马种没有的野性和狂傲，更有毋庸置疑的坚韧和忠诚。它纯正而优良的血统，来自天然的生存法则。蒙古马五代不通婚。一个马群只有一匹真正意义上的公马作为种马，草原人叫它儿马子。它可以独有二十几匹母马，而它和这些母马生出的公马长到两岁，就得离开这个马群去寻找新的马群。蒙古马还有一种习性，我可以站在它的前面，或在它的左右两侧，它都会凝神静气，不毛不燥，我可以抚摸它的脖子、它的鬃毛，或者它长长的脸。但是，我不能站在它的身后，只要它感觉身后有动静、有异样，它立刻会警觉起来、防备起来，一旦意识到危险，它会用两只后蹄进行攻击，以此自卫。狼是马的天敌，若遇狼群攻击，儿马子会组织马群形成一个圈，弱马、小马在中间，强壮的马在圈外围与狼搏斗，仿佛一支训练有素的团队协同作战。无论蒙古马多么狂野，多么暴烈，一旦被驯化，便臣服它的主人，就算炮火连天也不惊不乍，就算吐尽最后一口血，心中也只有它的家乡。

大地如鼓，蹄声如雷。蒙古马永远是草原上一道显赫的风景，谁不渴望驾驭蒙古马的雄悍和速度呢，谁不渴望体会马背上风从耳畔呼呼掠过的惊心动魄呢。一马平川的锡林郭勒大草原就是蒙古马的乐园，从那四蹄招惹的花香、披星戴月的鬃毛，就知道锡林郭勒草原是多么的浪漫缤纷。蒙古马，在我不懂你的时候，就去拉马头琴，就去听呼麦；在我迷失的时候，就去辽阔的草地学着你嘶鸣的样子仰天长啸；在我激情澎湃的时候，哼一曲长调，跨上马背，不用鞍子，不用嚼子，也不用套马杆，“裸奔”一回。

狂风算什么，正好理理鬃毛；暴雨算什么，原来是天然花洒。当烈日炎炎烘烤你的血脉，正好为你镀一身金质色彩。当灰腾希勒的冬天穿透你的骨缝，我为你刮去身上的冰碴。只管让蒙古马一程一程拓远我们的胸怀，只管向着一远再远的远方扬鬃奔驰。

心有疆，情无界，神气如虹；
饮狂风，浴冰雪，铁血铮铮；
舞缰绳，驭烈马，昂首直前。

蒙古马，在呼麦的喉咙里呼风唤雨，在马头琴弦上荡气回肠，在奔跑的文字中续写新的篇章。马背上驮的不仅仅是你或我，而是一个历史，是生活在草原上的人们；奋蹄疾驰的也不仅仅是路途之遥，更是擂鼓而出的气势，是拔地而起的精神。正因为蒙古马生于骨子里、气血里的忠勇直前、耐苦耐劳、共融共生的秉性，千百年来始终成为人类最可信的伙伴。

让激情和灵魂翻身上马，突破学识、阅历、认知的局限，不断追寻新的启迪。

有一首歌这样唱《穿过岁月的蒙古马》
阳光为飞鬃披上云霞，
风雪为铁蹄染上霜花。
套马杆扯不断心中的远方，
再难的长路也要出发。

马背让梦想伴我长大，
烈性让骑手驰骋潇洒。
马头琴讲不完传奇的故事，
再黑的夜晚也要回家。

穿过岁月的蒙古马，
一声长啸敢向天涯。
你是大地上流动的风景，
你是腾格里活着的神话。

（李慧兰：锡林郭勒盟诗词家协会主席，出版诗集《生命底色》《又见彩虹》，为大型雕塑《三千孤儿和草原母亲》撰写铭文）

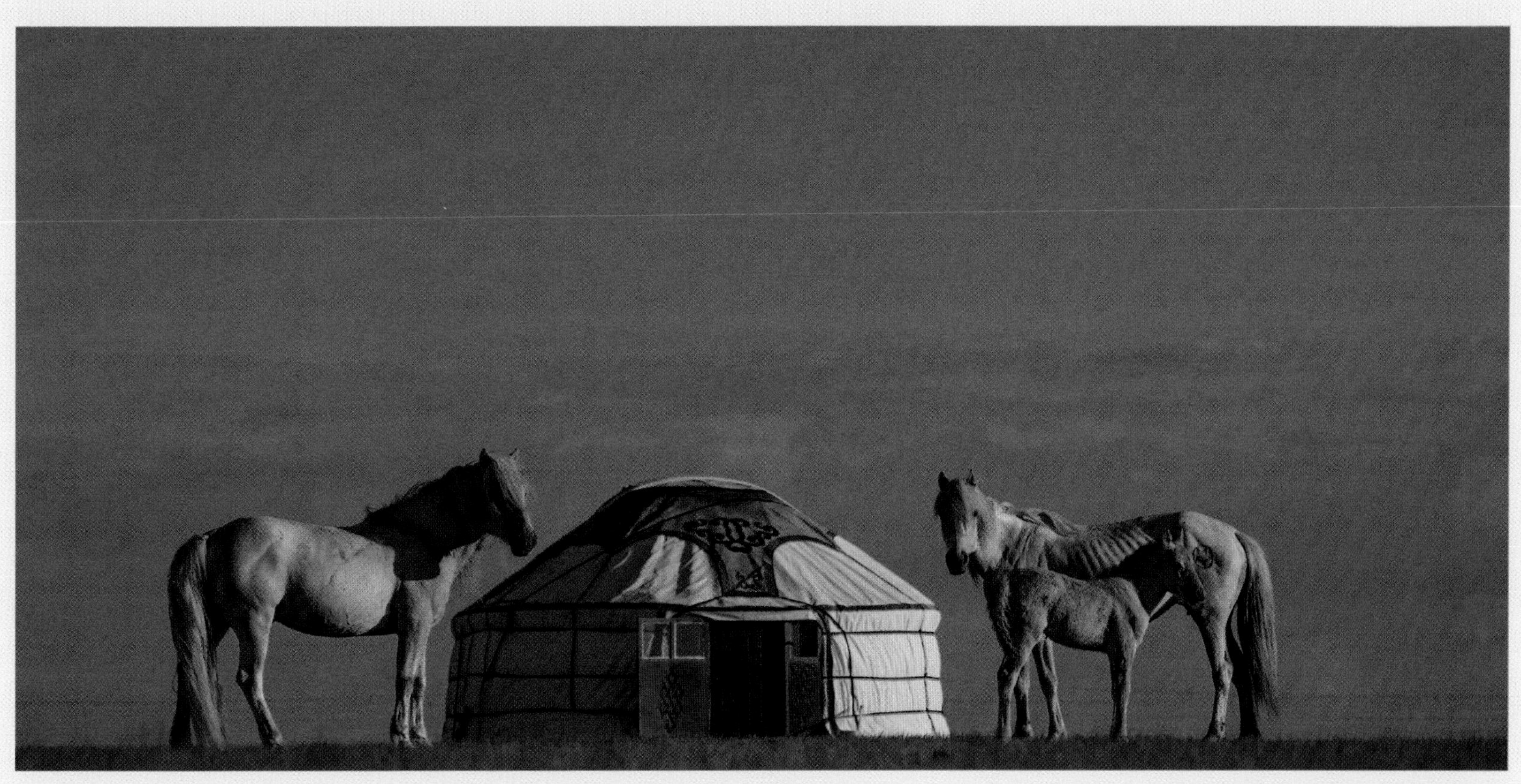

《白马之家》 摄影 / 苏亚拉图

草原精灵

刘冬梅

蒙古马的嘶鸣
响彻旷野
回荡的蹄声
地动山摇
豪气 坚韧 勇敢 忠诚
那是一个古老民族
崛起的信念

万马长啸的气势
犹如入海的蛟龙
更像一道道闪电
掠过苍茫大地
追溯那古老传说
勇猛的激情 像火焰
挺起大漠孤烟的脊梁
炯炯视线被朔风拉长
如长调一样
激荡着草原的心房

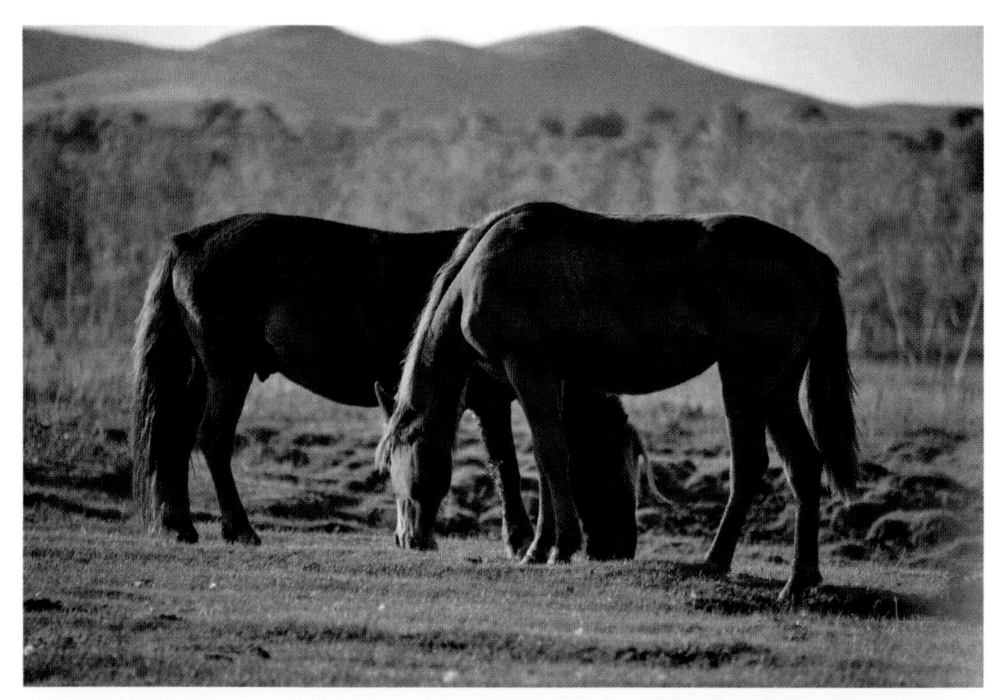

《依恋》 摄影 / 阿拉坦苏和

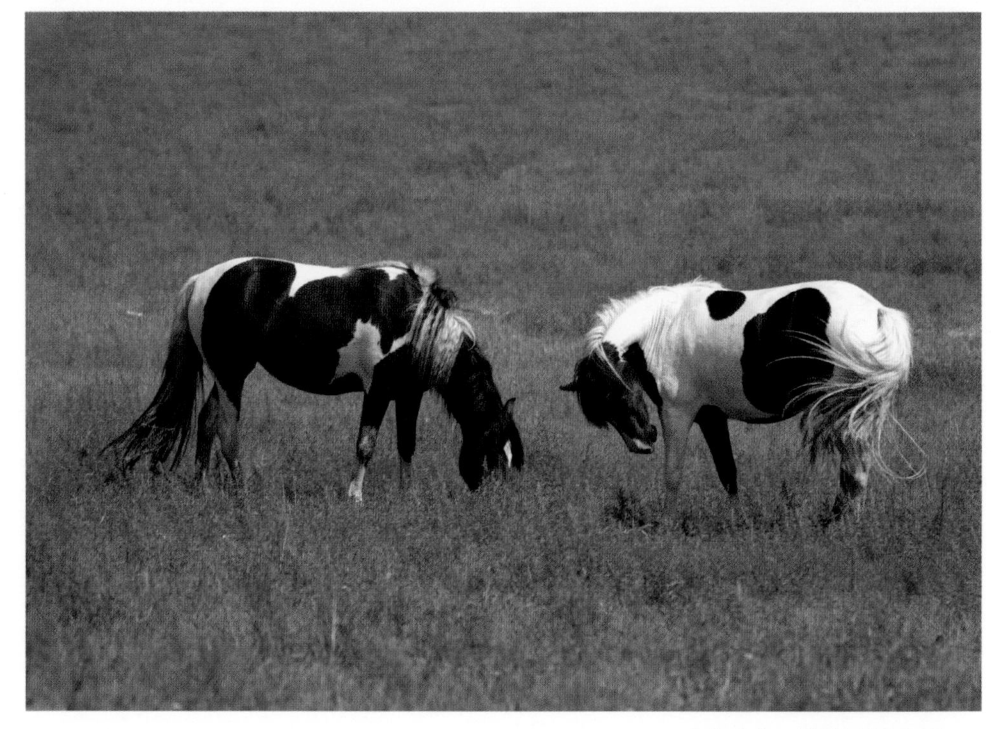

《自在》 摄影 / 郭永刚

《风吹草低现马儿》 摄影 / 魏建纲

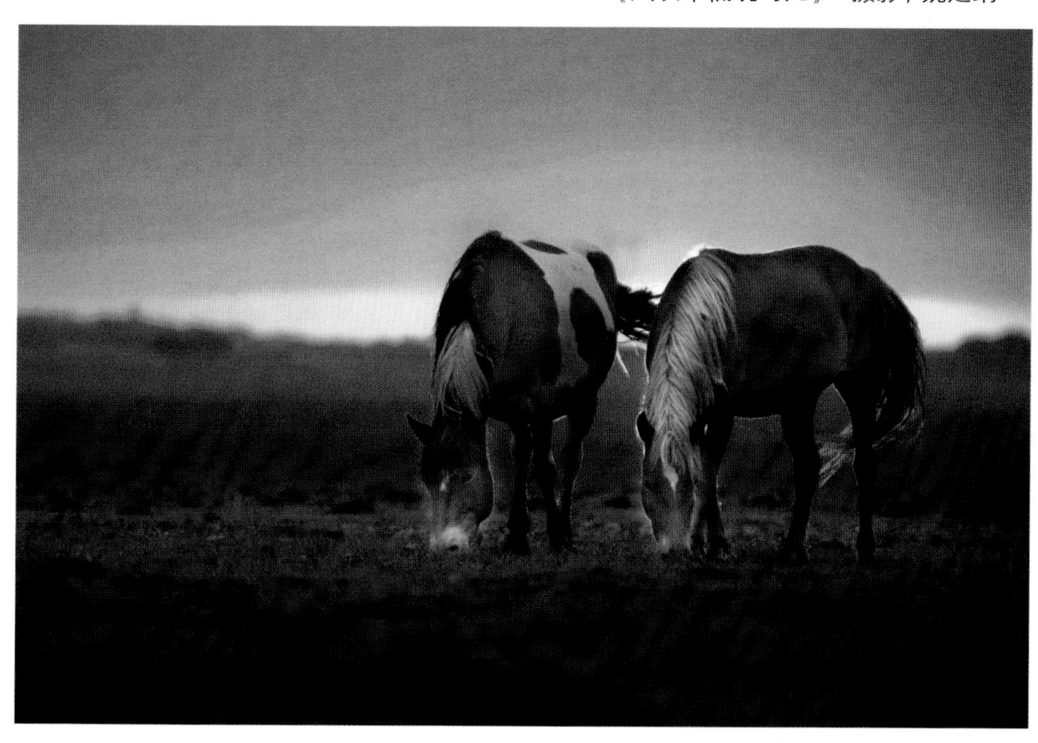

《金色晨晖》 摄影 / 斯琴巴图

蒙古马

常青树

草原上的风
越过春季的嫩草
踏过飞雪的寒冬
可驰骋千里
也曾守护畜群

草原上的魂
奋蹄何须扬鞭
气势自贯长虹
可走亲访友
也曾征战鏖尘

茶路上的星
万里商道豪迈
千斤货箱负重
可助力致远
也曾关山几重

诗心中的韵
轻歌高吟骐骥
浓墨重彩烈鬃
可为之骄傲
也曾字句激奋

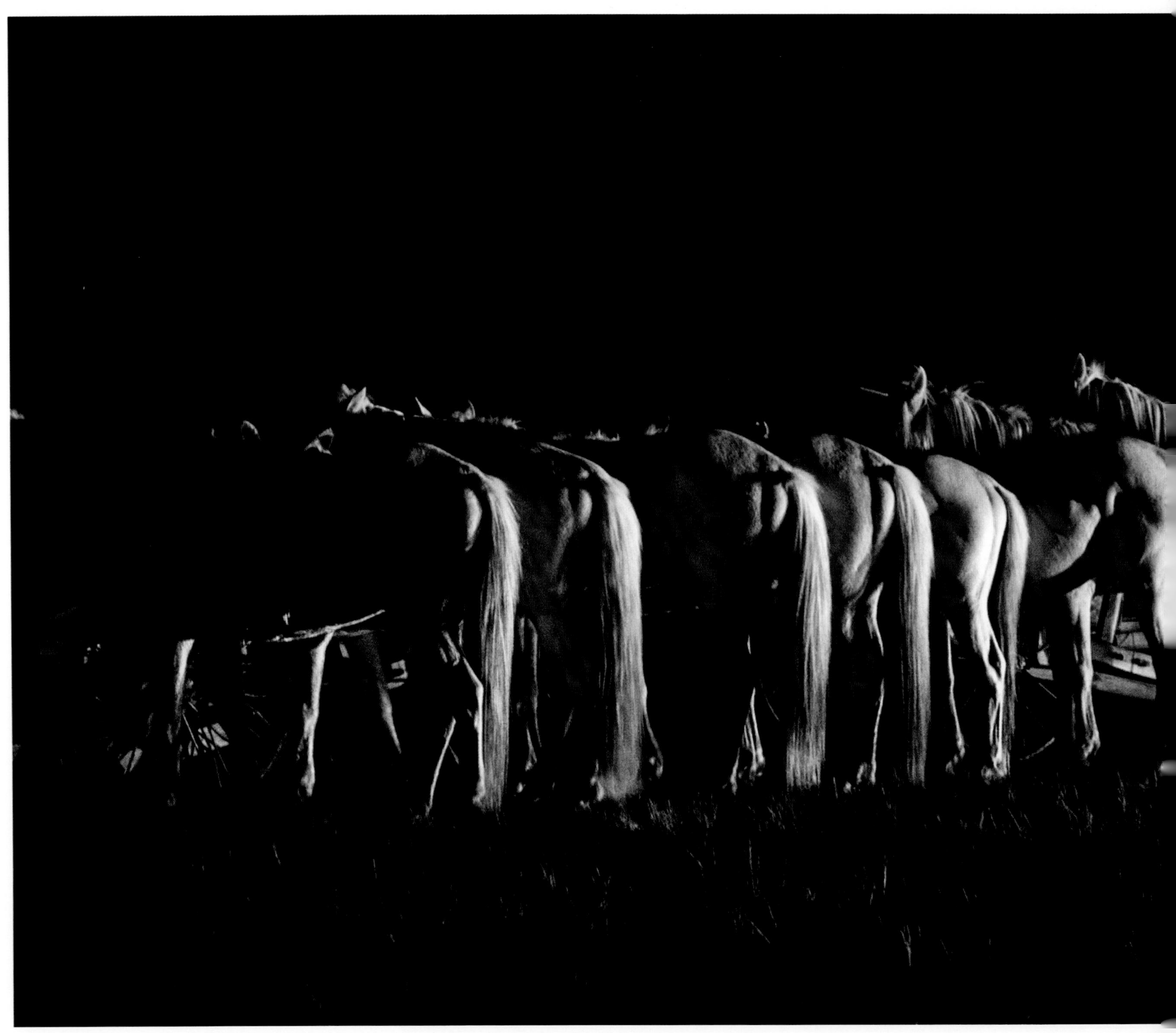

我常常在睡梦中被马子唤醒

斯日古楞

不知究竟什么原因
我常在睡梦中被马子唤醒
有时好像它轻轻地
推了我一把
并轻轻地与我耳语
兄弟醒醒
有时它悄无声息
我感觉到它一定
看着我 凝视着深睡的我
它守着我的梦
它又是我身边的一个
忠实的哨兵
而它当然不知道
我的梦都因它而醒
不 应该说我的梦
都是因它而产生

我常常在睡眠中
听到它啃食夜草的声音
我的马子纵然再疲惫
也不会卧倒在任何一隅
有谁见过马子趴着躺着睡
它就是站着闭目养神
你看它双耳一定挺立
雷达般搜寻着外界的讯息
机敏与警觉是它的定力
有时候万籁俱寂
它突然发出咴咴的低鸣
那一定有狼影闪动
或一丝危险的异常降临

它呼吸着宁静的黎明
目光炯炯抖了抖长鬃
我的睡梦就这样
被心爱的马子唤醒
不是因为我梦得太深沉
而是因为那马子
它一直守着我的灵魂

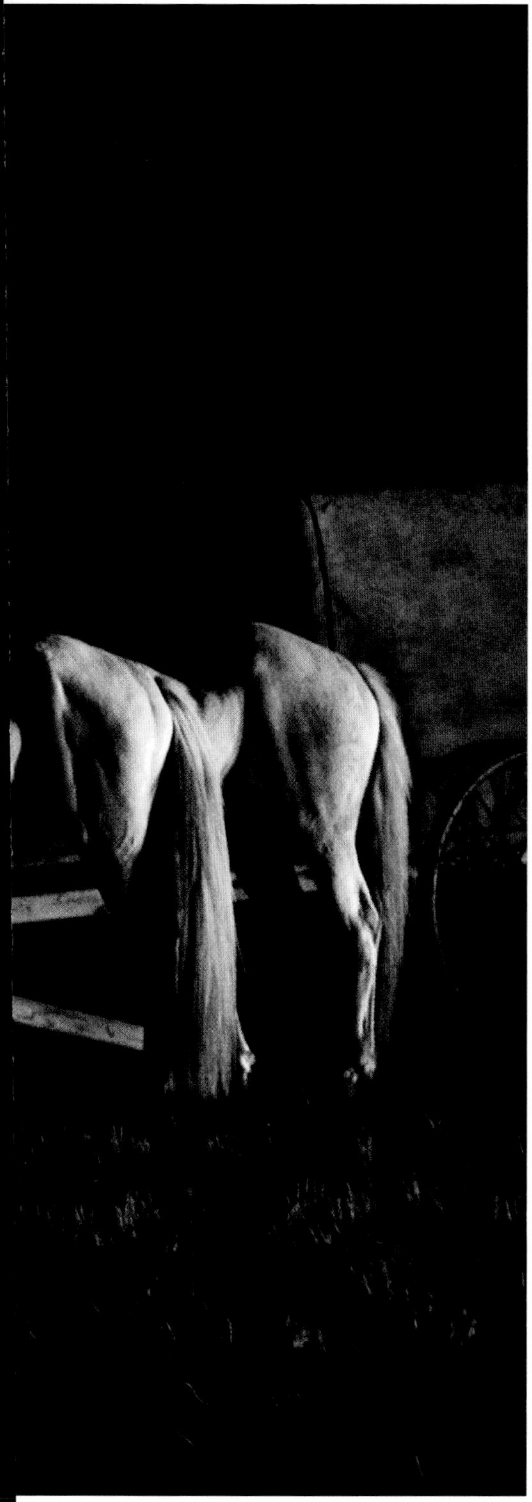

《寂静的草原》 摄影 / 呼和那日苏

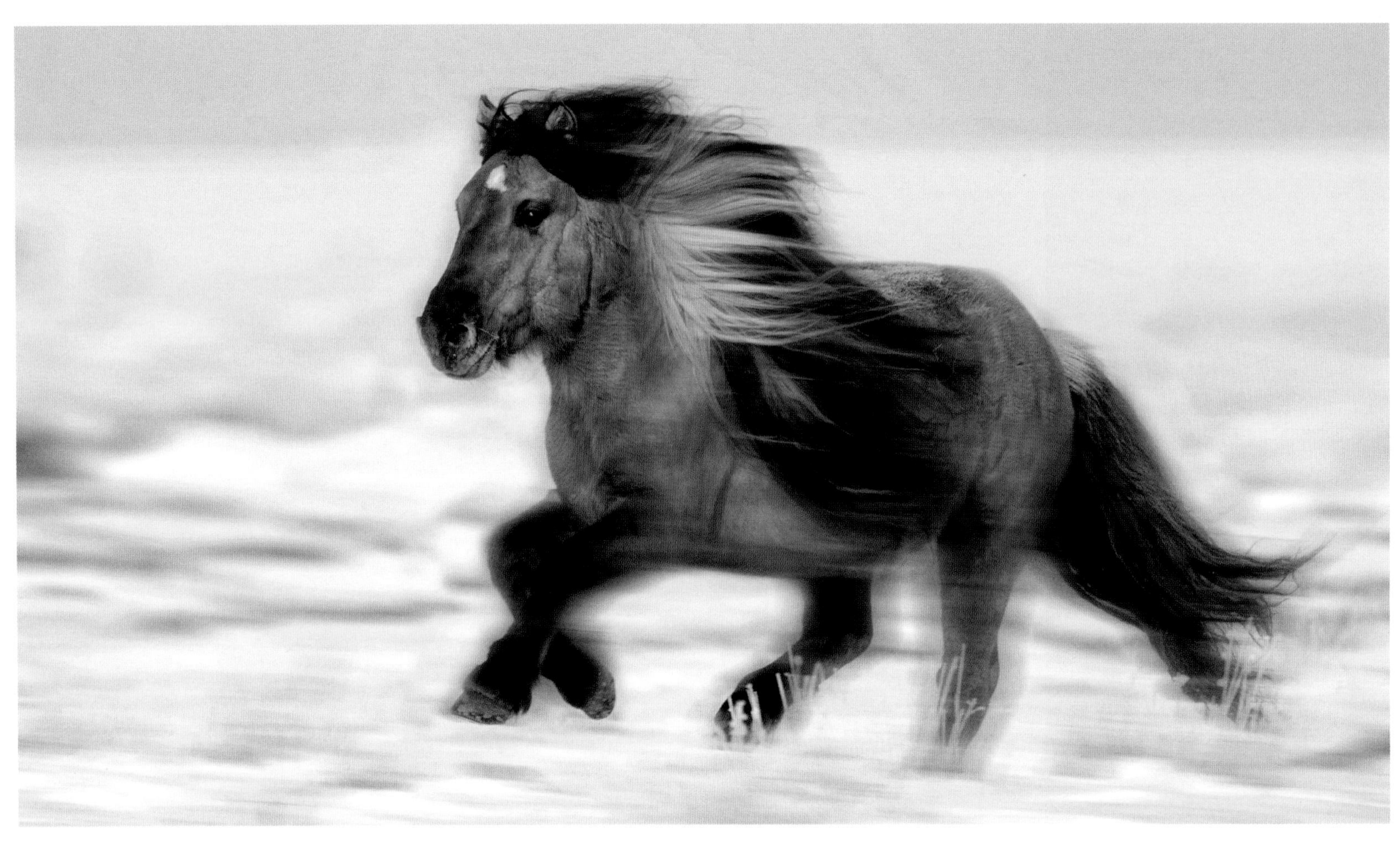

《蒙古烈马》 摄影 / 杨子建

飞

李慧兰

就这样一闪
闪出一道苍茫

梦想的真身冲出地平线
把家园刻进时光底座
那张地图是唯一的胎记

东归的英雄
甩干了伏尔加河的水
只带着血性

即使铁蹄滚烫
也把爱的存根封在雪下
腾出 广袤无际
用来想 想得地老天荒
只想到一个字

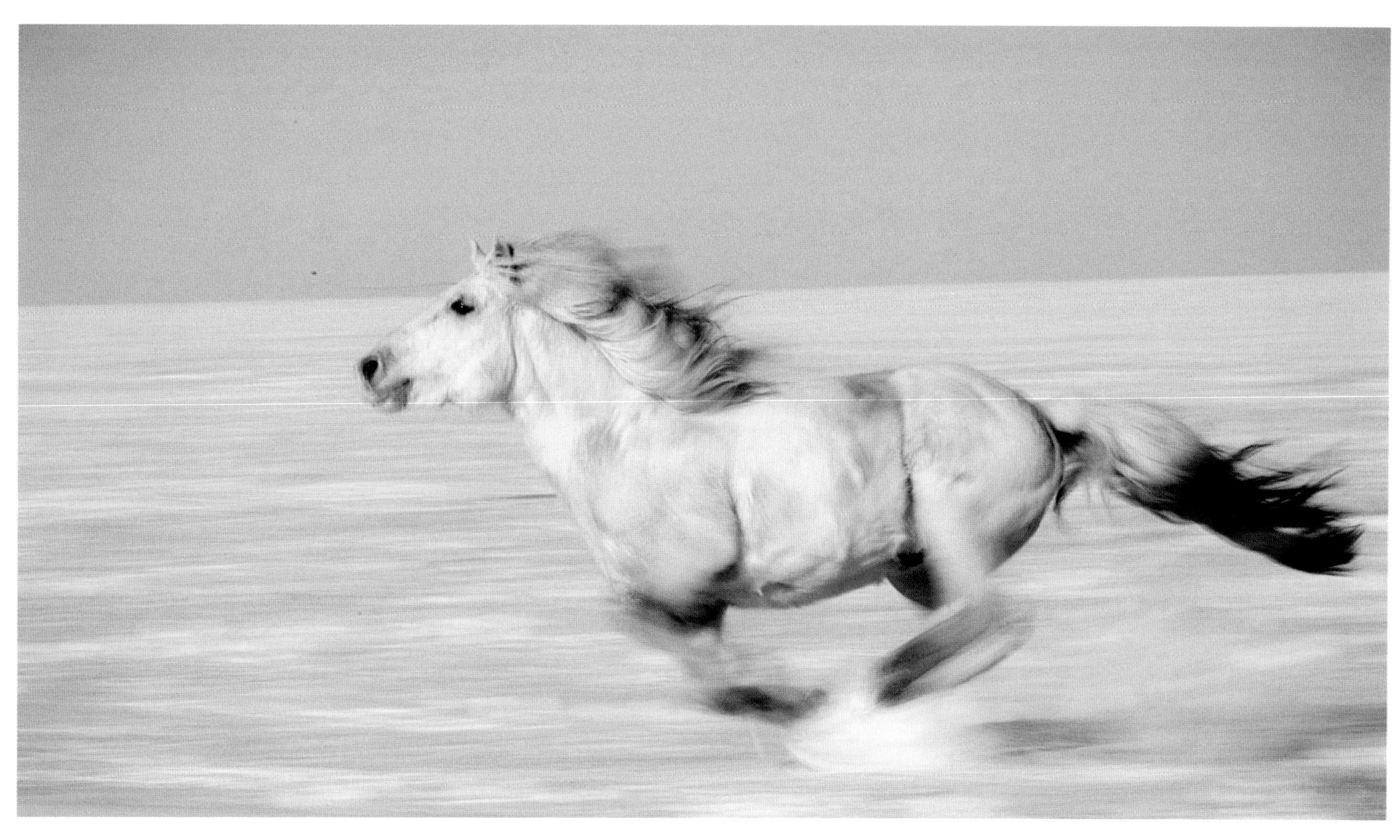

《奔》 摄影 / 苏和

飞

天空空了
时间停了
让一个影子 飞翔

我的马子
兜不住你的呼啸
就动用整座草原的草
为你举起经幡
用上一世的雪洁身

放纵你的桀骜
任何杂念都挤不进去

总想在史册里放开缰绳
也总想在心里打一个马桩

苍狼和白鹿屏住呼吸
心 静得四野皆空
只为在如雷的蹄音里开辟更远的江山
只为在如歌的嘶鸣里听风过草原

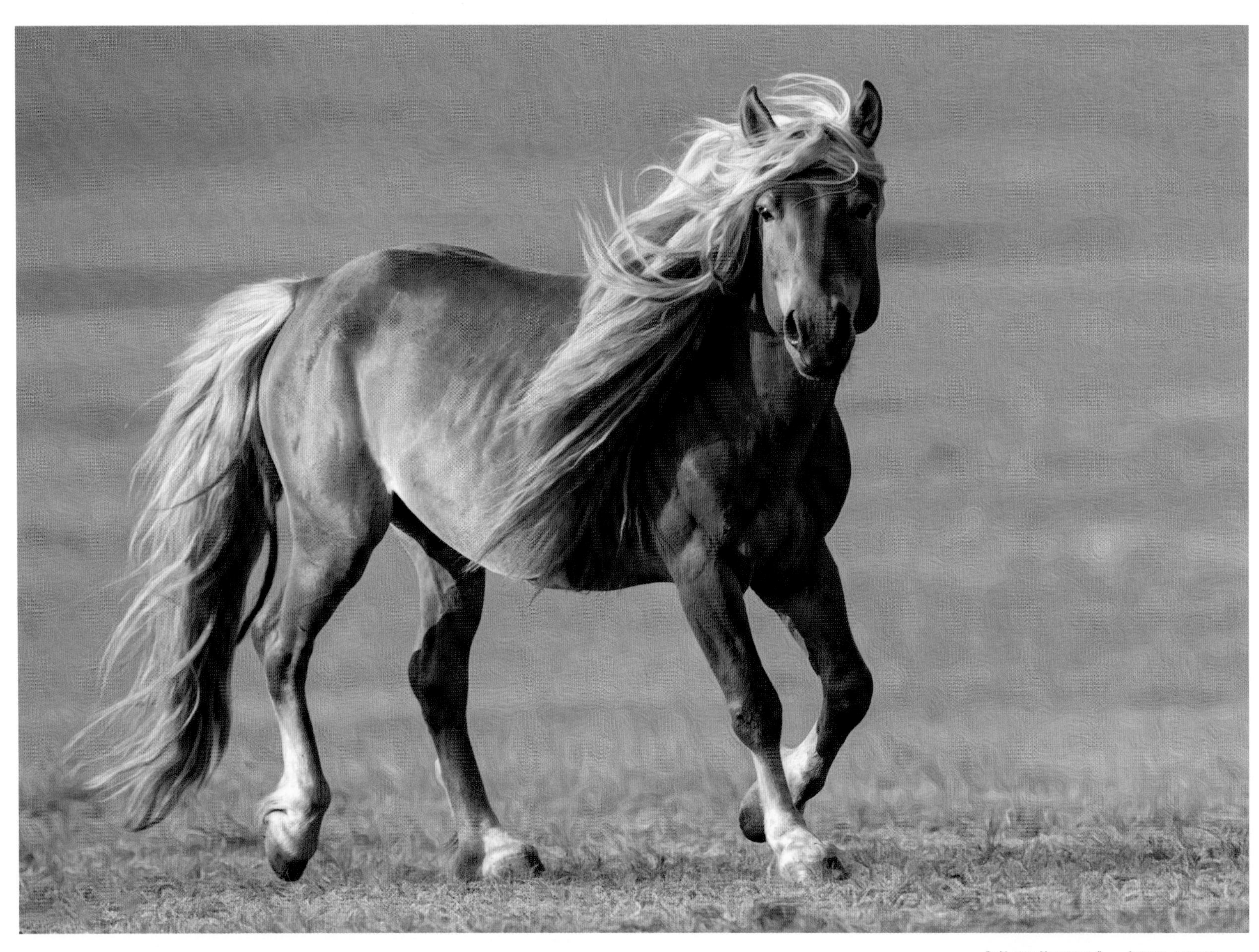

《草原黄骠马》 摄影 / 和平

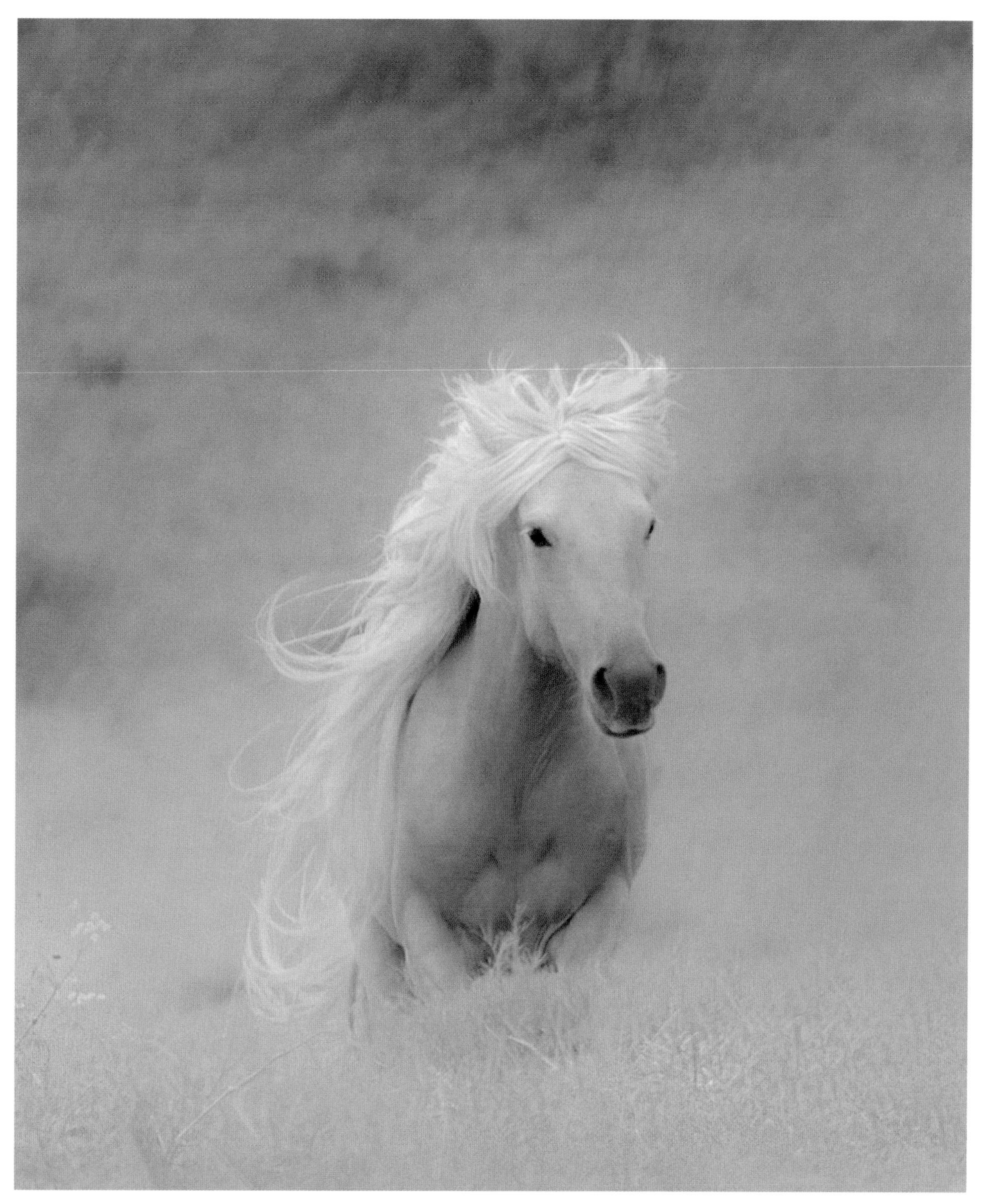

《走秀》 摄影 / 孟和

蒙古马

李丽

无垠的绿 草原的风雨 把你哺育
哪怕是粗放的饲料 也不挑不剔
相信你一定驰骋过我的心里
让我感受到了一种能力
无论生活的路多么坎坷崎岖
也会拼接出你的耐力
走过严寒酷暑
走过泥泞风雨
在战场上的不惊不乍 勇猛无比
虽然身体矮小 腿短
一定有一副铁蹄

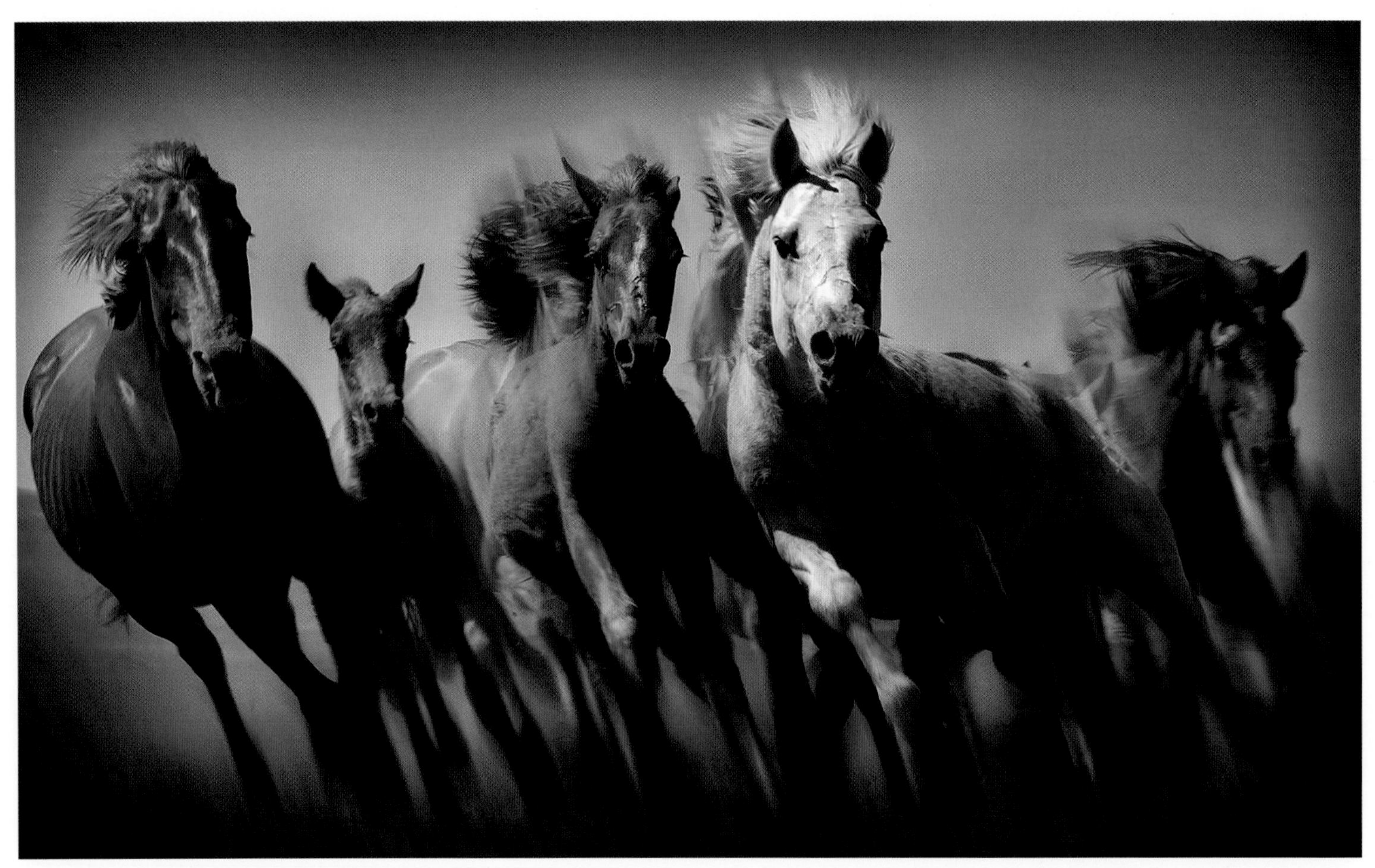

《极速神骏》 摄影 / 赵长胜

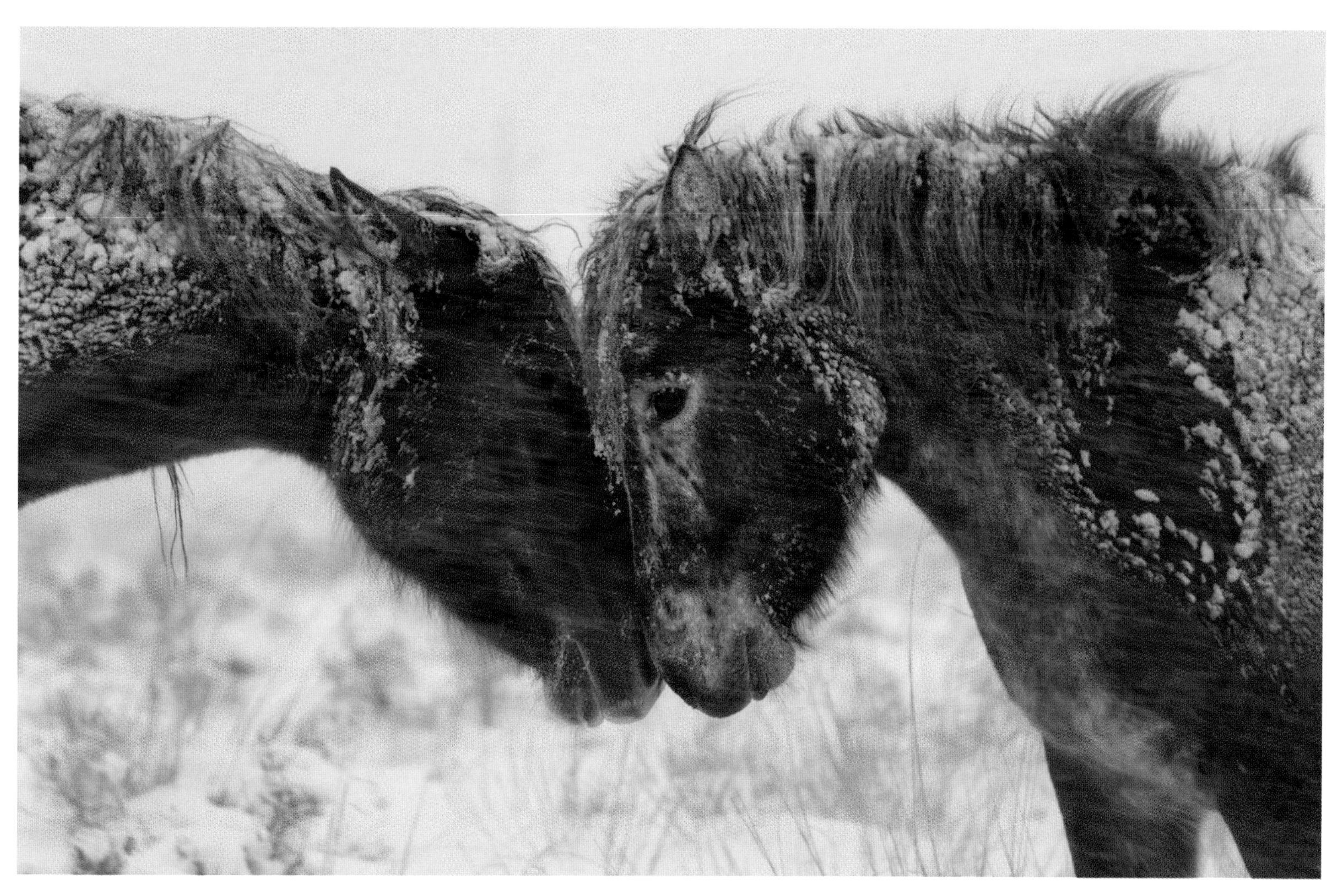

《乌珠穆沁蒙古马》 摄影 / 姚永胜

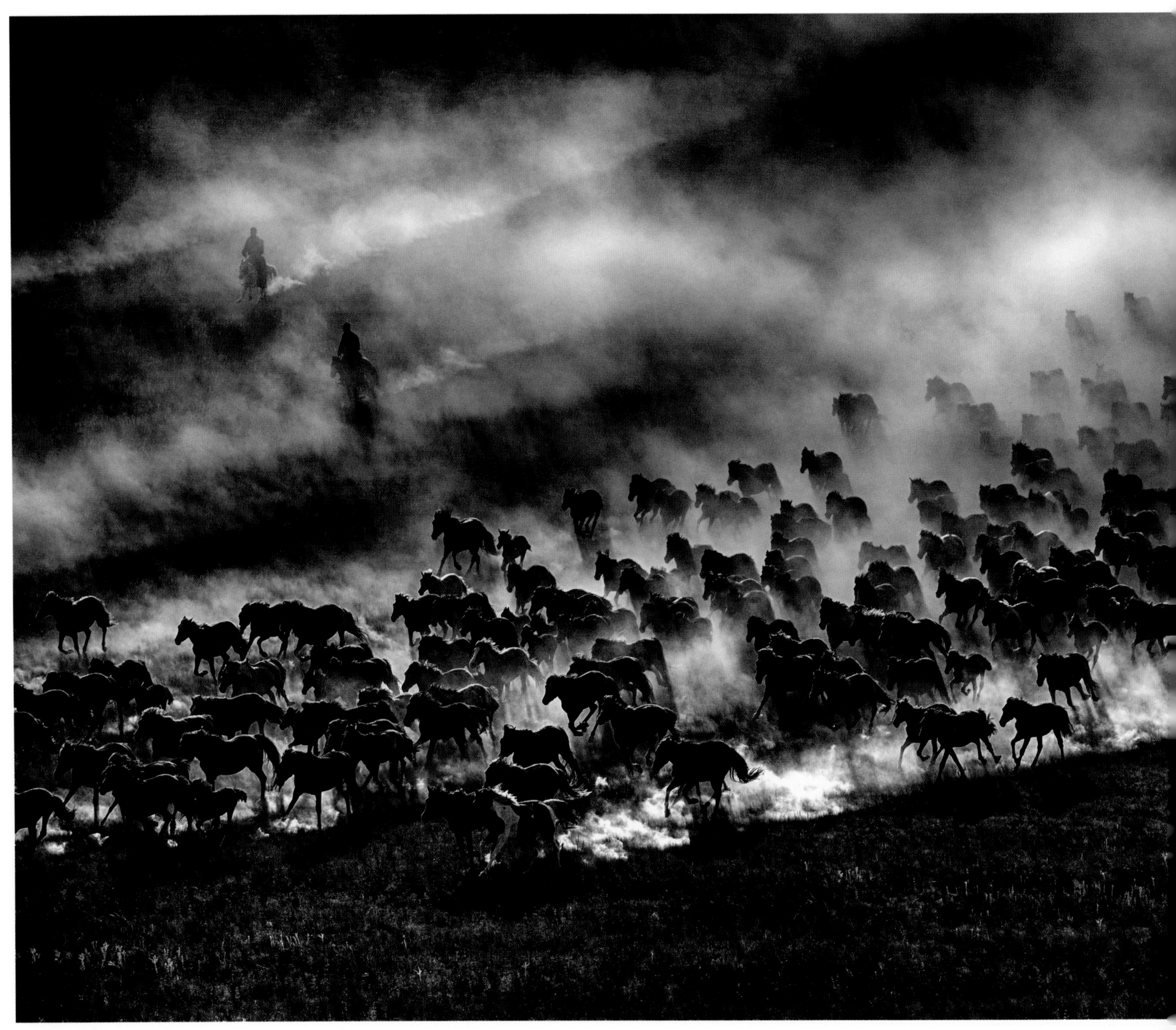

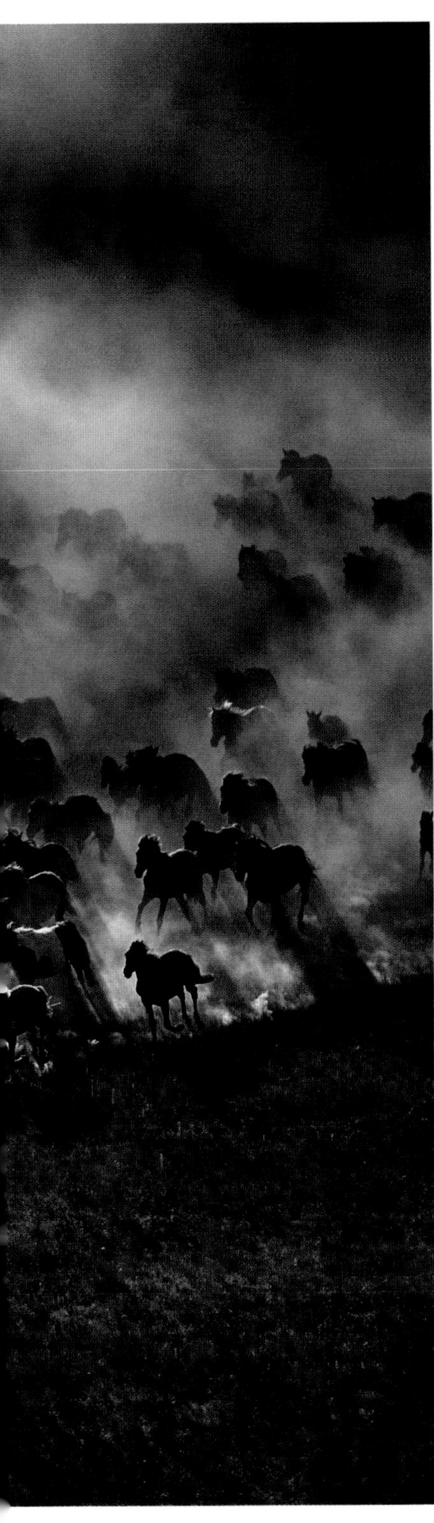

《席卷风烟》 摄影 / 王文兴

飞奔吧，蒙古马

李子骞

裹挟着
强劲的极地风
你从远古的天边呼啸而来
铁蹄浴火 腾踏着
漫漫戈壁浩浩大漠
撕裂黑暗滚滚袭来

原始的野性造化了你
与生俱来的桀骜不驯
先天的执拗注定了你
追寻自由的不羁秉性

蒙古马 是风
飞沙走石从你如雷的蹄下四处逃散
猎猎飞鬃风驰电掣般搅动骤雨雷暴
没有你的跋涉何以有远方
没有你的驰骋何以丈量草原的壮阔

草原狐与你对峙
北方狼与你较量
你忠烈雄悍
胸怀一腔豪气
你激情狂野
宁肯失蹄而死
绝不甘于平庸
缰绳拴不住你的心
牧场容不下你的鸿鹄志
山岗挡不住你扬起的蹄

蒙古马 一种精神的存在
驰骋在天地之间
飞奔吧 蒙古马
鬃驮太阳 尾扫月亮
疾驰而来飘逸而去
奋蹄扬鬃把日追逐
一声嘶鸣穿透辽远
带着美好的憧憬
朝着你心驰神往的无尽天边
飞奔

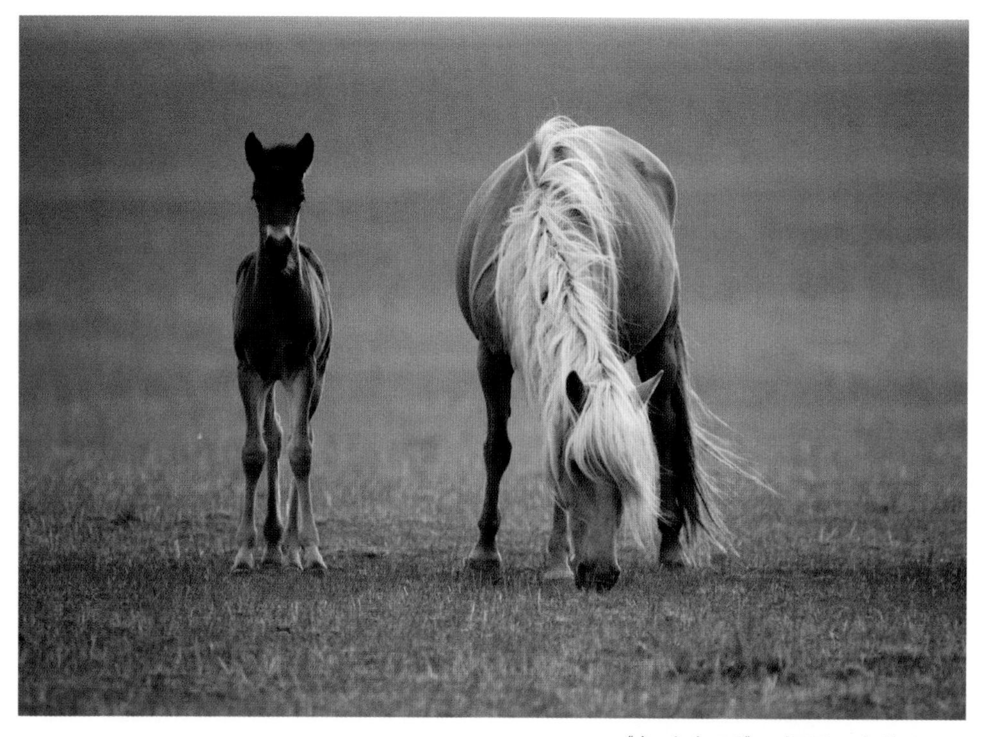

《初来乍到》 摄影 / 李伟明

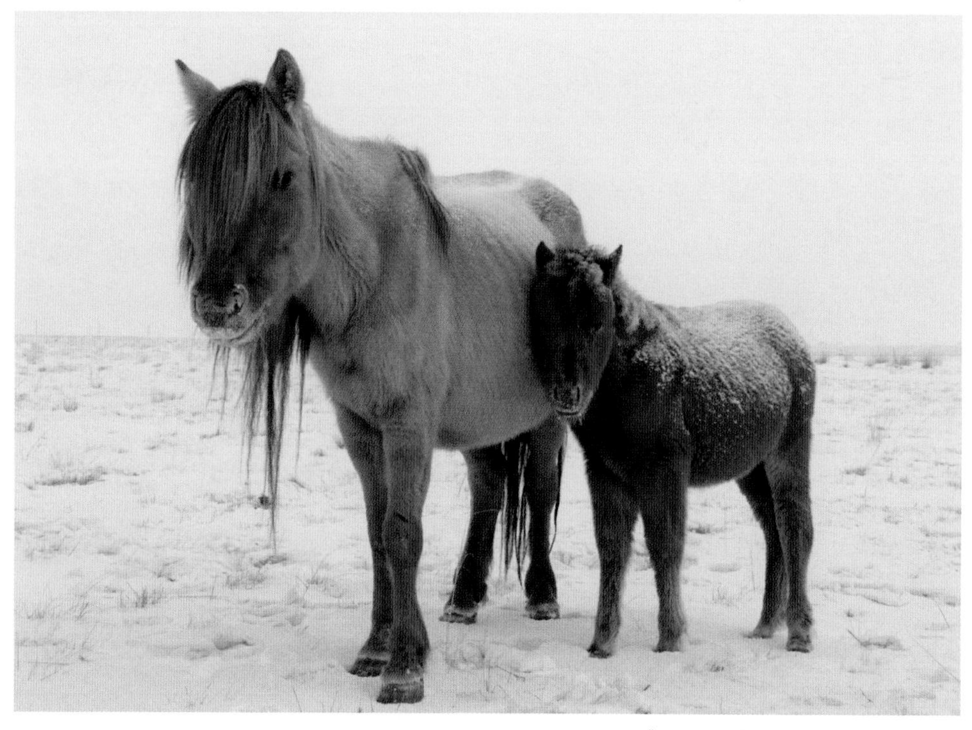

《母与子》 摄影 / 姚永胜

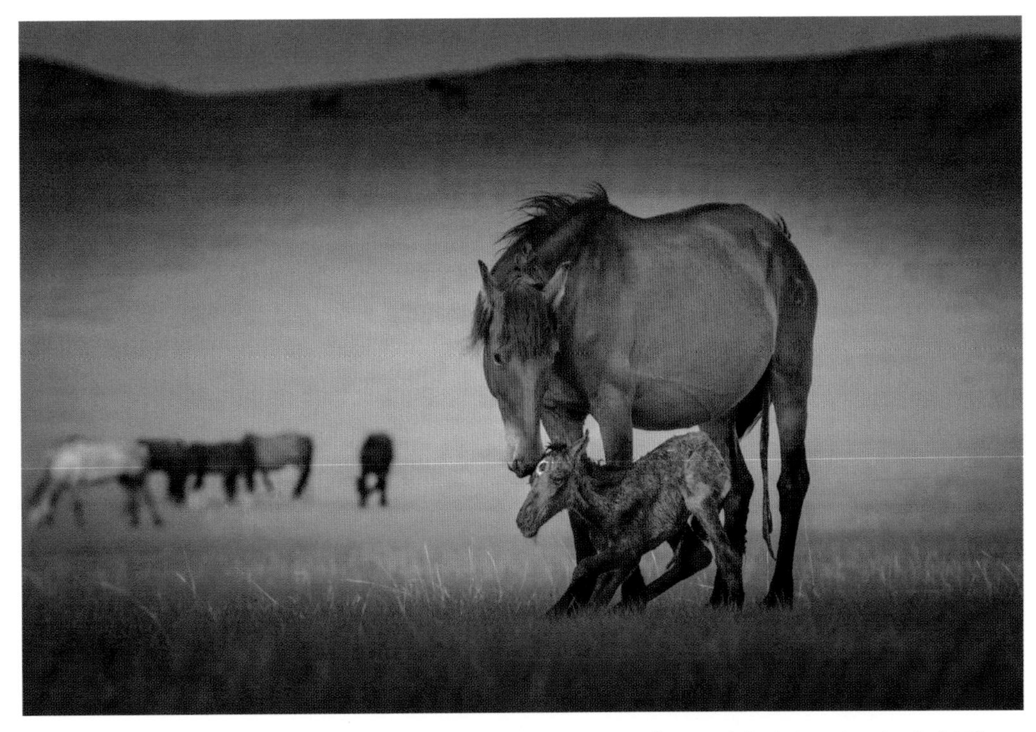

《我要站起来》 摄影 / 赵长胜

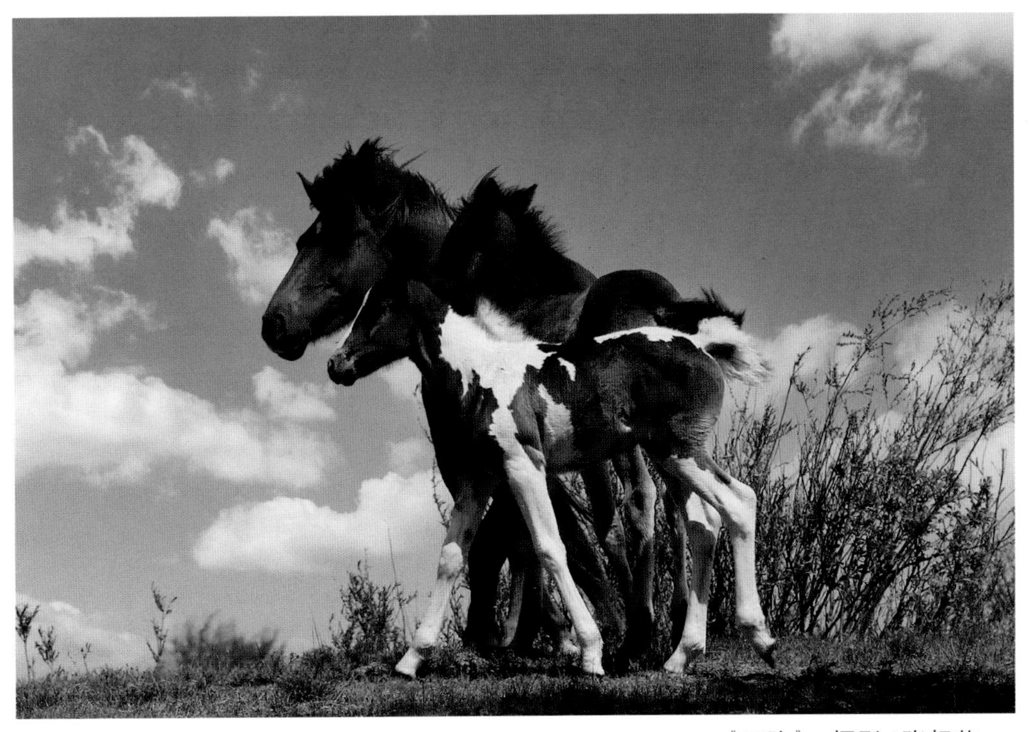

《同胞》 摄影 / 张超英

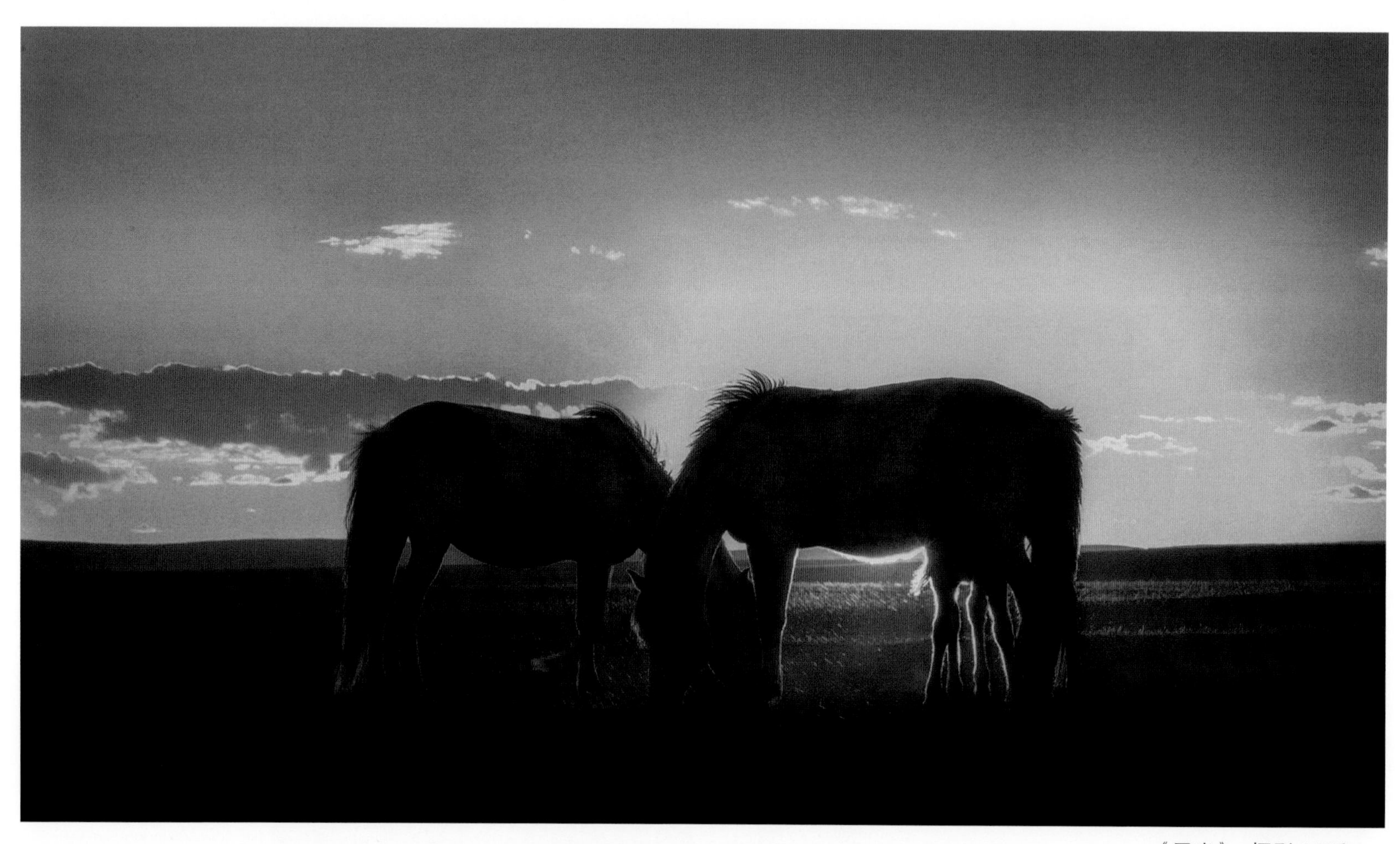

《霞光》 摄影 / 孟和

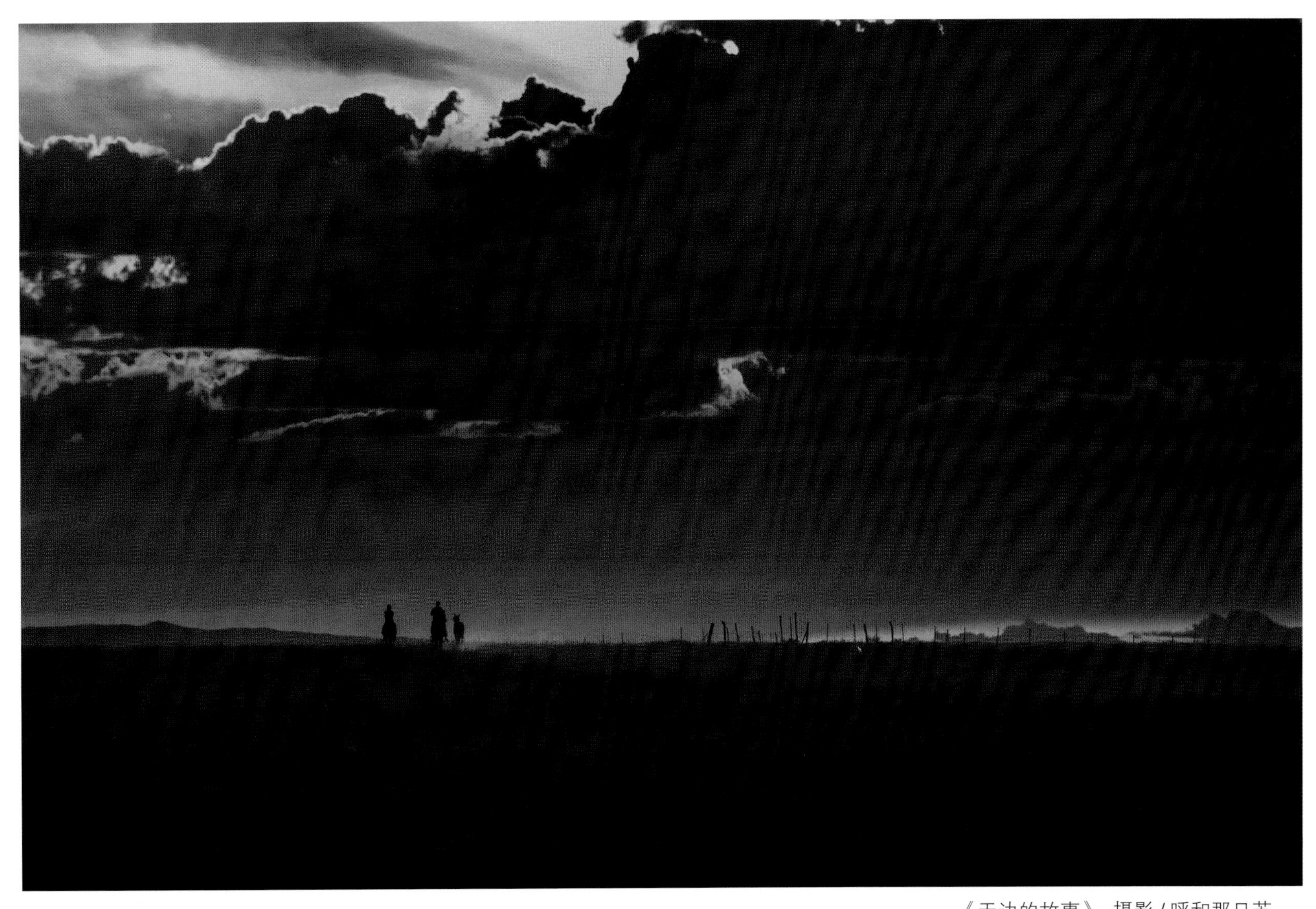

《天边的故事》 摄影 / 呼和那日苏

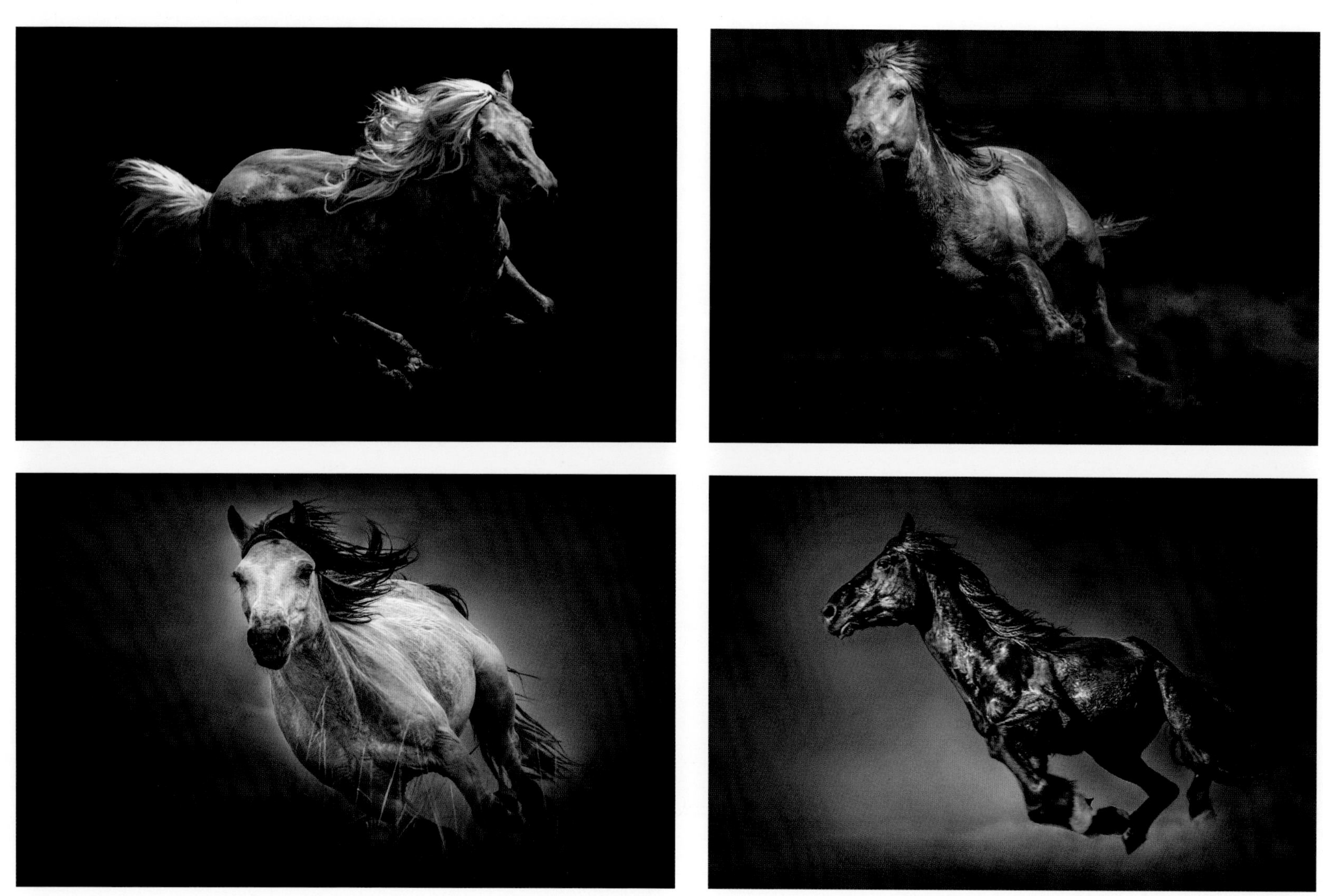

《神骏》组照 摄影 / 和平

复活的兵马俑

李慧兰

敞开骨缝
裸着魂
扑过来

夜色太薄了
藏不住原始的冲动
刺骨的眼神把寒光逼退
我摸到“透骨龙”的龙骨
每一根都铛铛作响
我摸到冰凉冰凉的甲胄下
血 还是热的

秦时明月一泻苍穹
马背上颠簸着英雄梦想
佩剑缀满星光
兵马俑冲了出来
铁蹄荡涤六合风云
了却五百年离乱
破碎的山河一蹄一蹄收回

两千年后复活的一脉
皮毛中夹裹带血的冰碴
狼烟散尽 忠勇犹存
席卷了一股子秦风
蒙古马像一条河 裸奔
蹄下扬起的每一粒尘沙
都是你的江山

无数个失眠的夜里
你托梦给我 即使倒下
也留下最后一口气
回故土去咽

即使只剩影子在奔跑
也把魂带回来

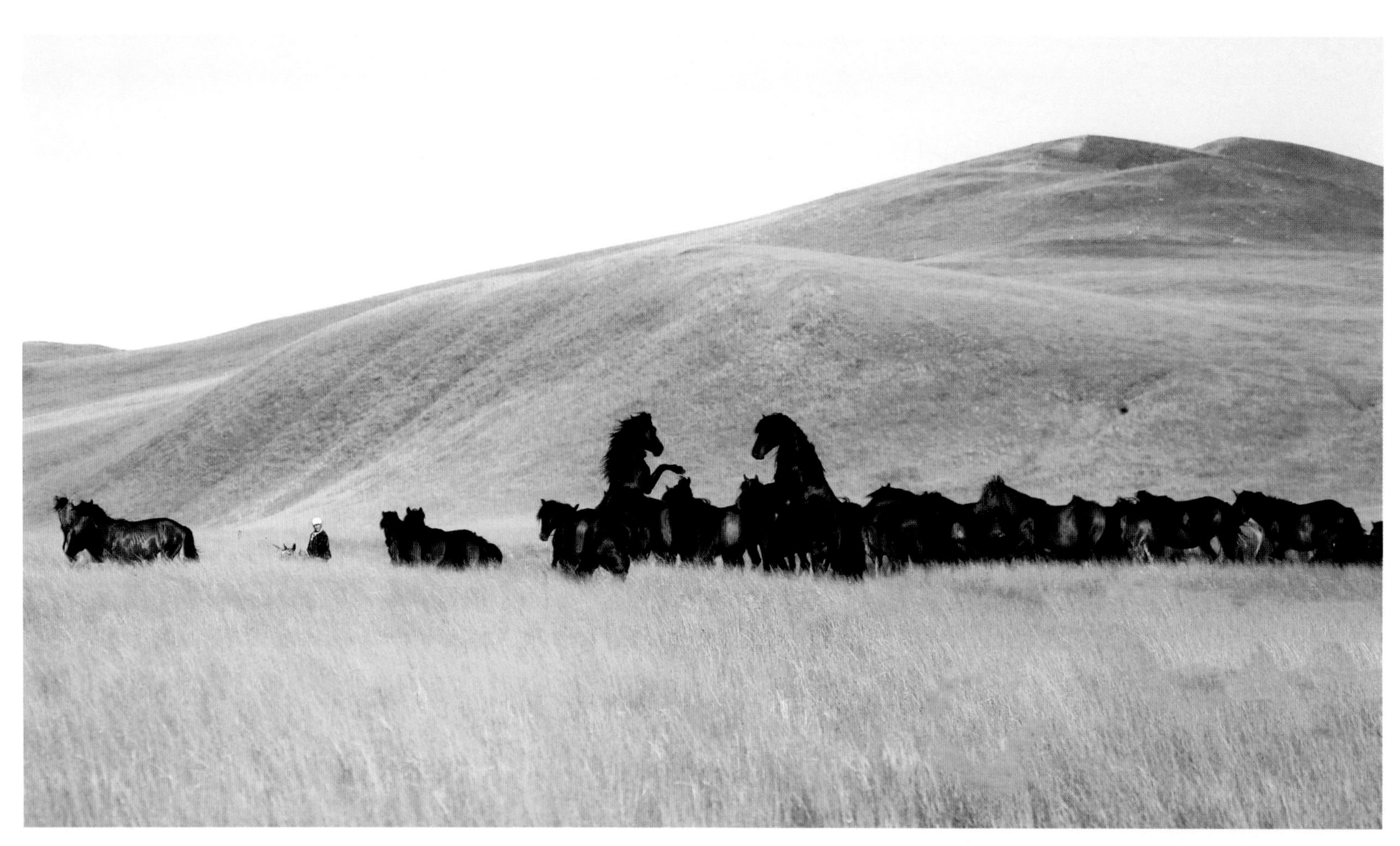

《争霸》 摄影 / 王志远

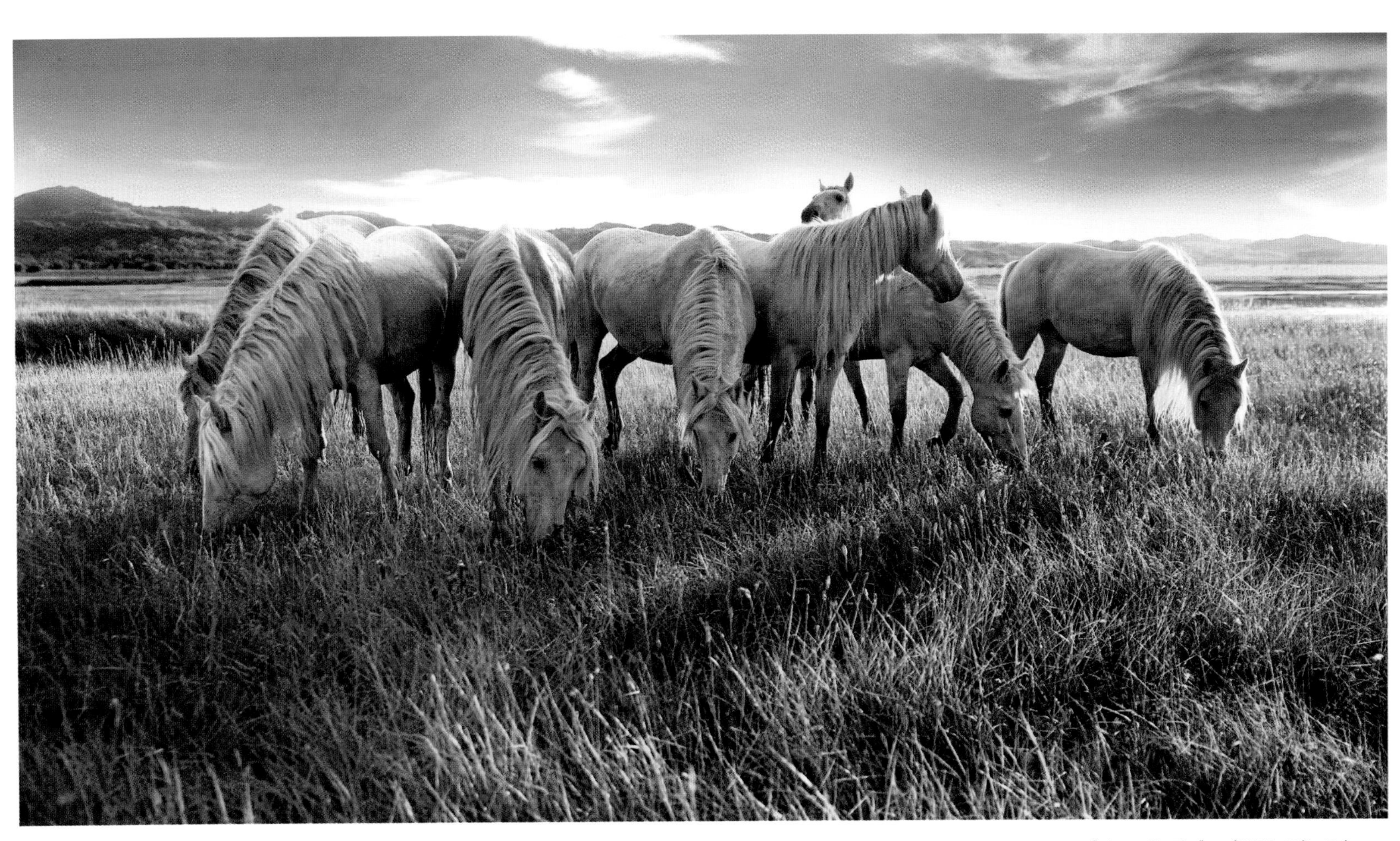

《夕阳牧歌 》 摄影 / 张明友

蒙古马之赞歌

云中燕

有一幅画
是马蹄踏出的雄阔
如雷滚滚
气势磅礴
让人想起戎马生涯

有一首歌
是马背摇出的天籁
悠长舒缓
柔情似火
好似额吉的深情嘱托

有一把琴
是一个民族心中的传说
琴音恢宏
优美激昂
世代演奏着大漠的岁月蹉跎

有一把火
是草原深处飘动的鬃毛
如帜飞扬
风驰电掣
在故乡处处传递着爱的赞歌

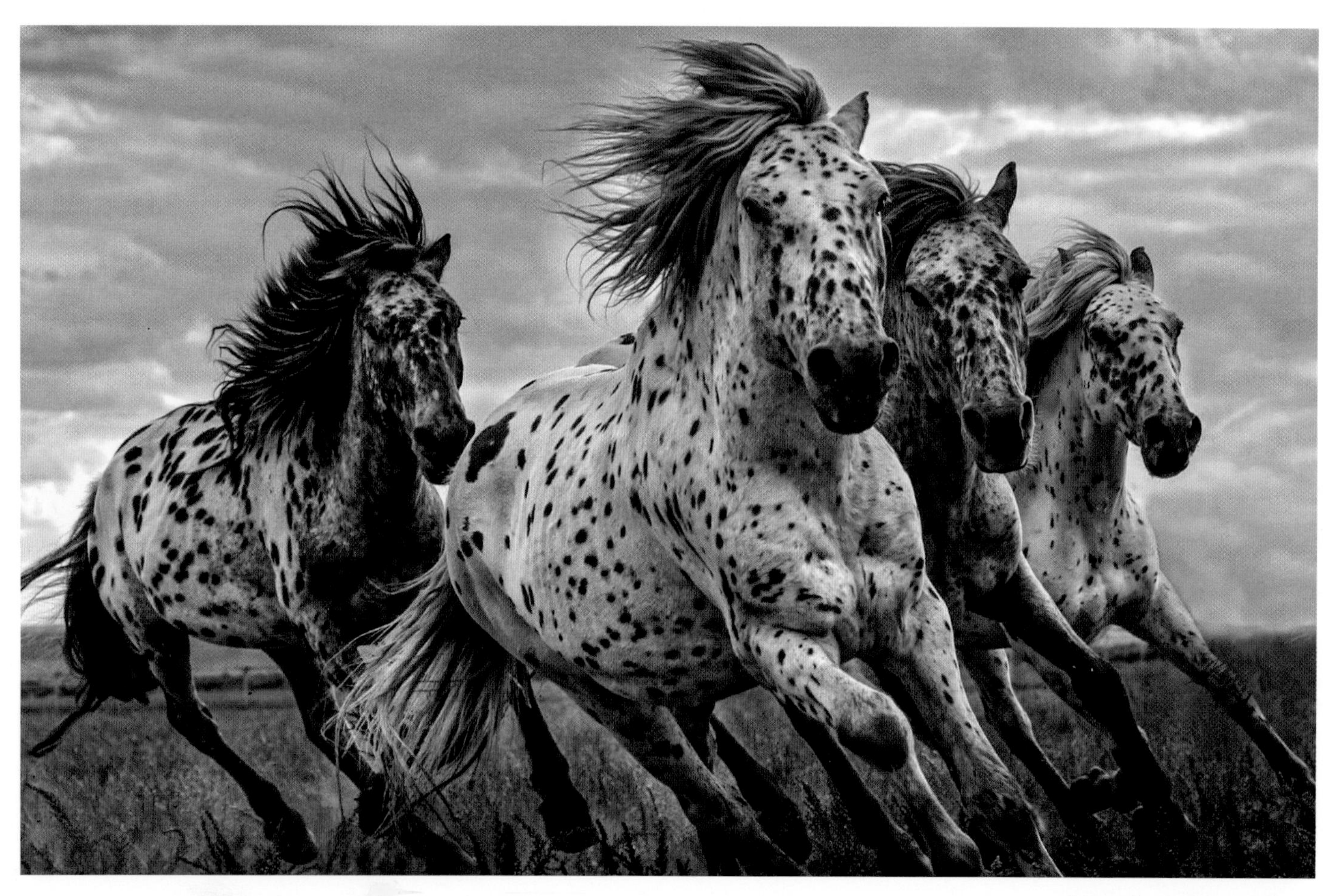

《雄风》 摄影/云瑶

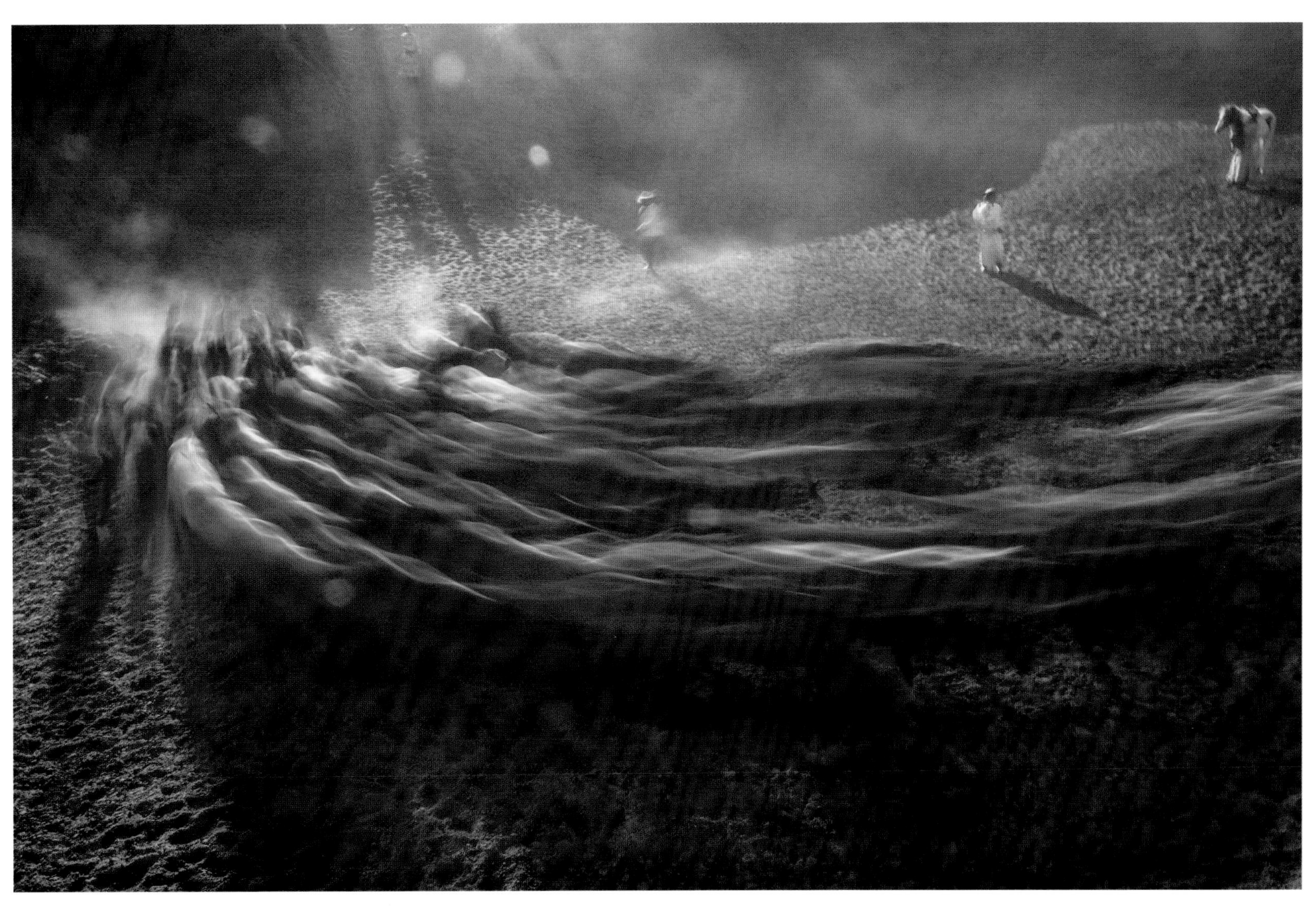

《龙马精神》 摄影 / 李伟明

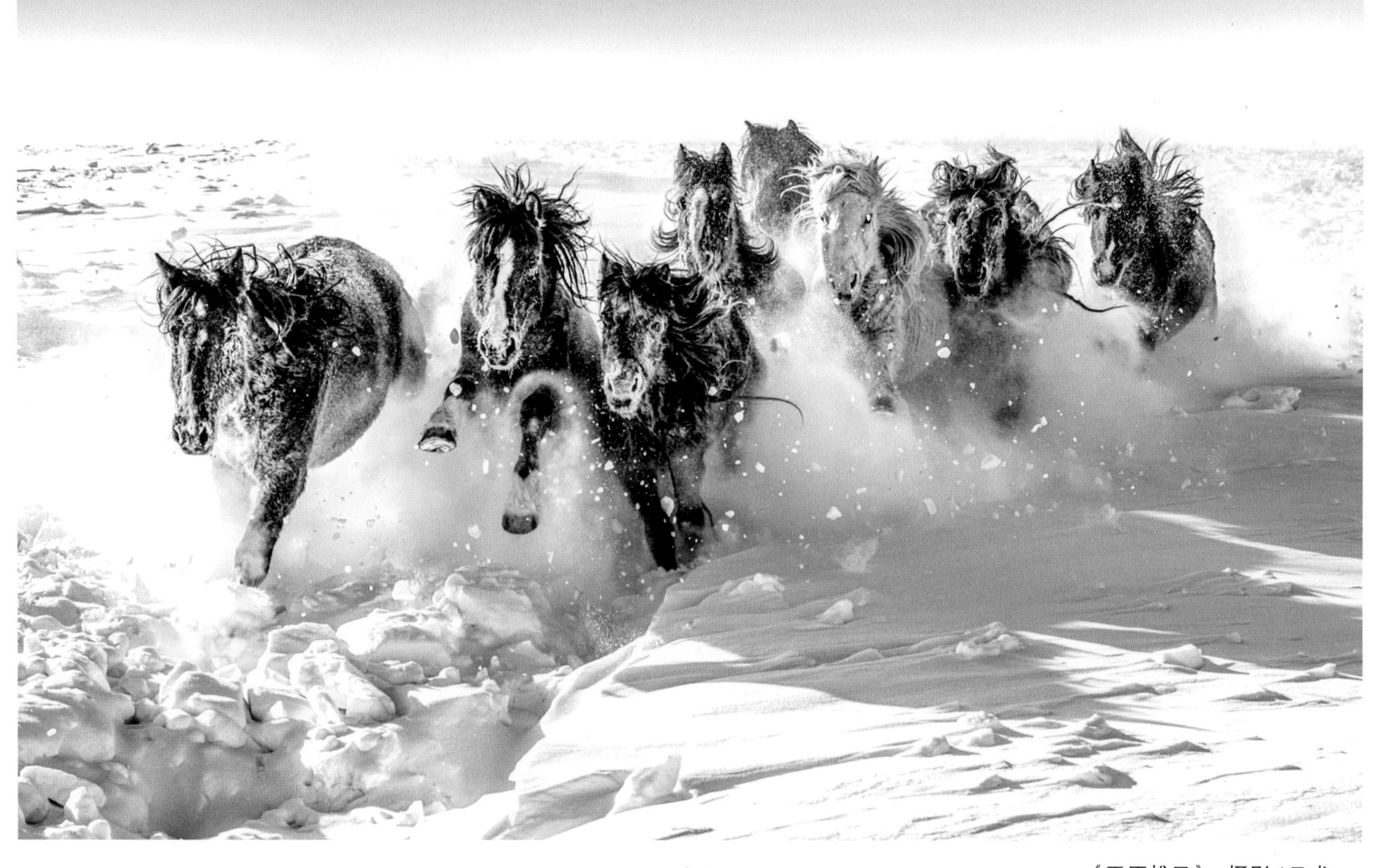

《雪原雄风》 摄影 / 马龙

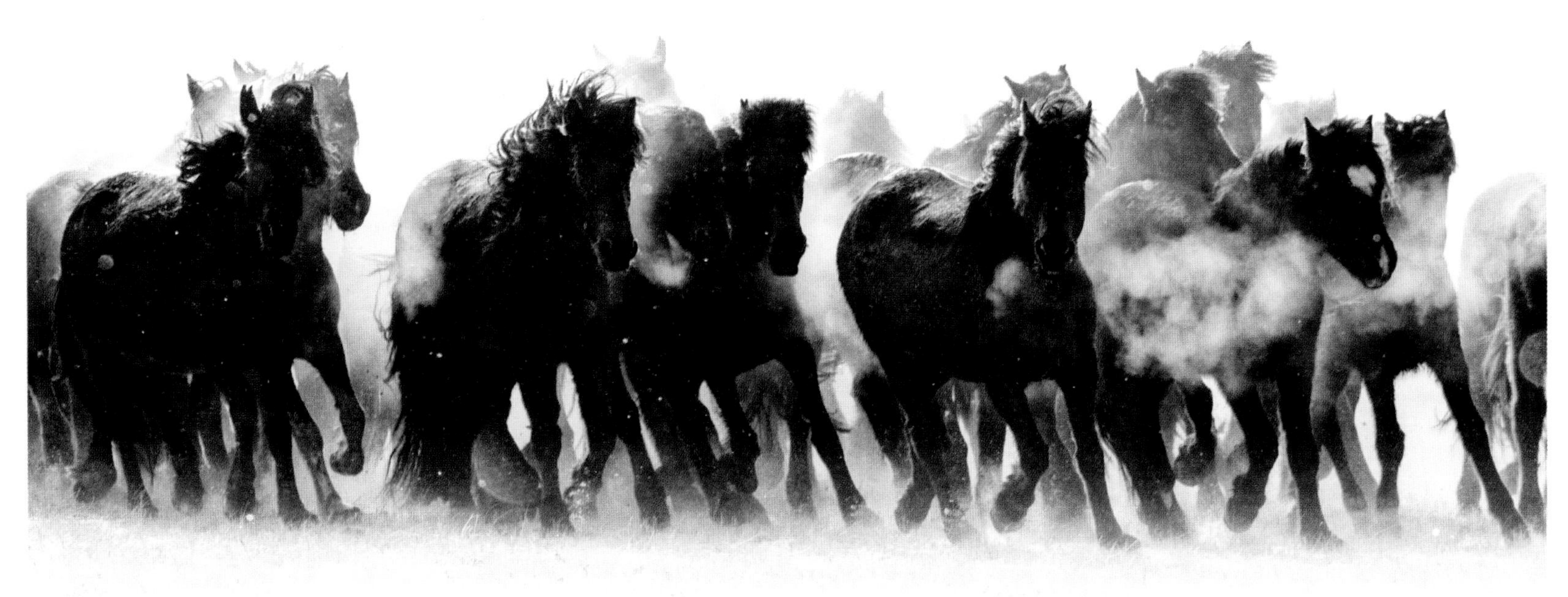

《草原雄风》 摄影 / 呼和那日苏

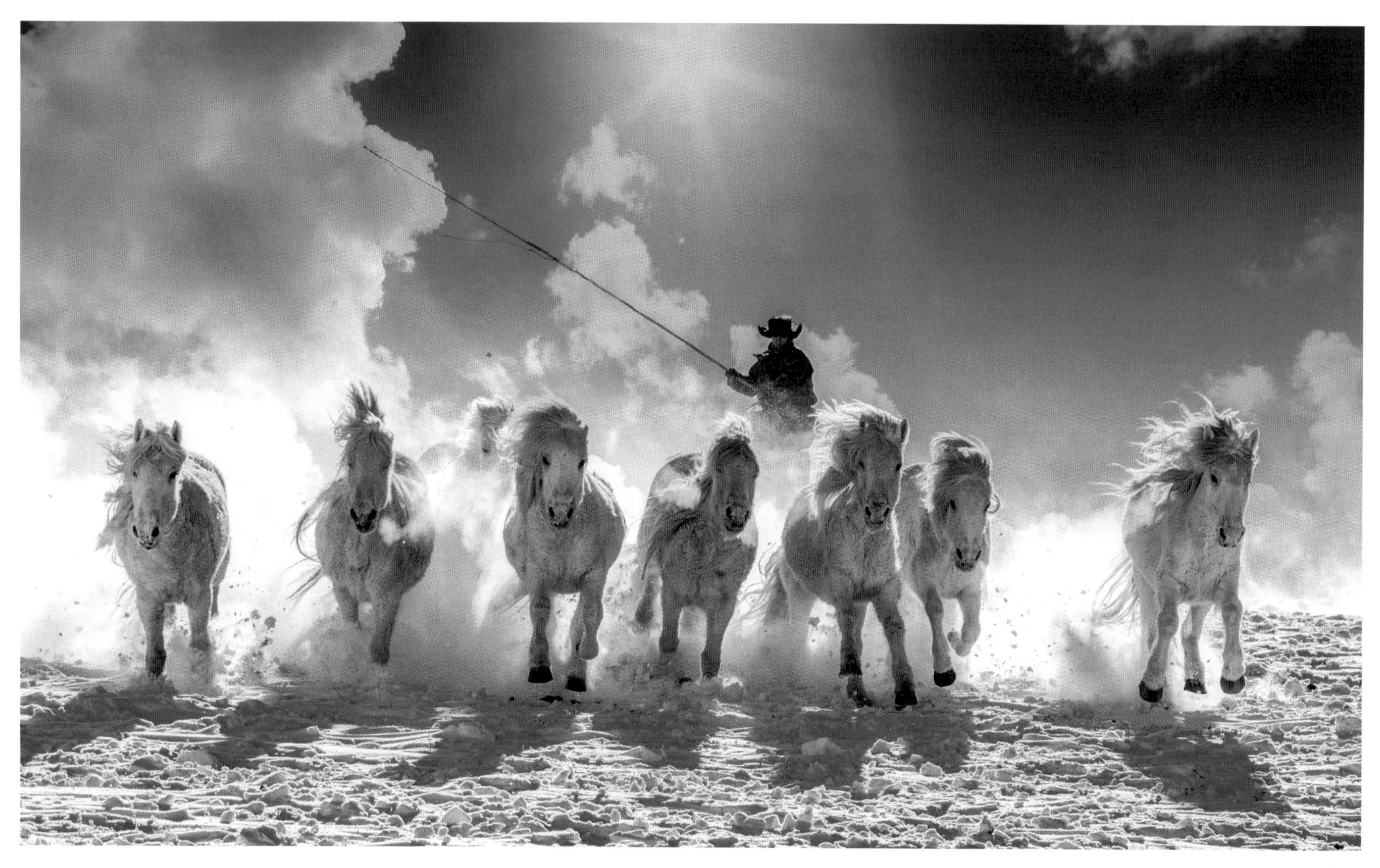

《八骏与主人》 摄影 / 色勒扎布

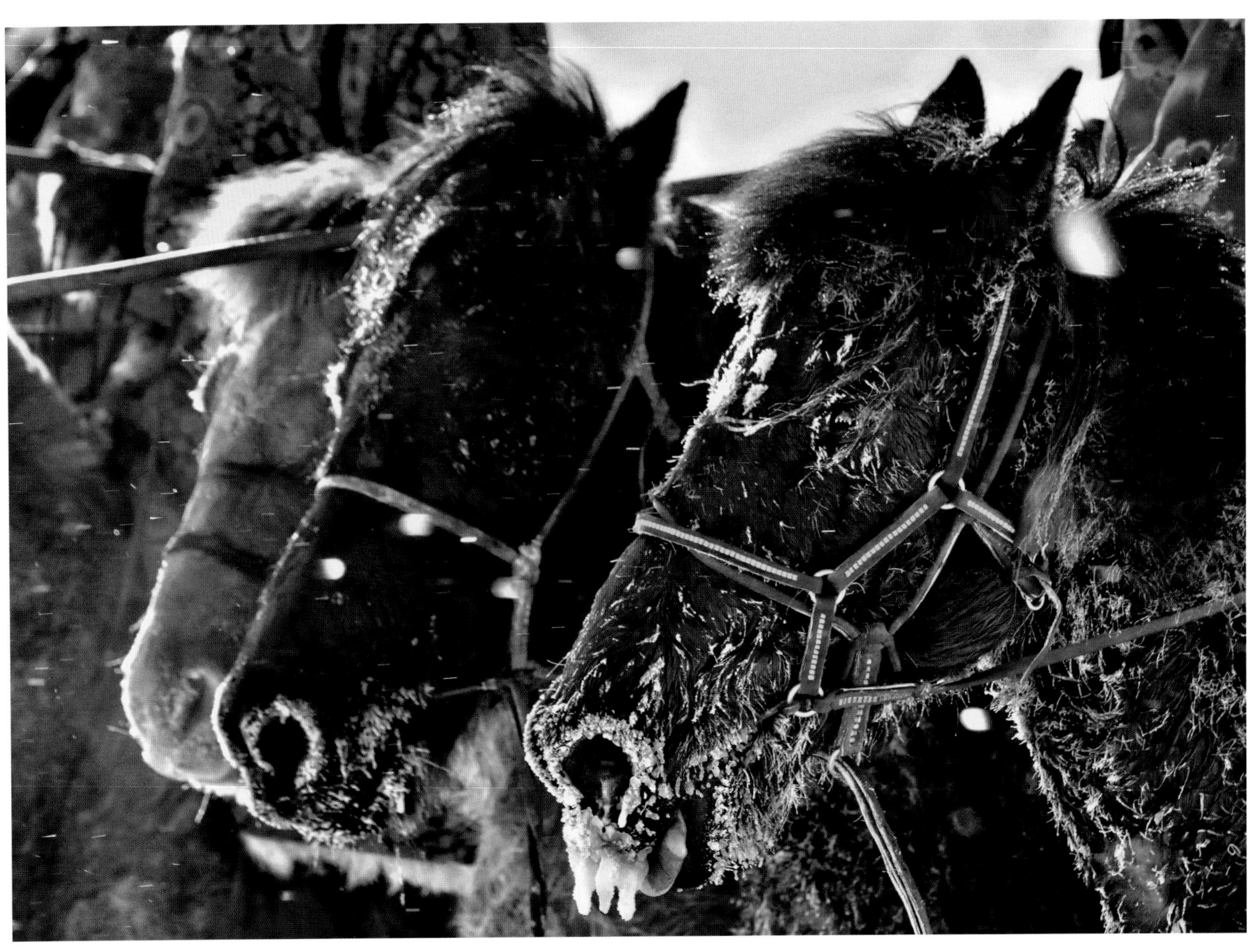

《待命》 摄影 / 崔建忠

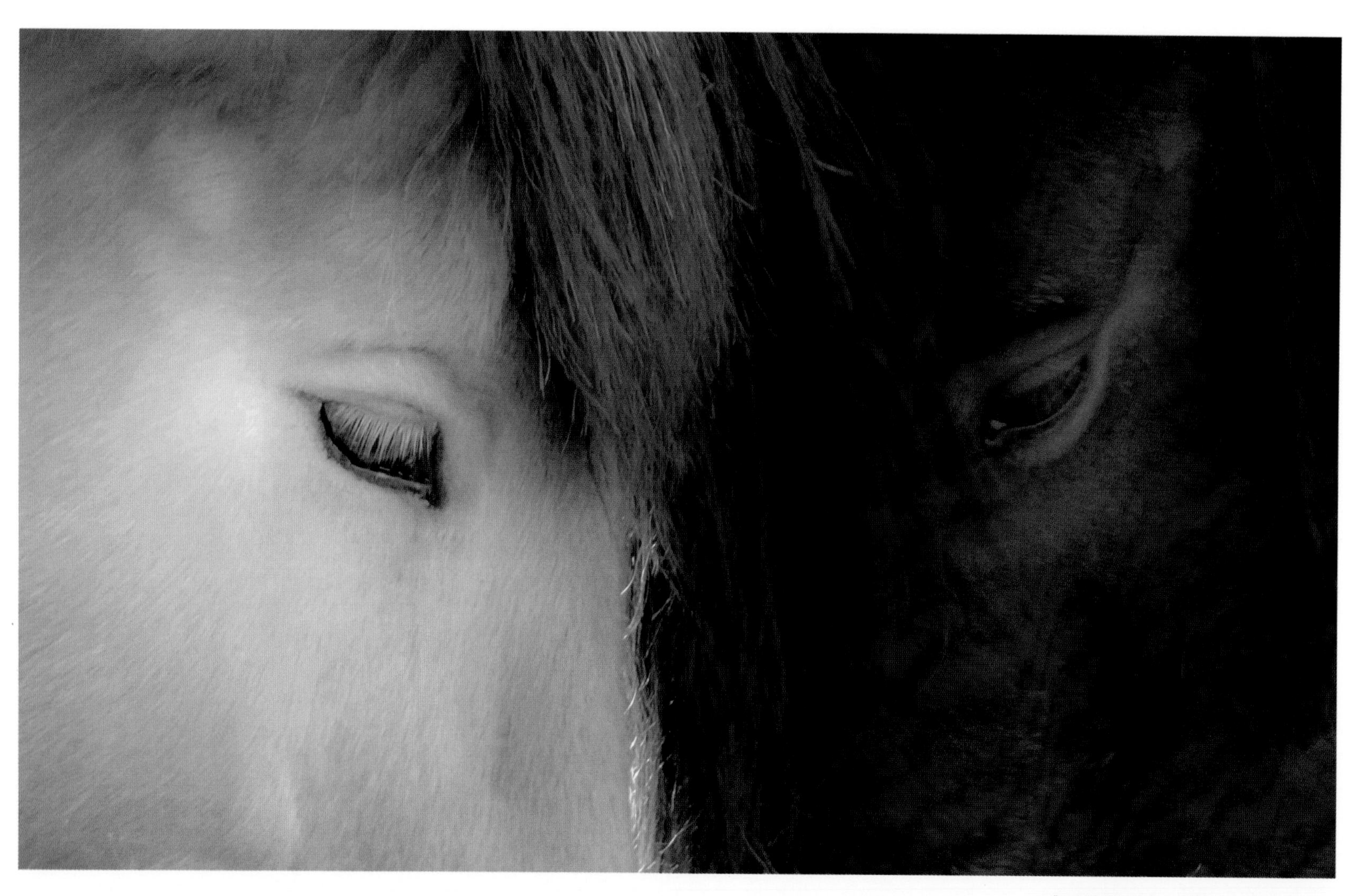

《温情脉脉》 摄影 / 裴向文

一匹马的眼睛

许恒荣

如果可以放大 无限地放大
一匹蒙古马的眼睛
我会看到
天辽地阔 雪域苍茫
正在以时间的速度
抵达眼底 直至心灵

如果可以靠近 无限地靠近
一匹蒙古马的眼睛
我会听到
烟波浩渺 大河浩荡
从远古而来的
昼夜不息的涛声

一匹蒙古马的眼睛装着
圣祖的金戈铁马 鼓角争鸣
父辈的驻牧而居 饮马河畔
游牧中的水草丰美
迁徙中的风霜雨雪
以及
马头琴孤独的黄昏
篝火映红的夜空

一匹蒙古马的眼睛装着
新时代的日月星辰 寒暑晨昏
新征程的春夏秋冬 四时风景
跃马扬鞭 催人奋进的身影
无畏艰难 一往无前的精神
还有
锡林河跳动的血脉和草原的风

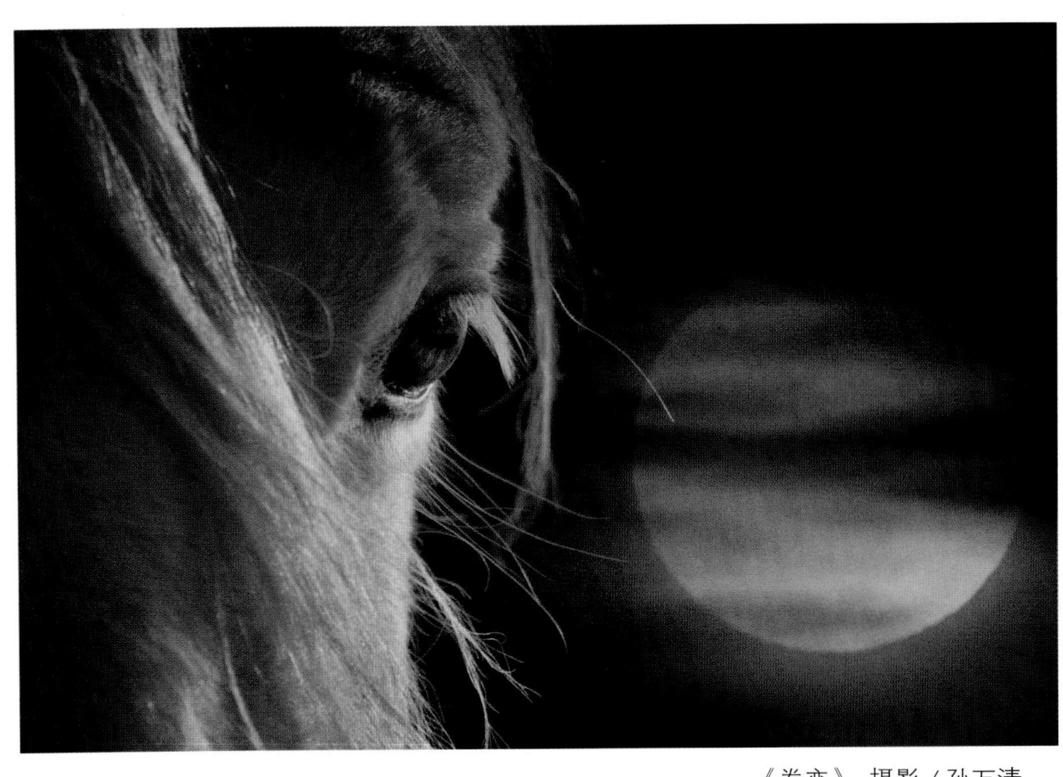

《眷恋》 摄影 / 孙万清

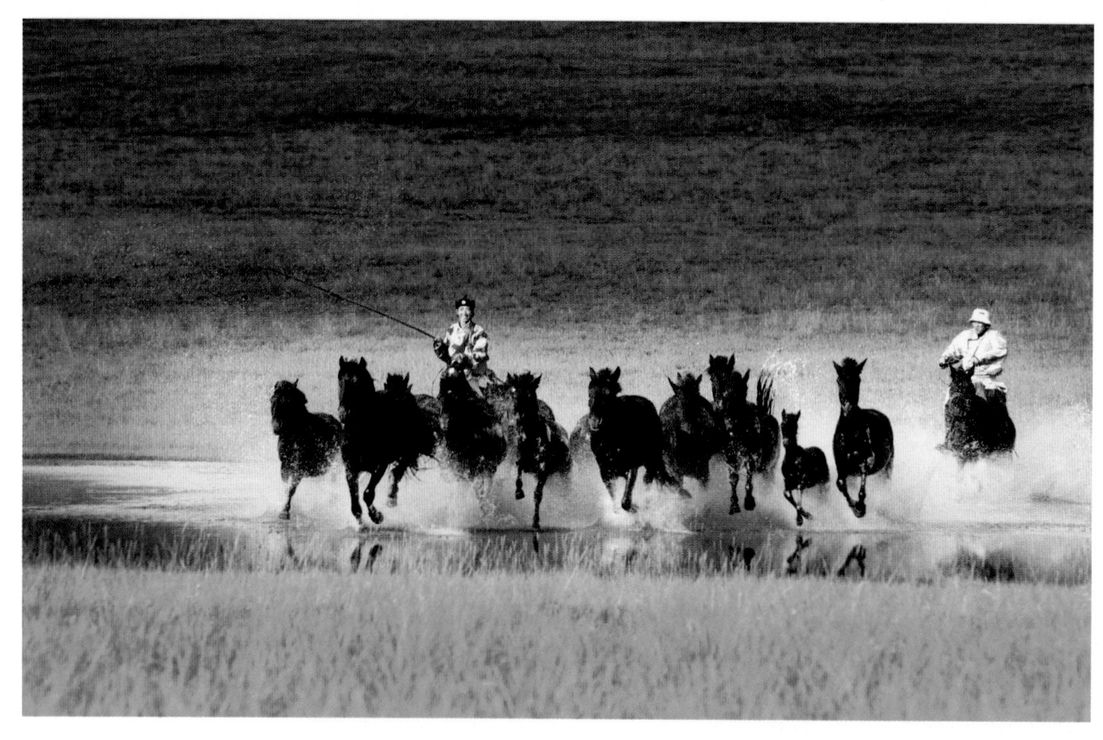

《绿野银河》 摄影 / 阿拉腾宝音

草原的翅膀

高平

你从草原走来
飘扬的长鬃
抖擞的神态
光彩奕奕的样子
映在我的心海

迷漫的烟尘
遮不住你双眸中的远方
多少年
跋山涉水 不舍昼夜
历史的车轮滚滚向前
你挑起这重担在肩

山丹花开在暖洋洋的七月
悠悠琴声 袅袅炊烟
还有额吉的奶茶
弥漫在天地间
脖子上的铃铛清脆
唤醒我梦里的香甜
宽阔而温暖的马背
驮着我金色的童年

你的坚守和从容
温润着草原
仰天的嘶鸣
如号角声声
催我向前
草原的翅膀啊
带我飞吧
飞越崇山峻岭
驰骋在天地间
腾跃出舒展的舞姿
惊艳世界

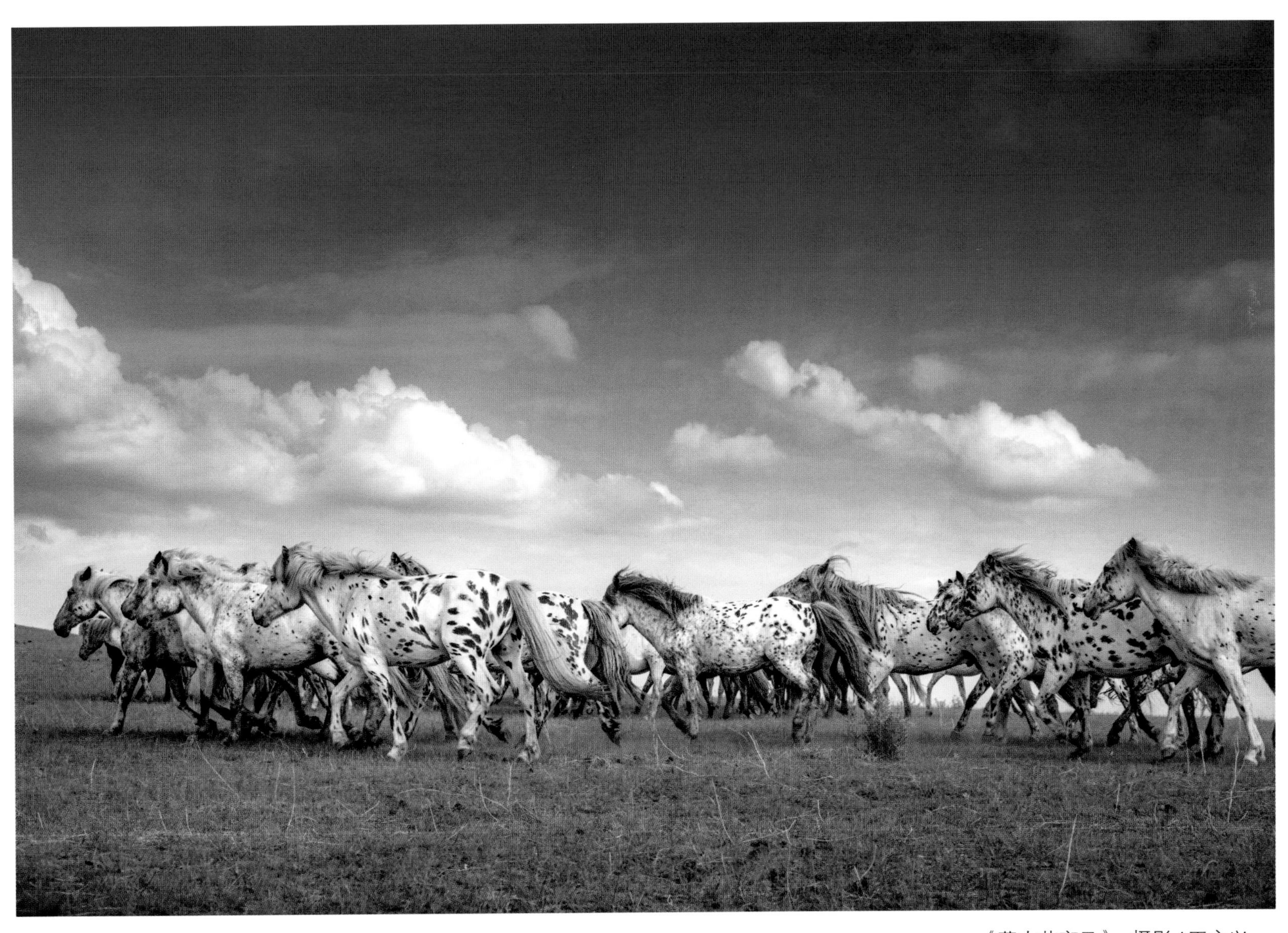

《蒙古花斑马》 摄影 / 王文兴

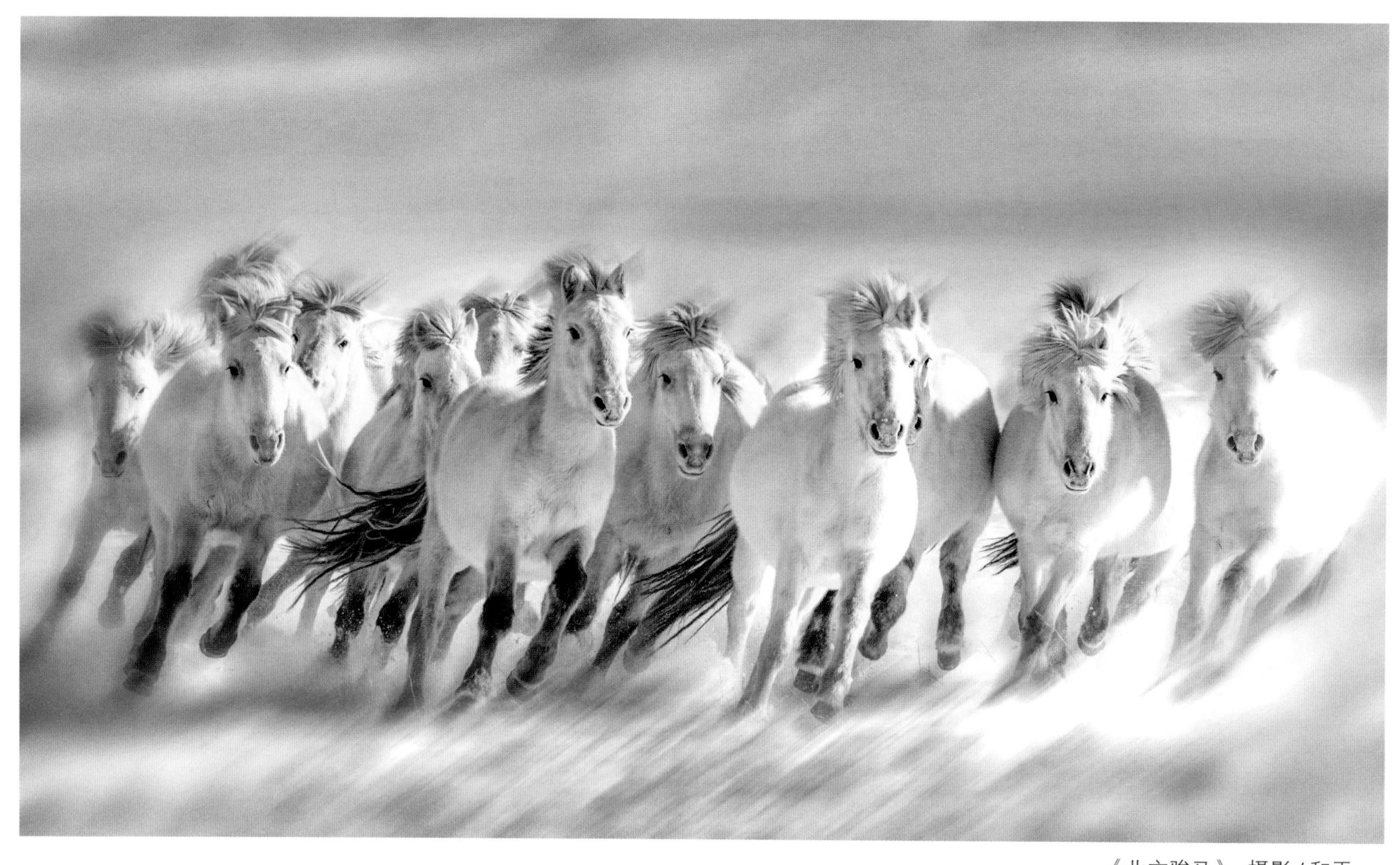

《北方骏马》 摄影 / 和平

追赶太阳的蒙古马

宛如玉

仰天长嘶 骤雨般踏过地平线
在水草肥美的远方
我曾是你马蹄扬起的尘沙

一座座毡房是那么熟悉
我曾举着马奶酒为你壮行

雕花的马鞍上绣着我的心事
你一定读懂了
在青草萌动的季节
有一双殷殷期盼的眼神

萨日朗花艳艳地开遍山野

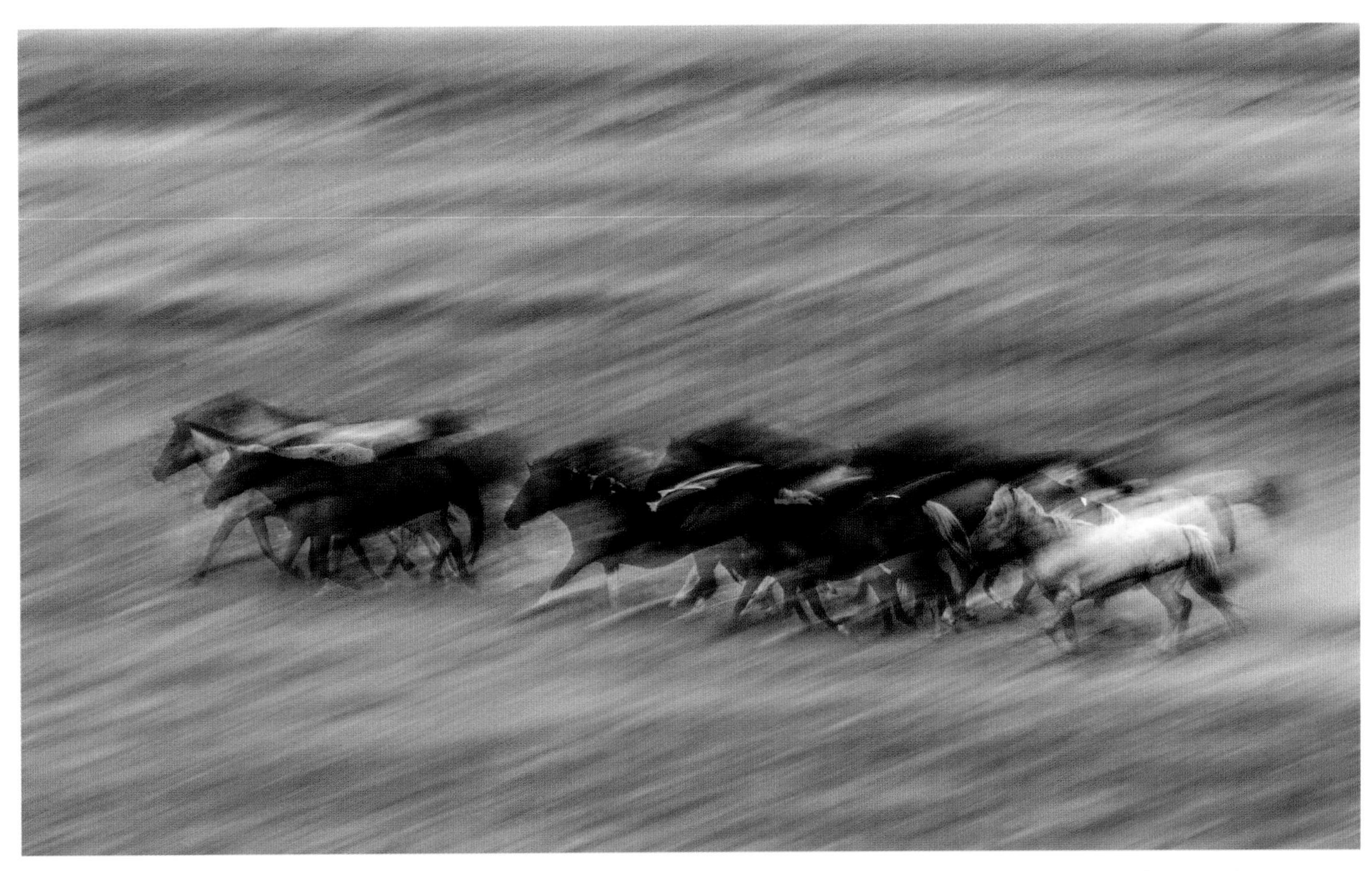

《幻影蒙古马》 摄影 / 孟振洋

旗杆上还飘荡着不曾散去的狼烟
我的蒙古马 你在草原上追赶着太阳
马头琴的忧伤不足以羁绊你的马蹄
我在青青草原
丝绸的驿站寻找你的足迹
这是你的生命奔腾不息

绿色家园里传递着吉祥如意的哈达
松开缰绳 给你一个自由驰骋的疆场
我的蒙古马 你梳理着草原悠悠情丝
你颠簸着一个民族的苦难和奋进

多少次我仰望长生天默默祈祷
多少次我唱响悲壮而又失语的歌谣
你来 是我梦中掀起的希望
你走 是我心中屹立的雕像
我的蒙古马 轻轻地俯下身告诉你
像你 像土尔扈特人那样
我也特别想家

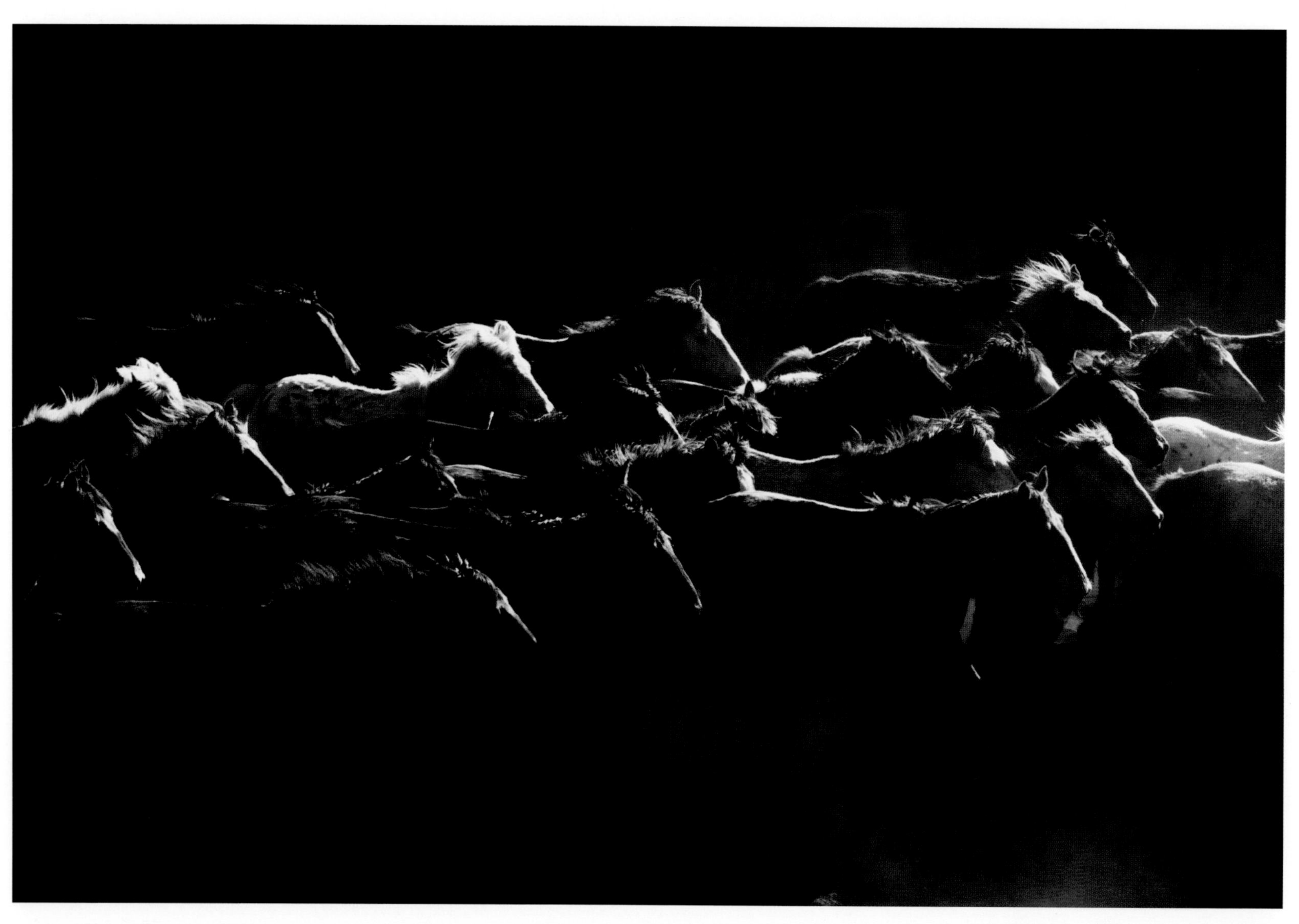

《光影下》 摄影 / 呼和那日苏

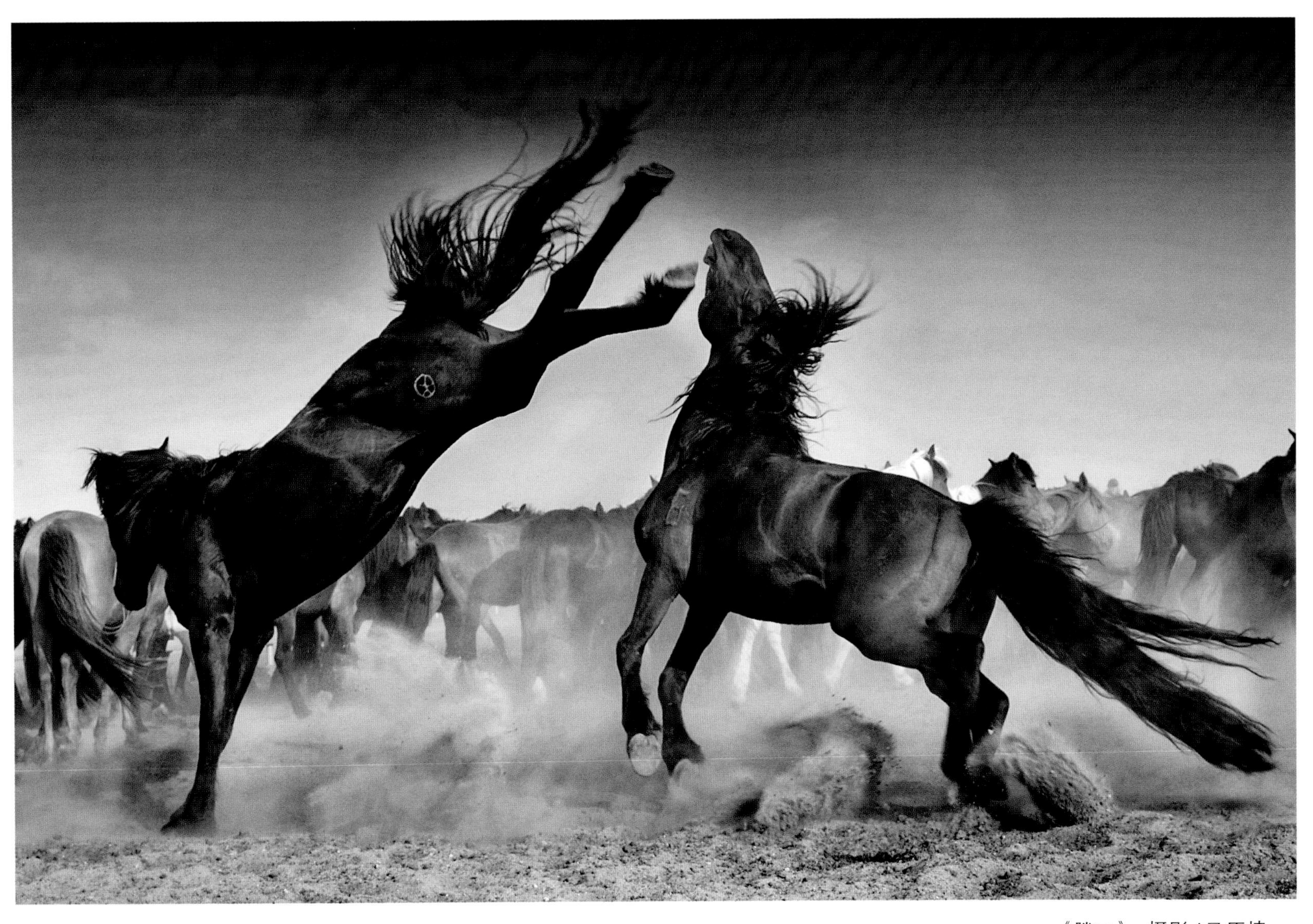

《腾飞》 摄影 / 马原情

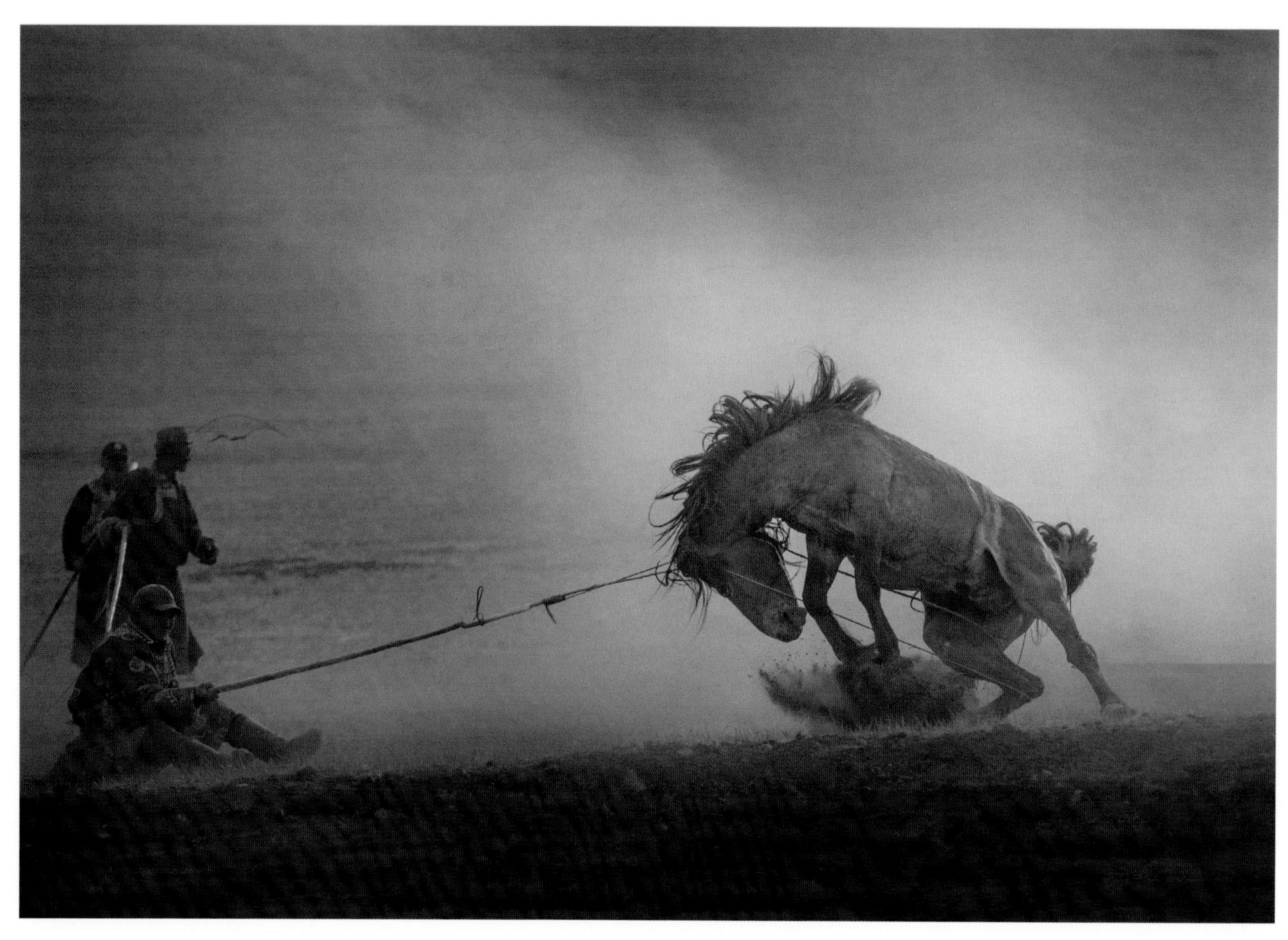

《烈马》 摄影 / 王万祥

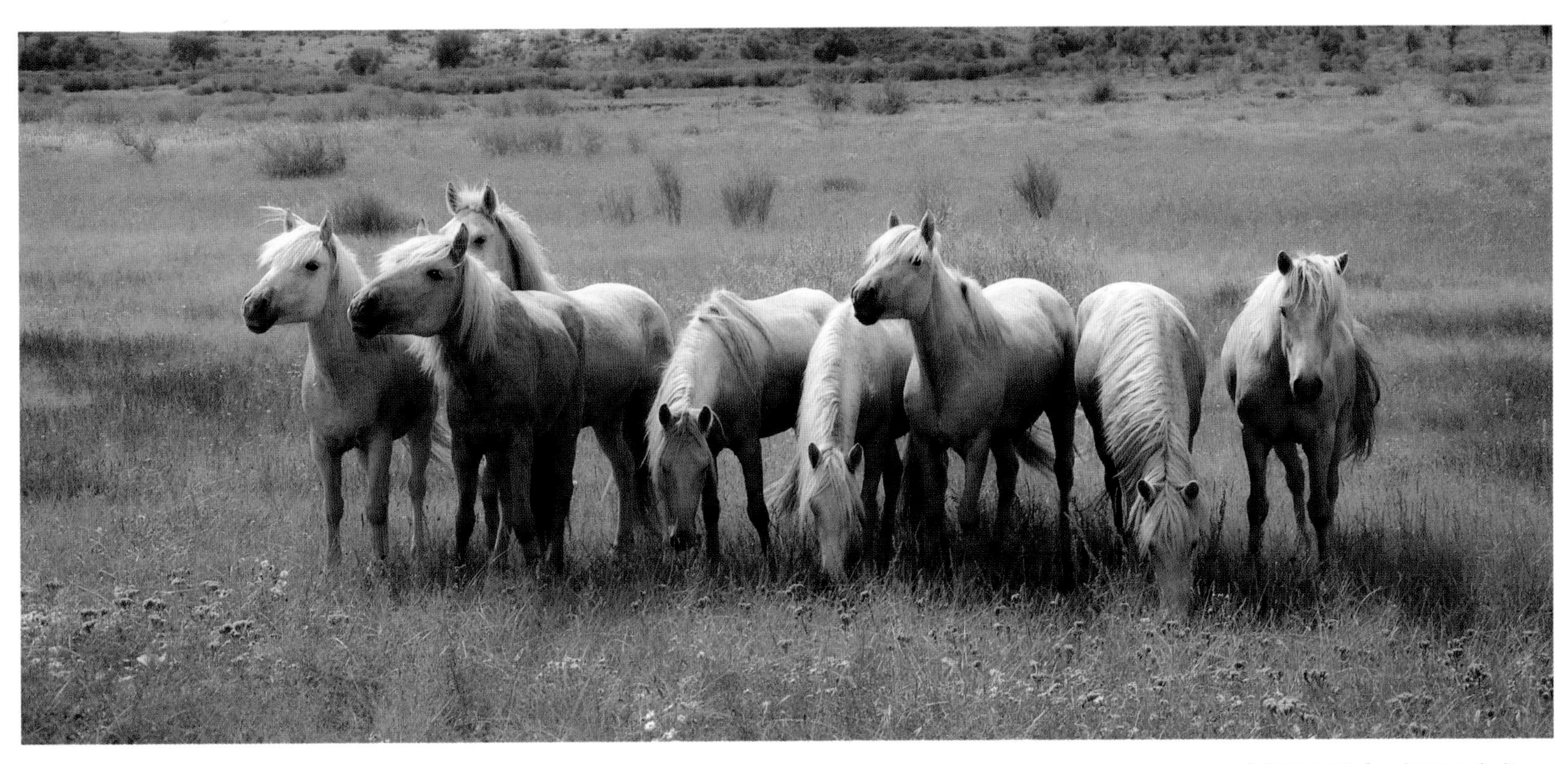

《草原八骏 》 摄影 / 金龙

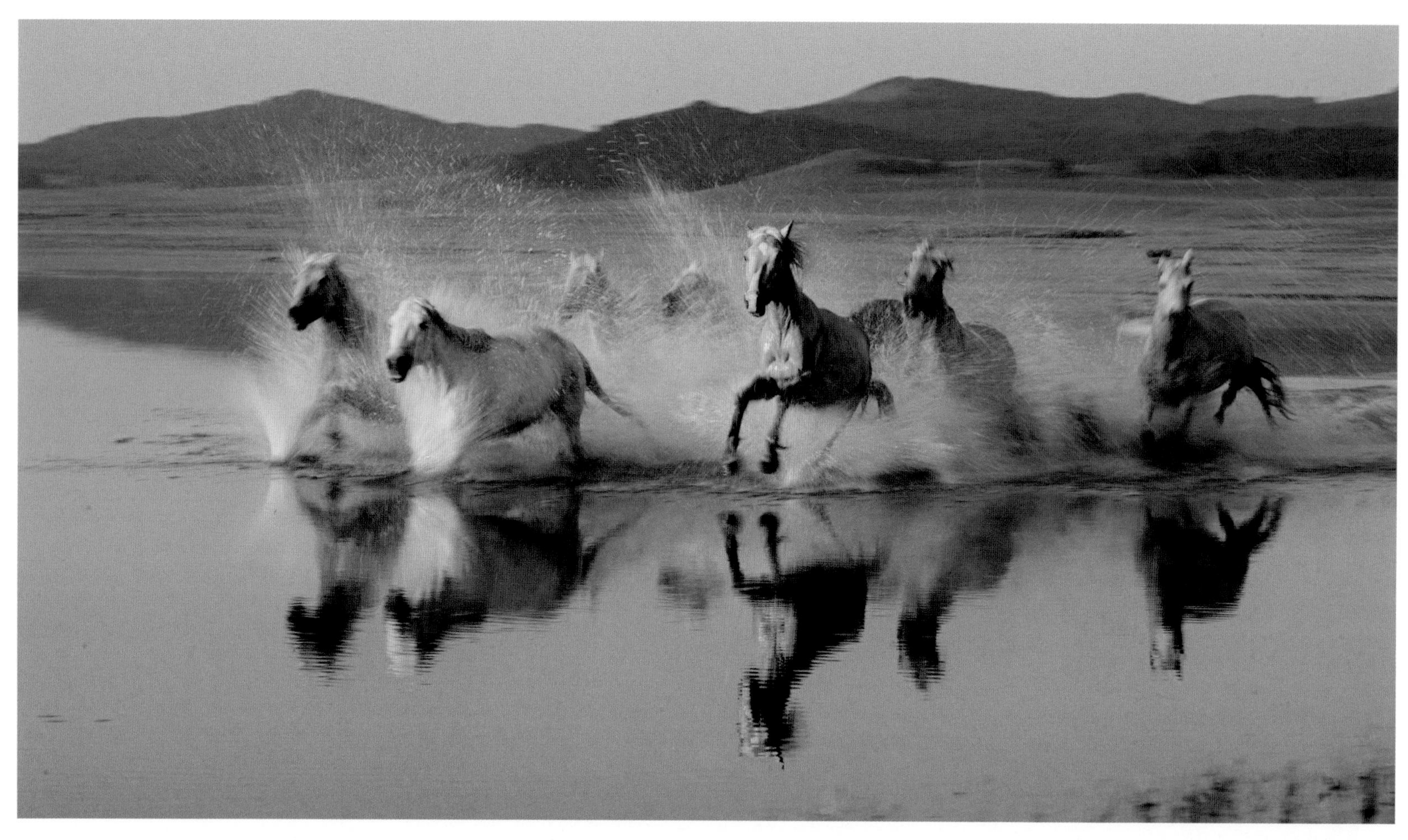

《冲浪》 摄影 / 张超英

写意白马群

孙永斌

长鬃落地 或腾起
一匹马的明眸里
装有千山万水 每一缕
飞扬的鬃毛
都是奔腾不息的意志

在绿浪中 一群马扬起鬃
彰显着万倾心结
追逐草原的另一种光
千万次征战 缘于恩怨
多少年 都亲近于草
听命于辽阔的疆场

驰骋 和一个梦有关
不可想象 不可复制
一群马行走于草原
大地呈现的芬芳
都是我们迎接亲人时的模样

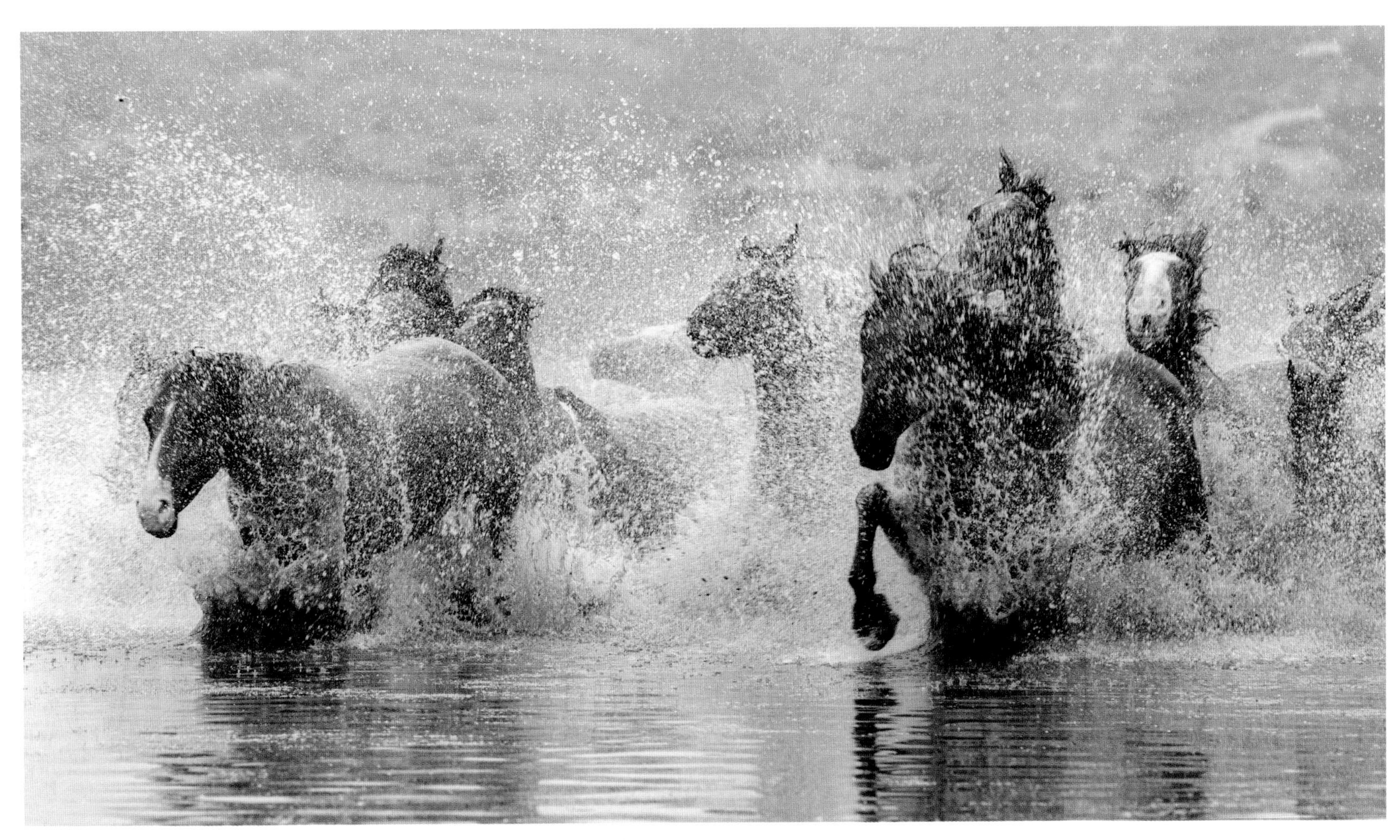

《劈波斩浪》 摄影 / 孟振洋

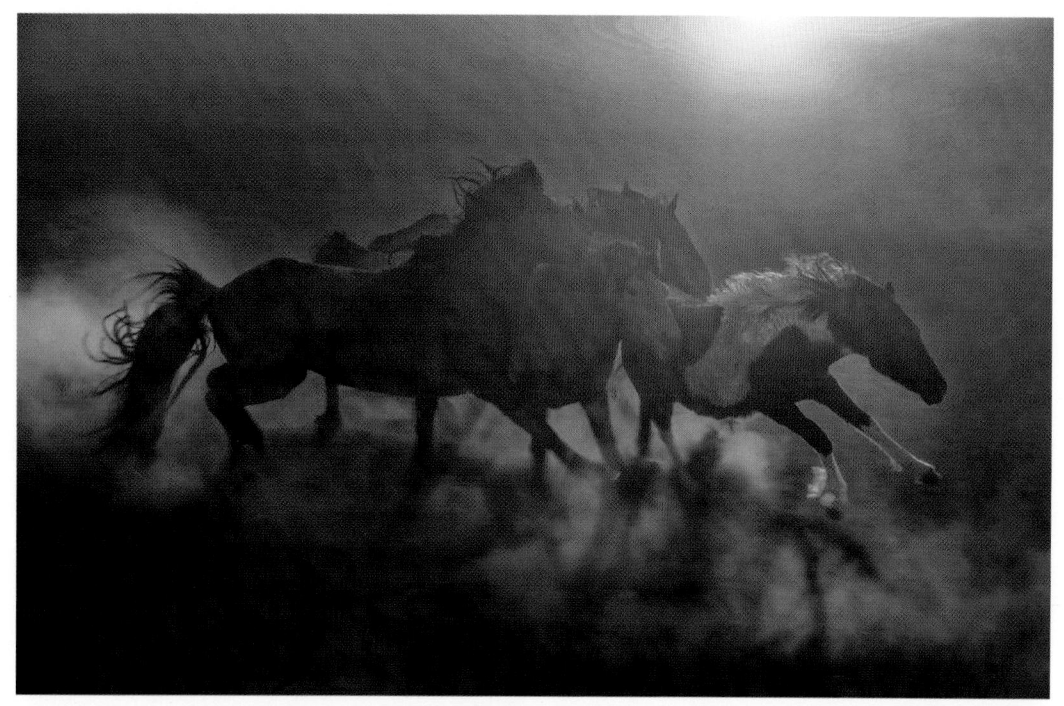

《夕阳》 摄影 / 王华

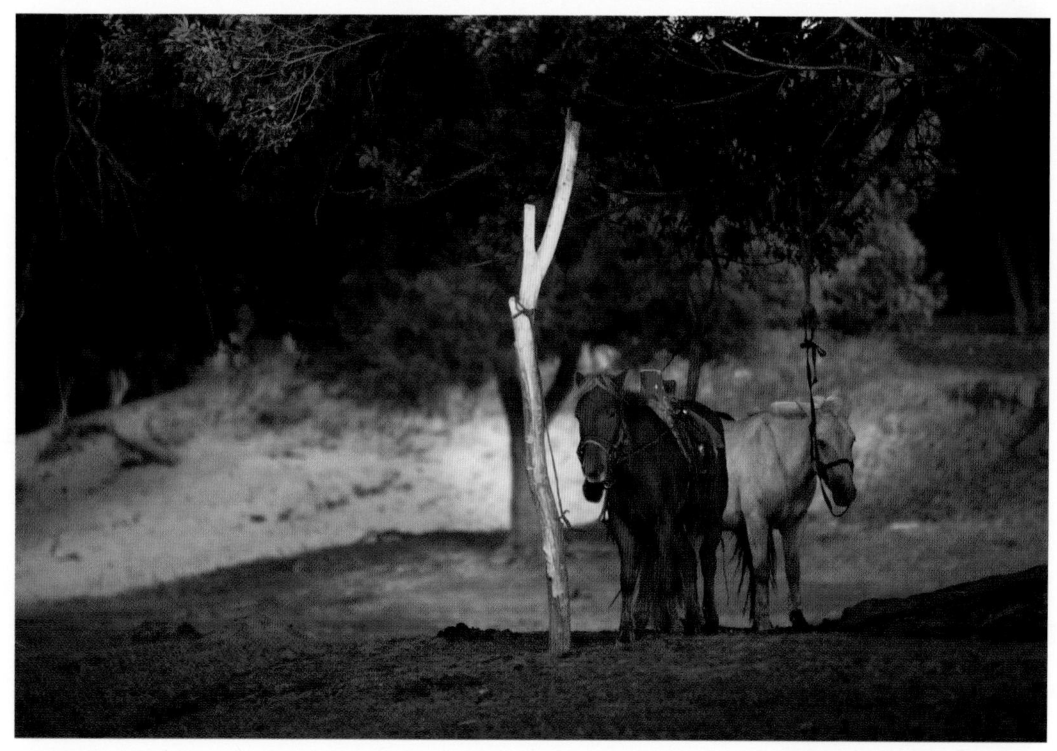

《霞光》 摄影 / 吉嘎

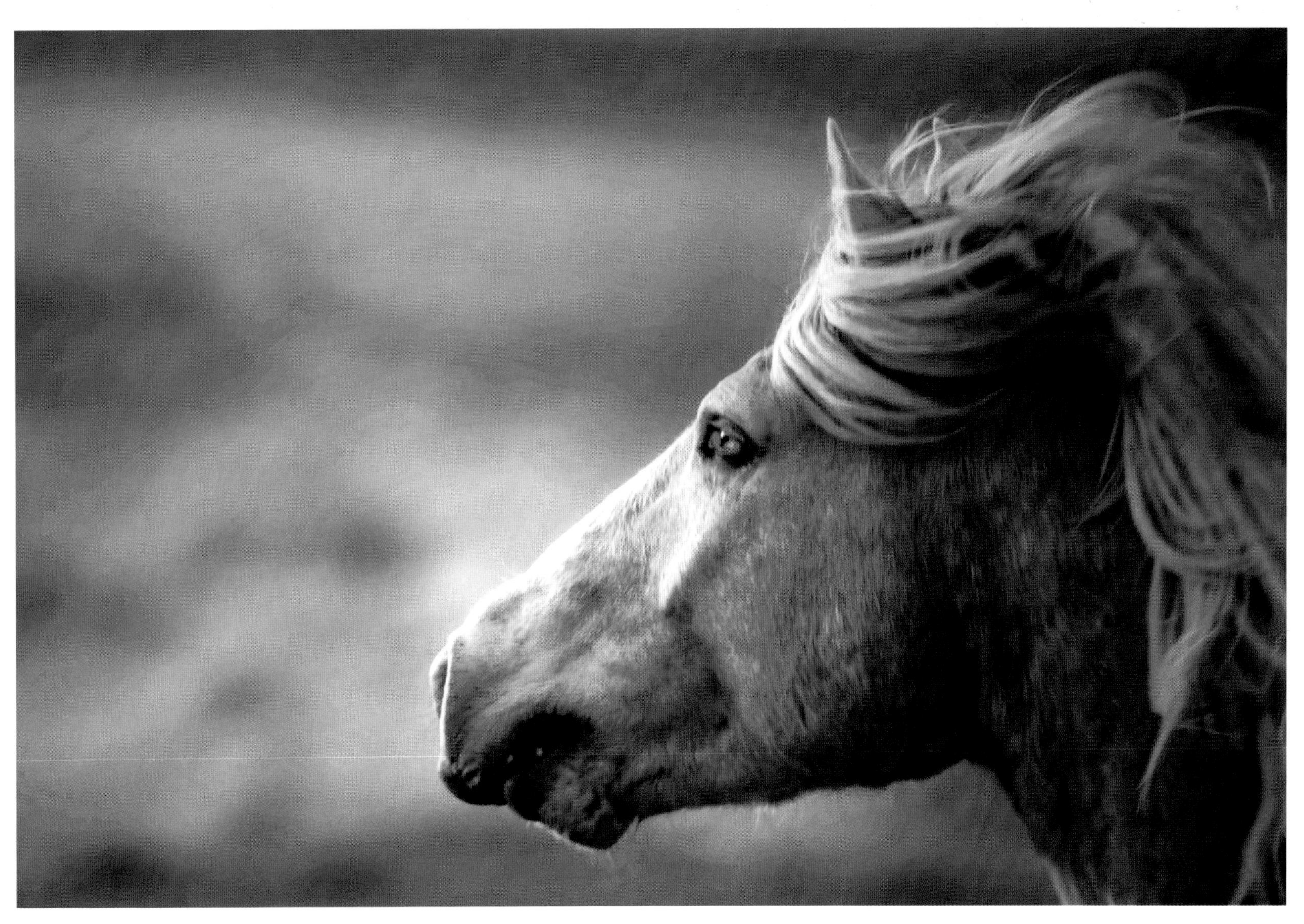

《风暴之源》 摄影 / 孙万清

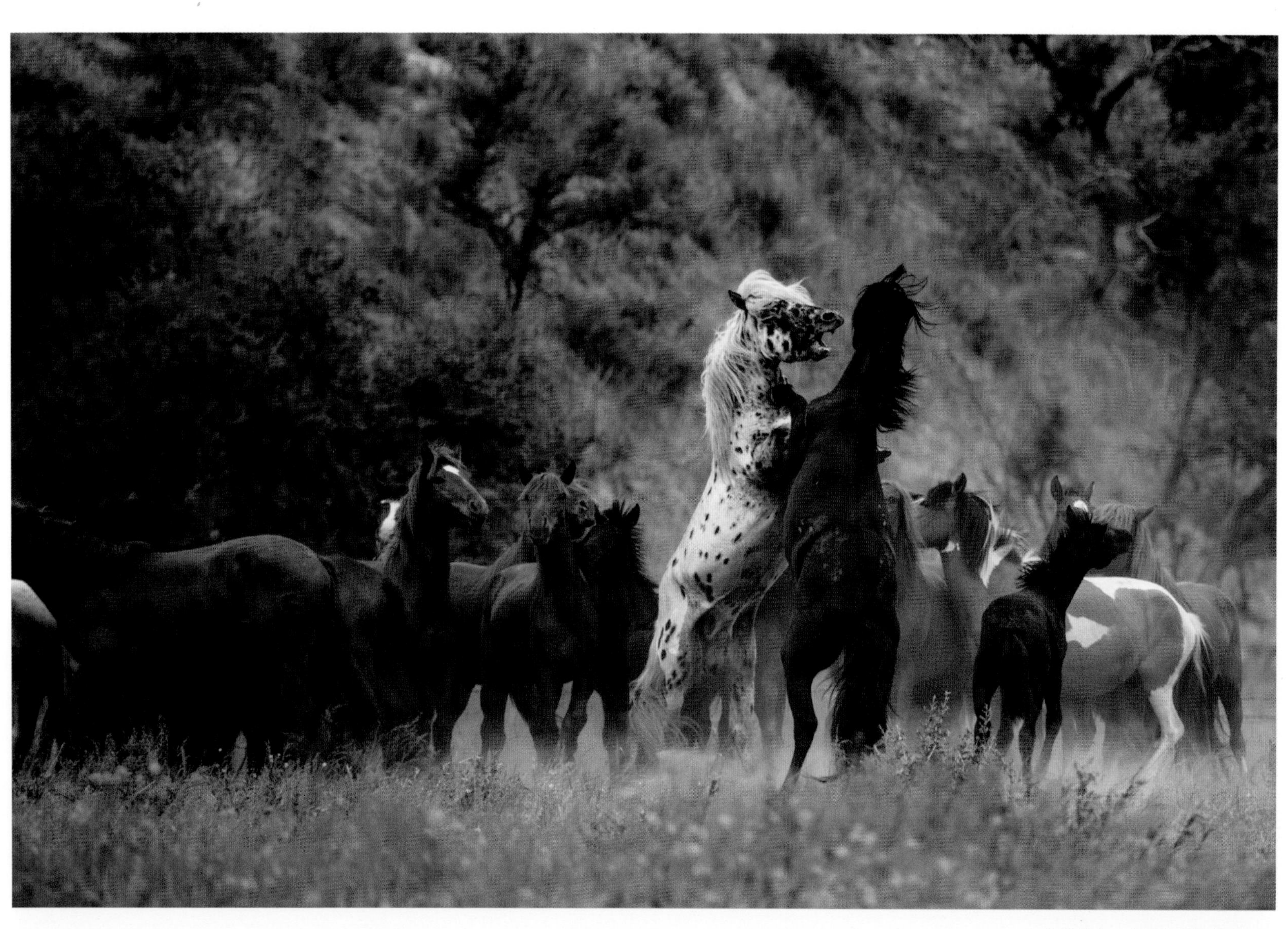

《观战》 摄影 / 郭永刚

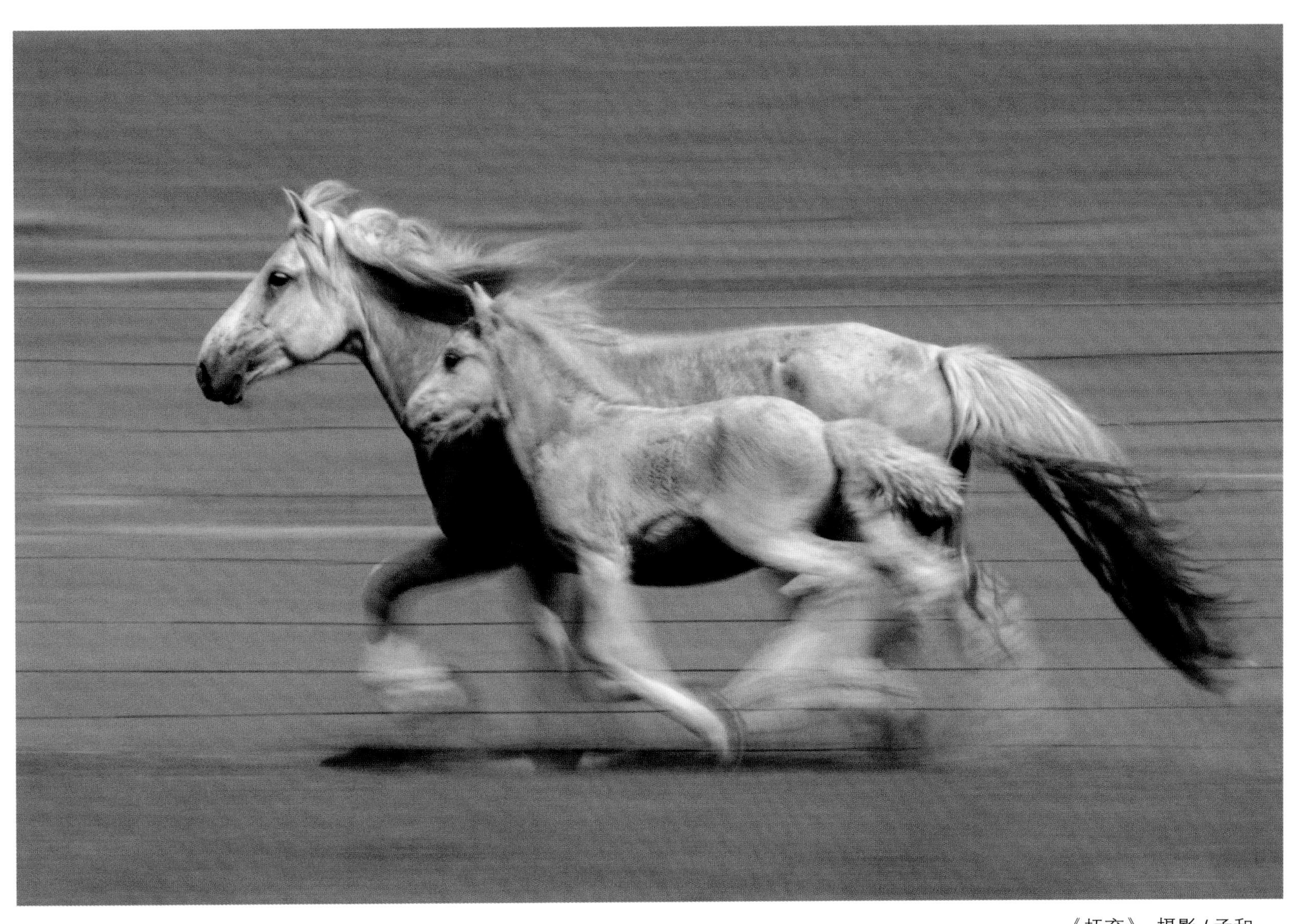

《抚育》 摄影 / 孟和

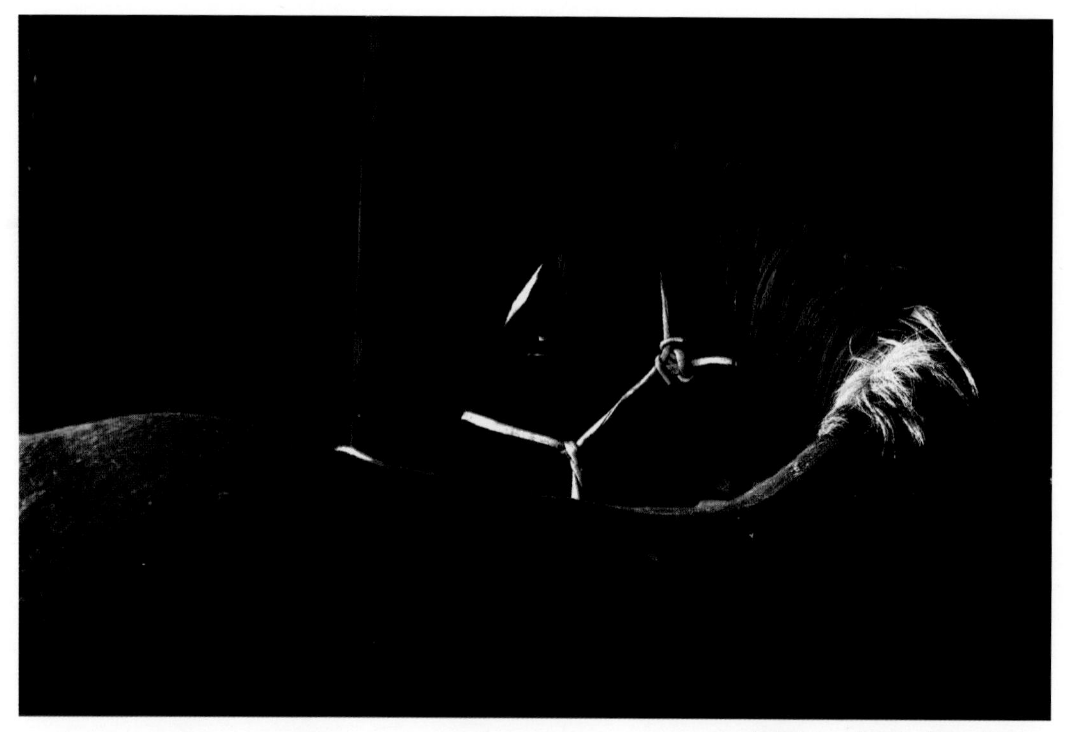

《神驹》 摄影 / 纳日松

马背之光

苏和

勒勒车 最早的记载是“辕辐”
车尾挂着风灯 从夜里
挤出来
忽明忽暗

冬营盘 搓羊毛取火
紧吹 泪
浑浊
闪动着晨露的期盼

巴音郭勒游动的闪电
随马蹄奔跑
追逐光影

有一万年了吧？谁在问
别勒古台岩壁 凿画声
轰然作响
火星 从石人空洞的眼眶
迸溅

马骨头架起黑暗
电光穿击而过

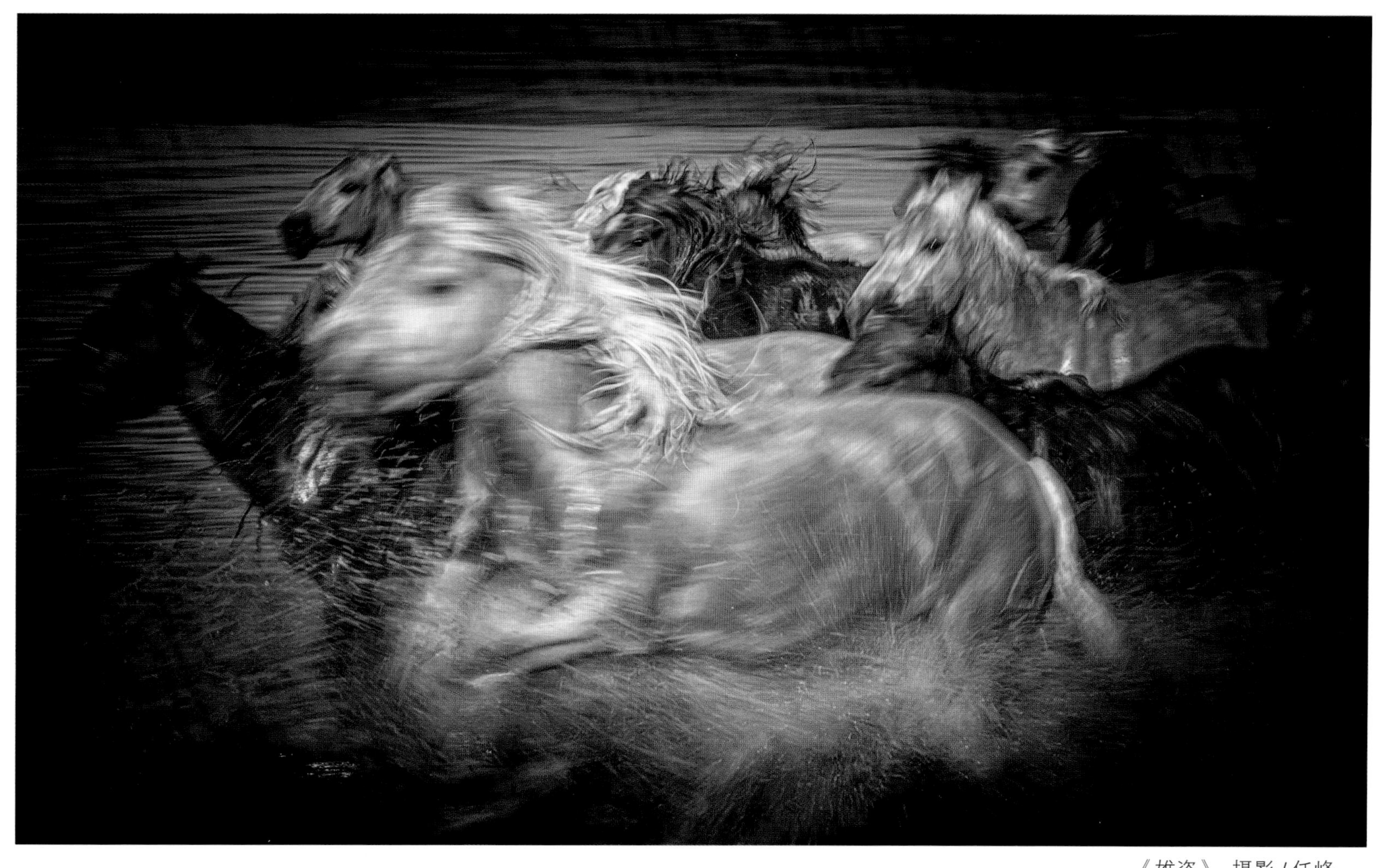

《雄姿》 摄影 / 任峰

草原神骏

吴燕

看 如烈火一团
这永不停息的脚步
心怀一个梦想

鲜艳空灵的鬃毛 驰骋于苍穹
靓丽的棕红色身躯
于岁月深处发出的嘶鸣
威仪于辽阔的草原
蹄声 夹带着风雨席卷而来
秉性里的宽仁与厚重 勇往直前
抚摸你的骨骼
耐力 永不言败
眼神 于四季深处 横穿草原大漠
豪气立于马背 终将永恒

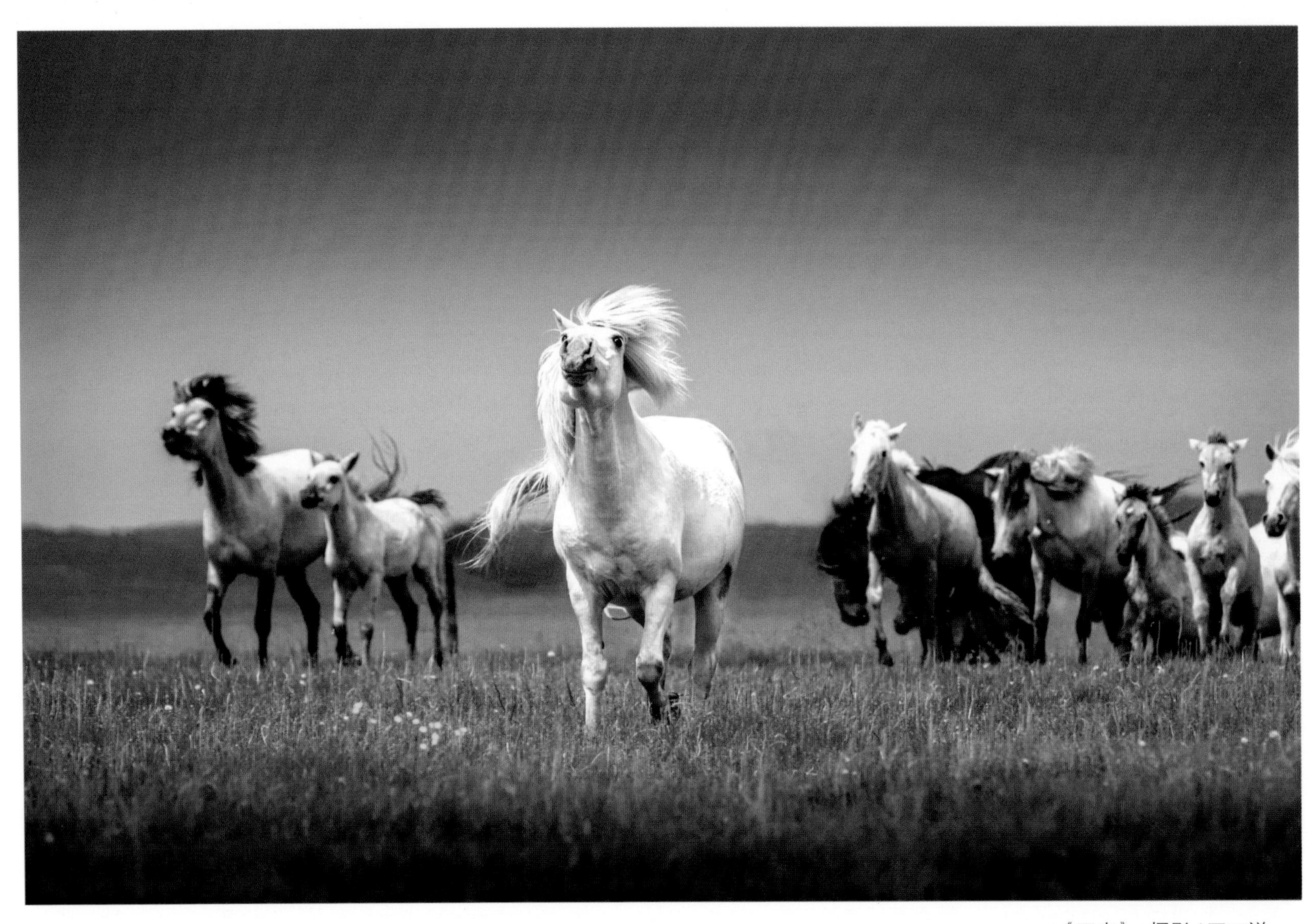

《王者》 摄影 / 王万祥

归来

冷俊敏

季节与时日的锋刃
把桀骜刻在骨子里
朔风干烈
大漠无衷
唯你
驰骋草原
依恋草原

风中
你的影子
精灵 硬朗 蓄势
旌旗猎猎
壮士浩荡
金戈向天吼
长鬃与骑士起舞
与英雄同奔
向着高原
向着故乡的方向

偃旗息鼓
揽缰歇蹄
家园徒存
几滴凄雨
嘶鸣和长歌
铮铮断柔肠
品味青青草
再饮母亲河
放眼天际云霭
听 传奇在风尘里悠扬

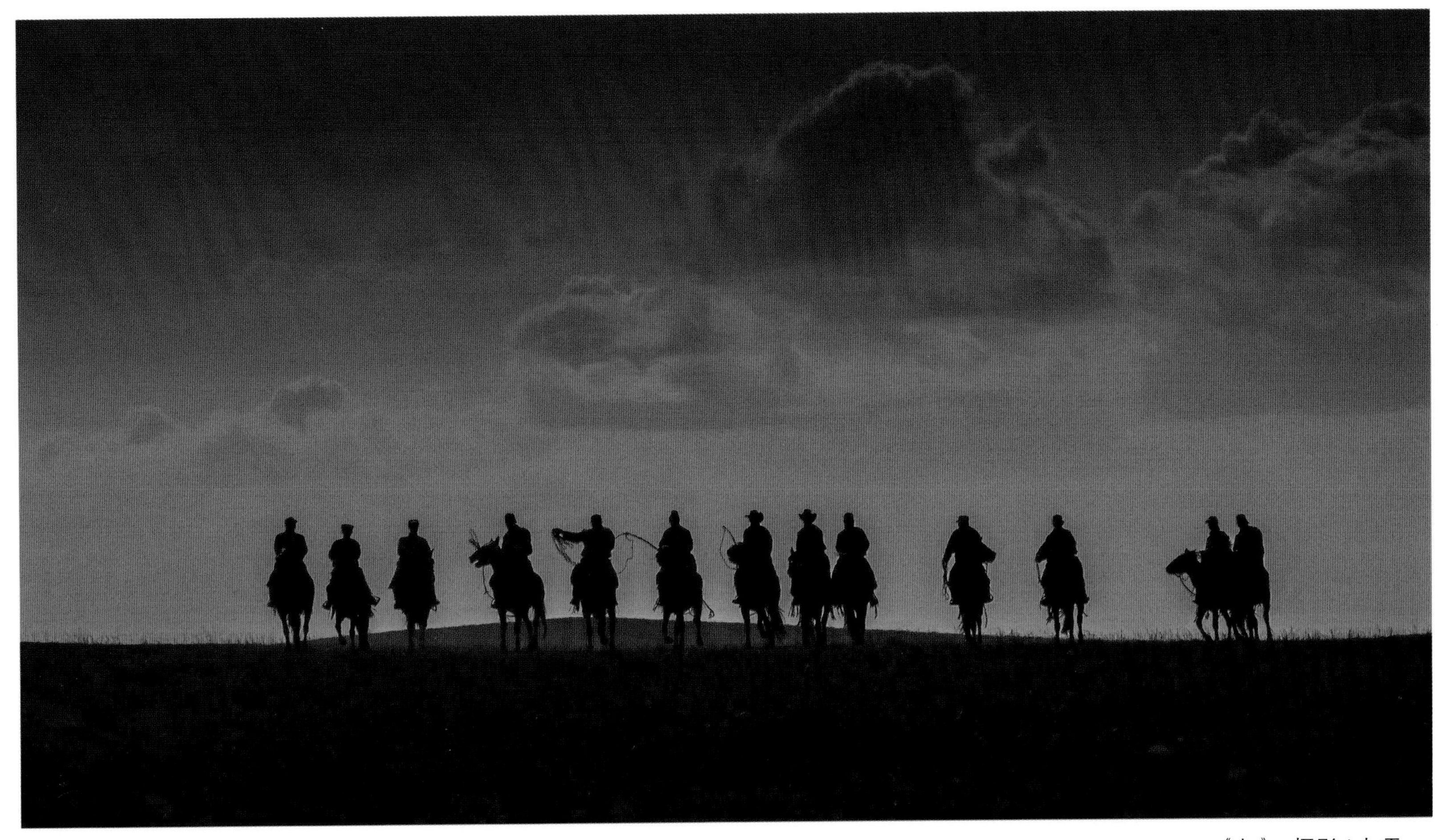

《归》 摄影 / 吉嘎

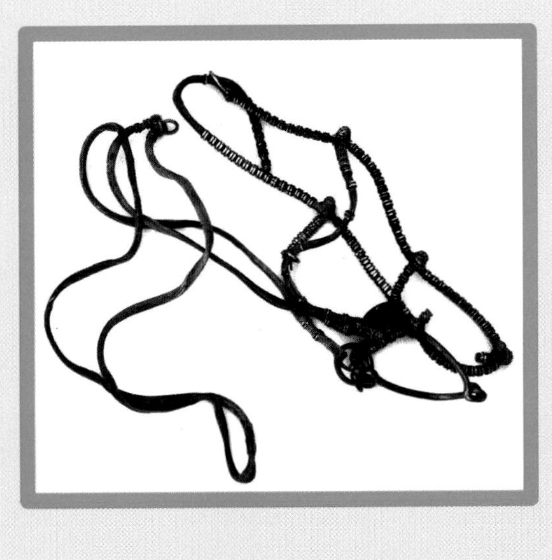

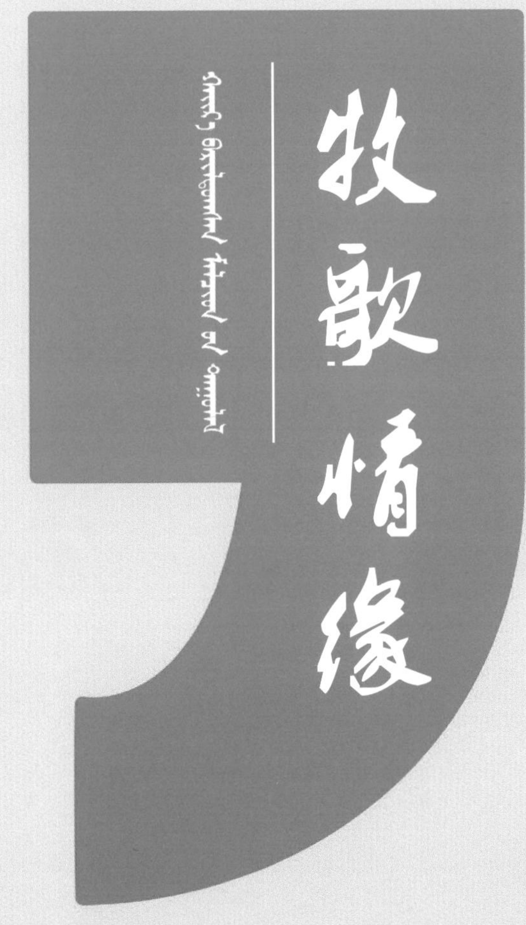
牧歌情缘

我与蒙古马

路远

我与蒙古马有不解之缘。

曾听到过一个有关蒙古马的传说：有一匹蒙古马，被主人卖掉了。它被运过黄河，又运过长江，可后来，那匹思乡心切的蒙古马奇迹般地逃脱了，它凭着自己的本能，抑或还有一种坚定不移的信念，越过长江，越过黄河，终于返回到生它养它的大草原……

这个故事让我激动了，于是，我写了一篇小说《在那遥远的草地》，投给了《草原》杂志社。没想到《草原》以头条位置刊发，从此，我的创作犹如决堤之势喷涌而出。

是蒙古马给了我灵感，恩赐了我一篇好小说的素材，也成了我创作上一个重要的转折点。

那年夏天，我去浑善达克体验生活。

据说浑善达克是小兴安岭的延伸，沙丘起伏，却生长着红柳和形状奇特的榆树。对我来说，那是一片异常神秘之地，有强大的吸引力。下了客车，迎接我的是海金——姐夫叔叔家的儿子，一个半大小子。他先把我领到了他家的冬营盘，离公路边不远的两间土房子。

那时，他一家人正远在四十里之外的夏营盘走敖特。

姐夫叔叔一家多年来生活在草原上，是牧民。海金的脸庞晒得黑黑的，汉话说得生硬，与当地的蒙古族同胞几乎没什么差别。他根本不问我会不会骑马，就将一匹已经备好鞍子的马子牵到我面前，把缰绳递给我。我这才知道：从这里去夏营盘只能骑马去，别无选择！

一咬牙，跨上马背——毕竟那时还年轻！

上路。初生牛犊不怕虎，是因为从没见过老虎。

平生头一回骑马，却丝毫也不畏惧，是由于与蒙古马有种天然的亲近感吧。那是一匹纯白的白马，它的黑眼仁比一般的马要小些，所以，白眼球占的比例显得要大些，黑白分明，与人眼相似。它望着你的时候，仿佛是你多年未曾谋面的老友。正是因为它的这个眼神，使我有一种安全感，相信它不会背叛我，便把一条命放心地交给了它。

先是策马小跑着，不敢跑得太快。但慢跑颠得厉害，很不舒服。身边的海金鼓励我快跑——放开缰绳，让它跑起来吧！

牧区长大的孩子，胆大包天。

不管它了，跑吧！

白马似乎也正在等待着这个时刻，四蹄飞快地奔驰着。自由的放纵，力量的显示。耳边风声呼呼，两侧的树木闪到了身后。果然，放快了速度，反而感觉不到颠簸了，真的比慢跑舒服多啦！

便在马背上感觉到了前所未有的快感——那是人征服自然的快感，也是速度与激情的交融！

由此体验了马背民族的豪情。

只是，当我一口气骑了四十里地，到达夏营盘时，屁股早已经被鞍子磨破，疼得几乎下不了马背……

一条美丽的河流——嘉其尔河正在那儿静静地等待着我。另一篇小说的构思油然而生：

《嘉其尔河在这里转弯》。

也有走麦城的时候。

那年去太仆寺旗体验生活，到了一户牧民家。看见小马倌骑的黑马，心生爱怜，忍不住心里痒痒，上前问：“马子可老实？”小马倌答：“老实。”

想再过把瘾，便骑了上去。

万没想到，还没坐稳，那马子便如箭一般蹿了出去，直向草原深处奔去。

顿时慌了神：咋办？

对了，勒缰绳吧！

可那马子的嚼口特别的硬，我使出吃奶的力气，也勒不住它。它继续狂奔着，丝毫没有要停下来的意思。

分明是欺负我不会骑马！

情急之下，突然想到一个办法——只拉扯一边的缰绳，迫使马子掉头。

这一招果然灵，马子开始掉头了。

于是，沿着来路，马子奔跑而归。

快到终点时，看见小马倌惊慌失措地站在那里拦截马子。

与此同时，那马子来了一个“急刹车”，这是我根本没有想到的，更是没有防备它会来这一手，刹那间，我借着惯力，一头从马脖子旁边蹿了出去。

一直相信那时上天有一只手帮了我——当我落地时，居然做了一个“窜猫”动作，头一弯，身体便平躺在草地上。

感觉到我的一只脚被马蹄子重重地踩了一下。

被人扶着站起来，大家都以为我摔得不轻，不是断胳膊就是断腿儿。可是，走了两步，居然啥事儿都没有！没有皮肉伤，居然连疼痛都没有。

我相信是那匹马儿与我开了一个不大不小的玩笑。

由此，我领略了蒙古马的桀骜不驯——它是自由的精灵；它可以不听你的驾驭，但绝不会伤害你。

这两年写蒙古马的作品越来越多，精品却稀少。

我的理解是：我们提倡的是蒙古马的精神，而不是让我们直接去表现马。

譬如，我们学愚公，是学他的顽强精神，而不是让我们真的去挖山。若真去挖山，非蠢即愚。

那么，蒙古马的精神是什么？

每个人都有自己不同的理解。恰恰是这种不同的理解，构成了它的丰富的内涵，也正是它的魅力所在。

（路远：中国作家协会会员，内蒙古作家协会专业作家，著有长篇、中篇、短篇小说几十部，电影、电视、广播剧等剧本五百余集）

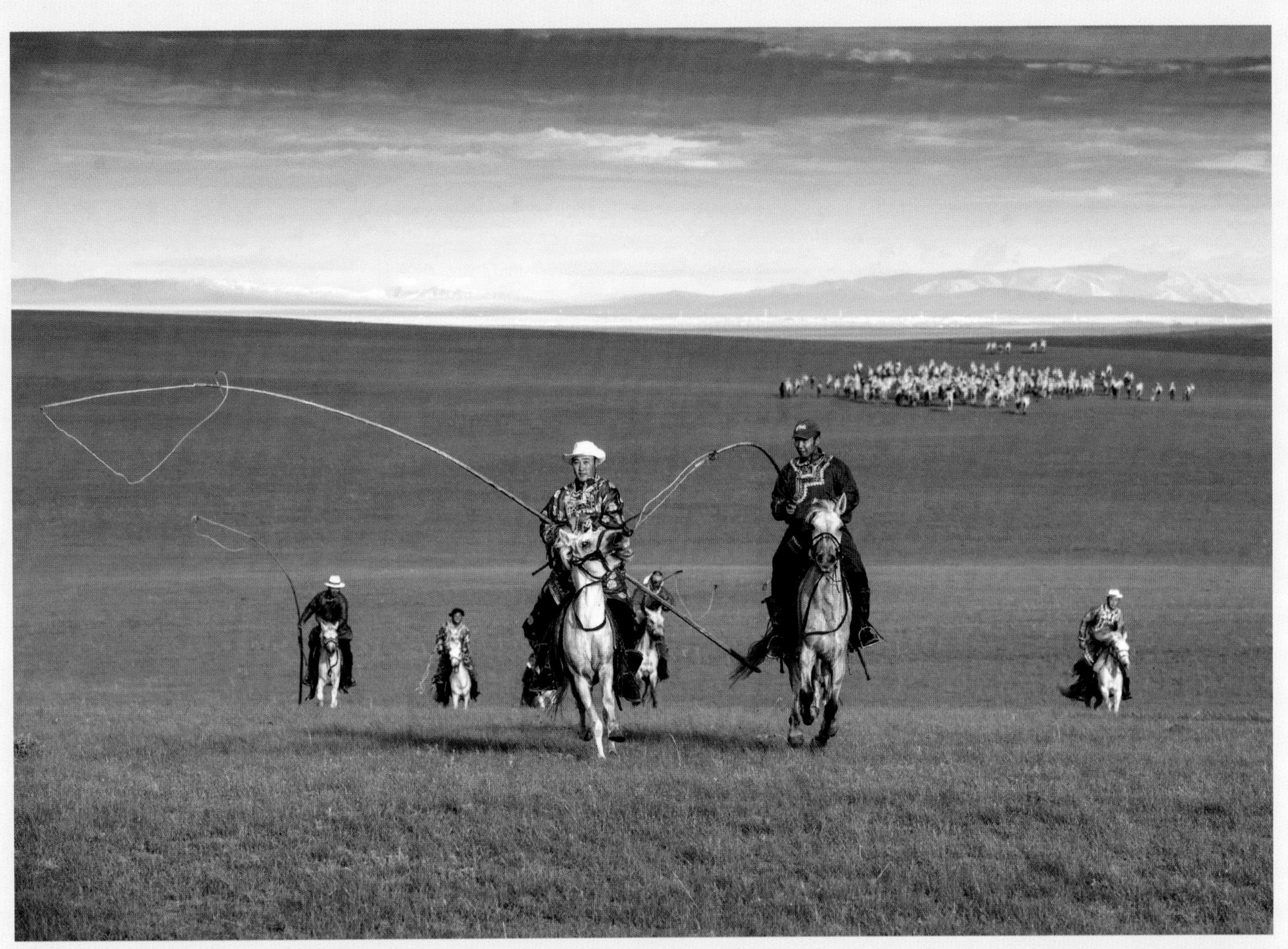

《白马故乡》 摄影 / 崔巍光

胸怀草原的人

斯日古楞

骑马前行的人
不以路途为远近
头顶总有苍鹰盘旋
翅影投射在大地
沉默成为光的背景
以到达为目的
或又以出发为终极
酒意升华的诗情
把奶茶兑现给四季
谁说我的忧思散尽
草尖上挂着的露珠
那才是呼麦的嗓音
在辽阔的草原上
每一棵微小的青绿
都以落英的无动于衷
成就着浩荡前程
而马背上的我
正望着晚霞的窗口
策马融入久违的等候

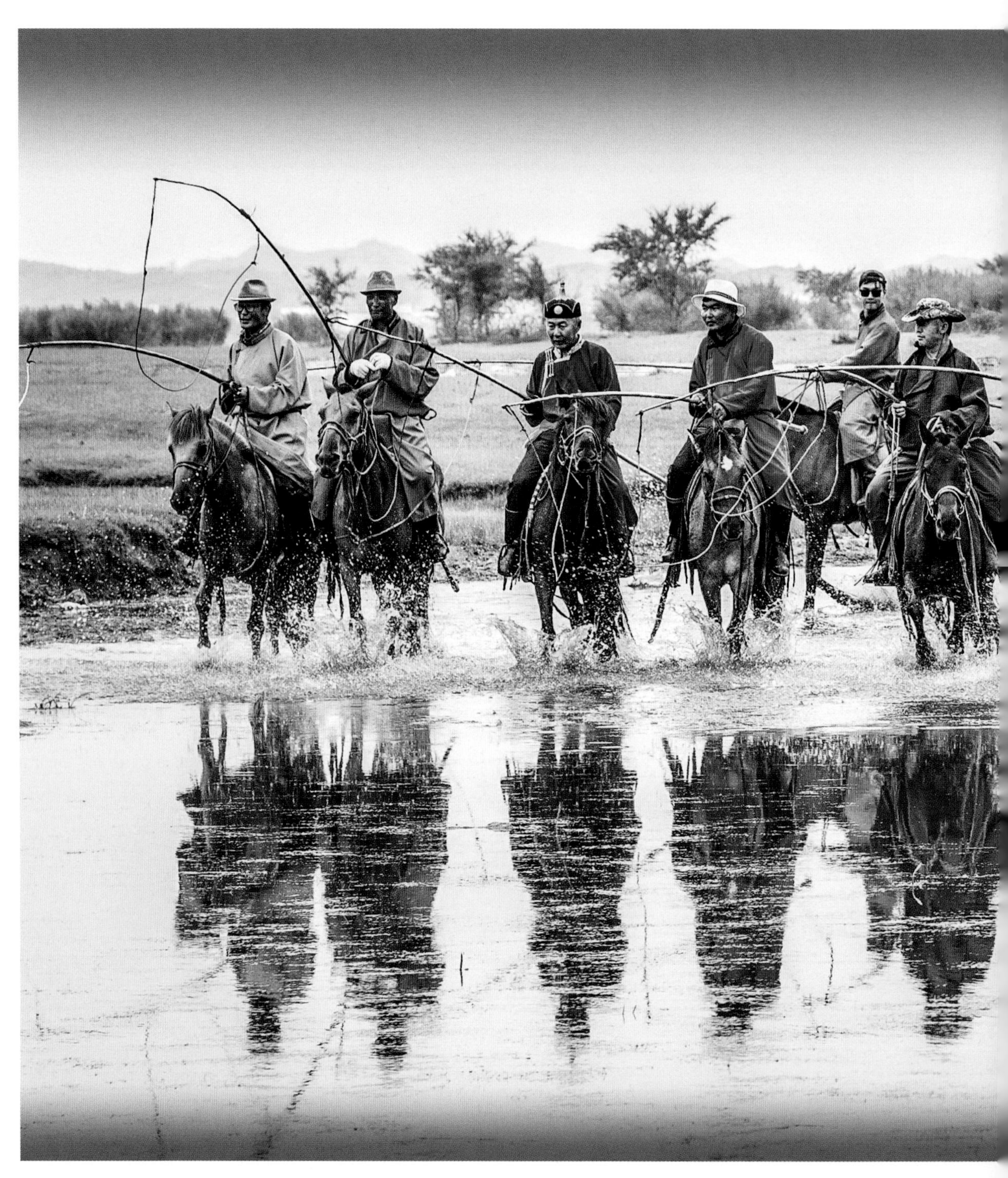

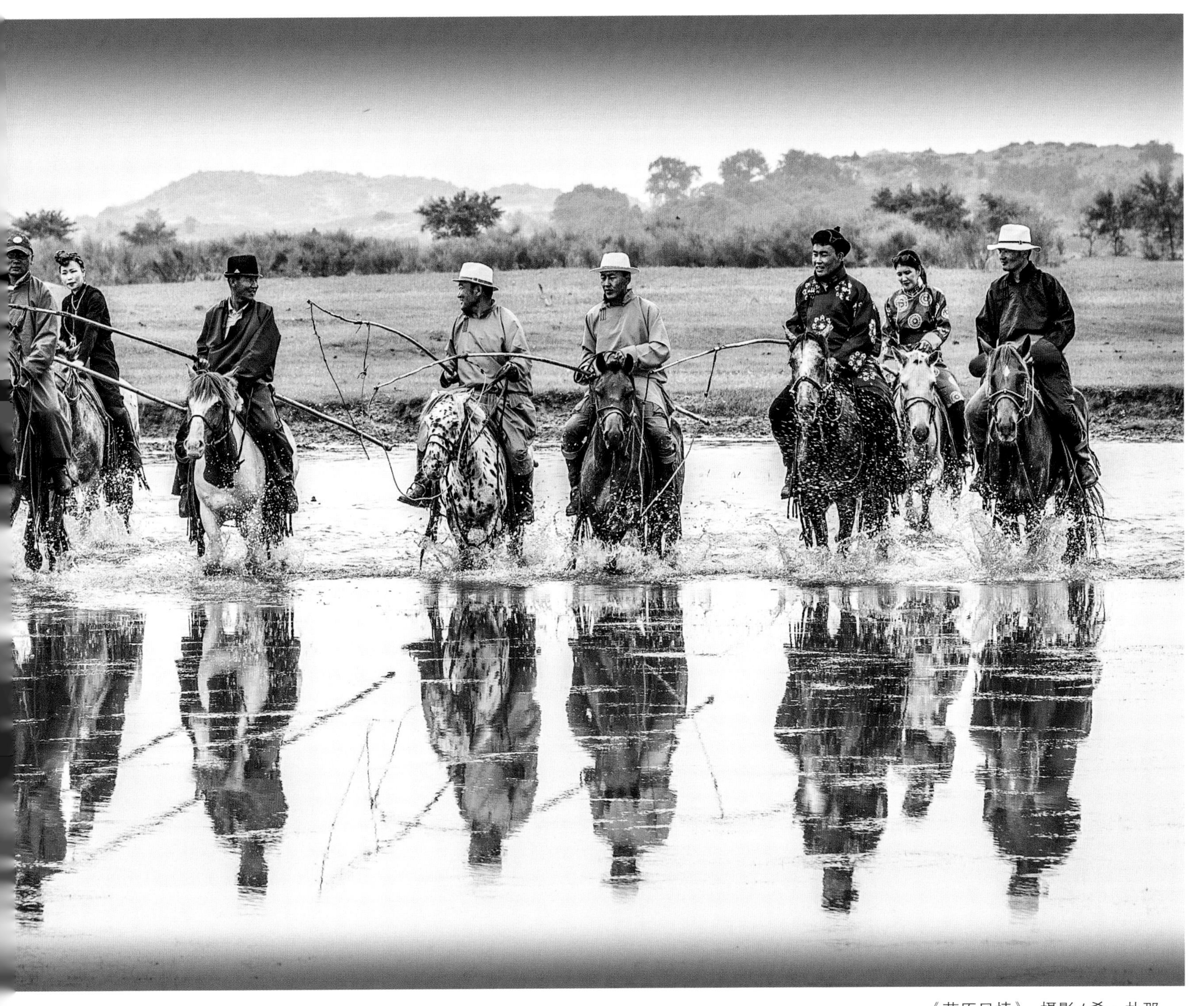

《草原风情》 摄影 / 希 · 扎那

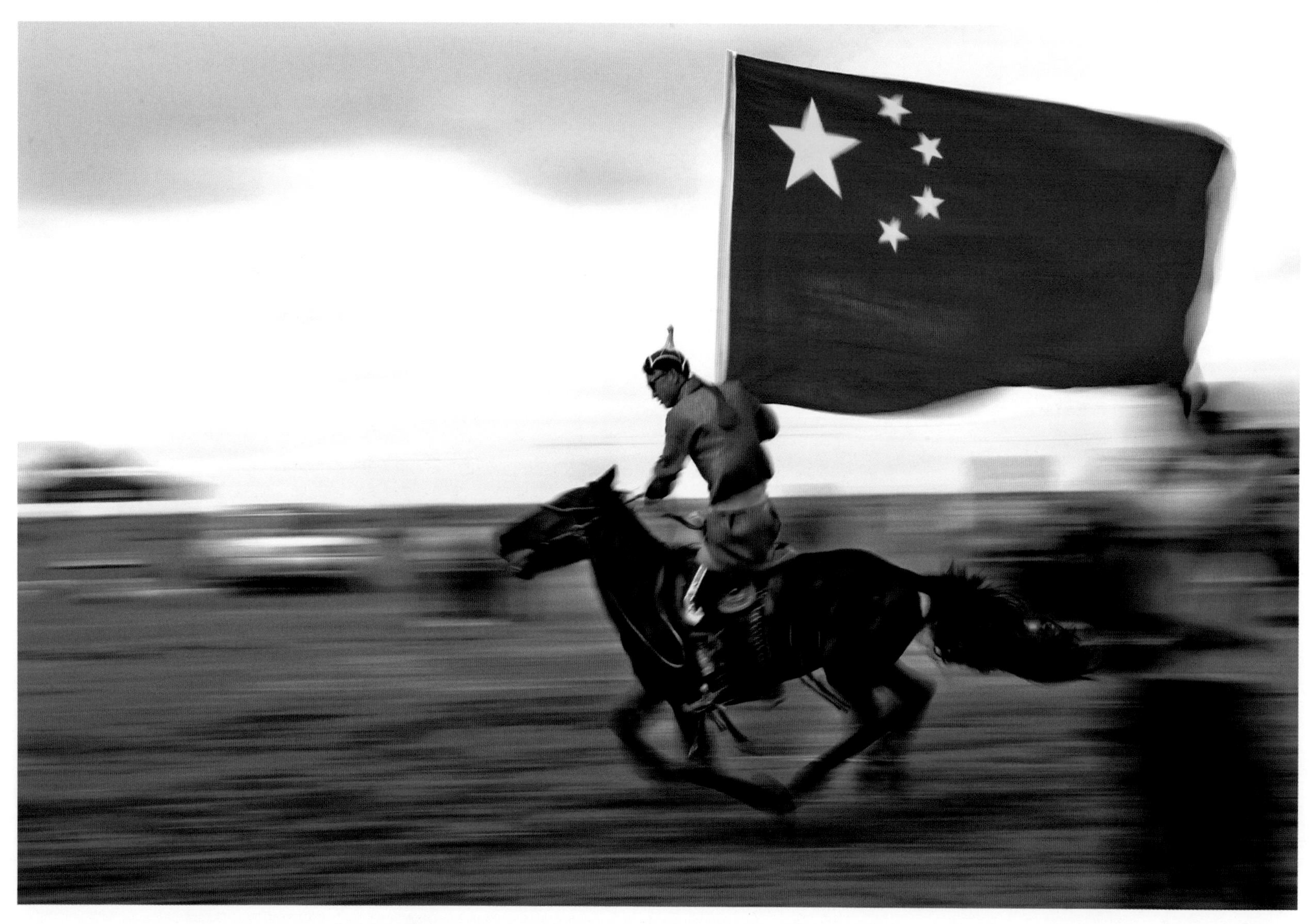

《荣耀出征》 摄影 / 和平

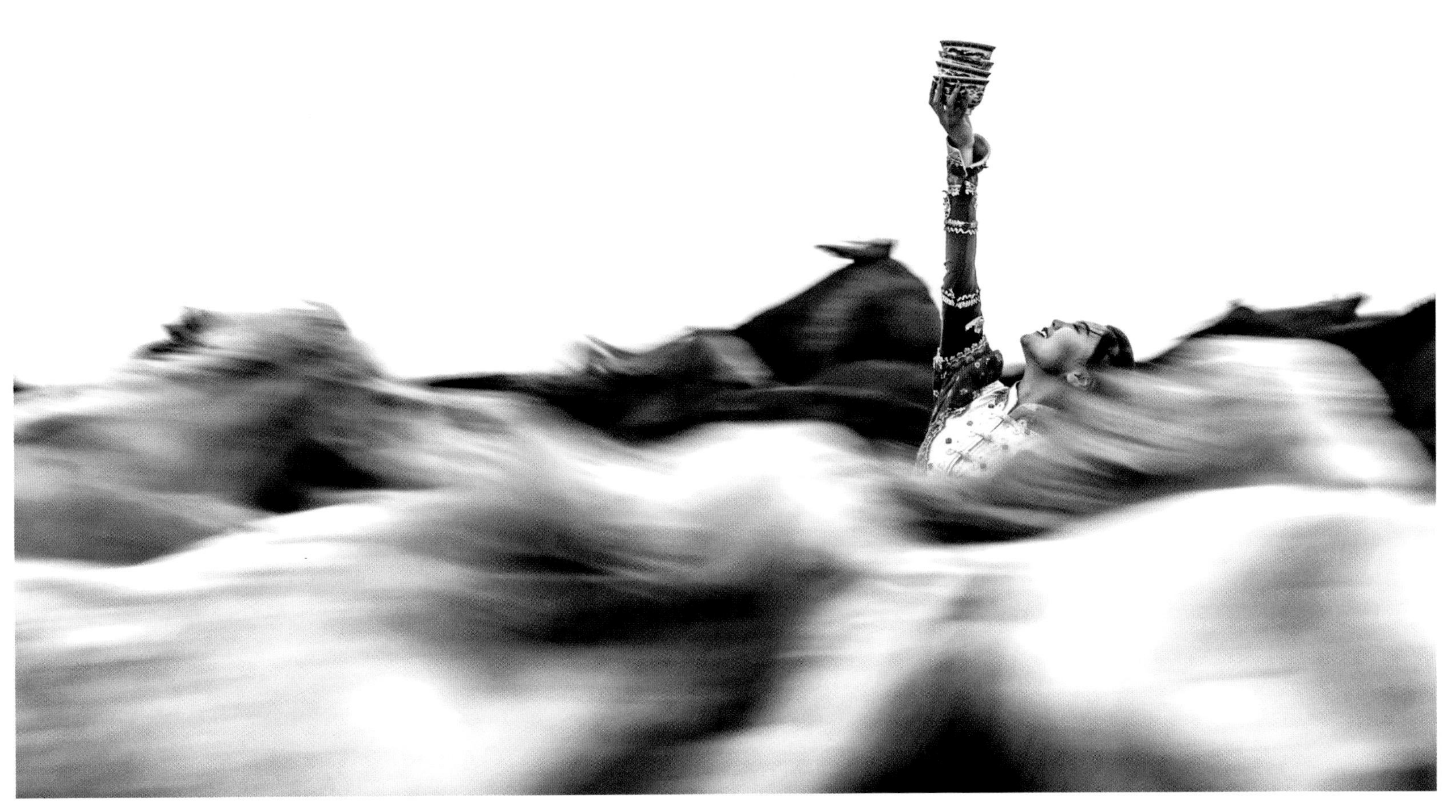

《舞韵》 摄影/孟和

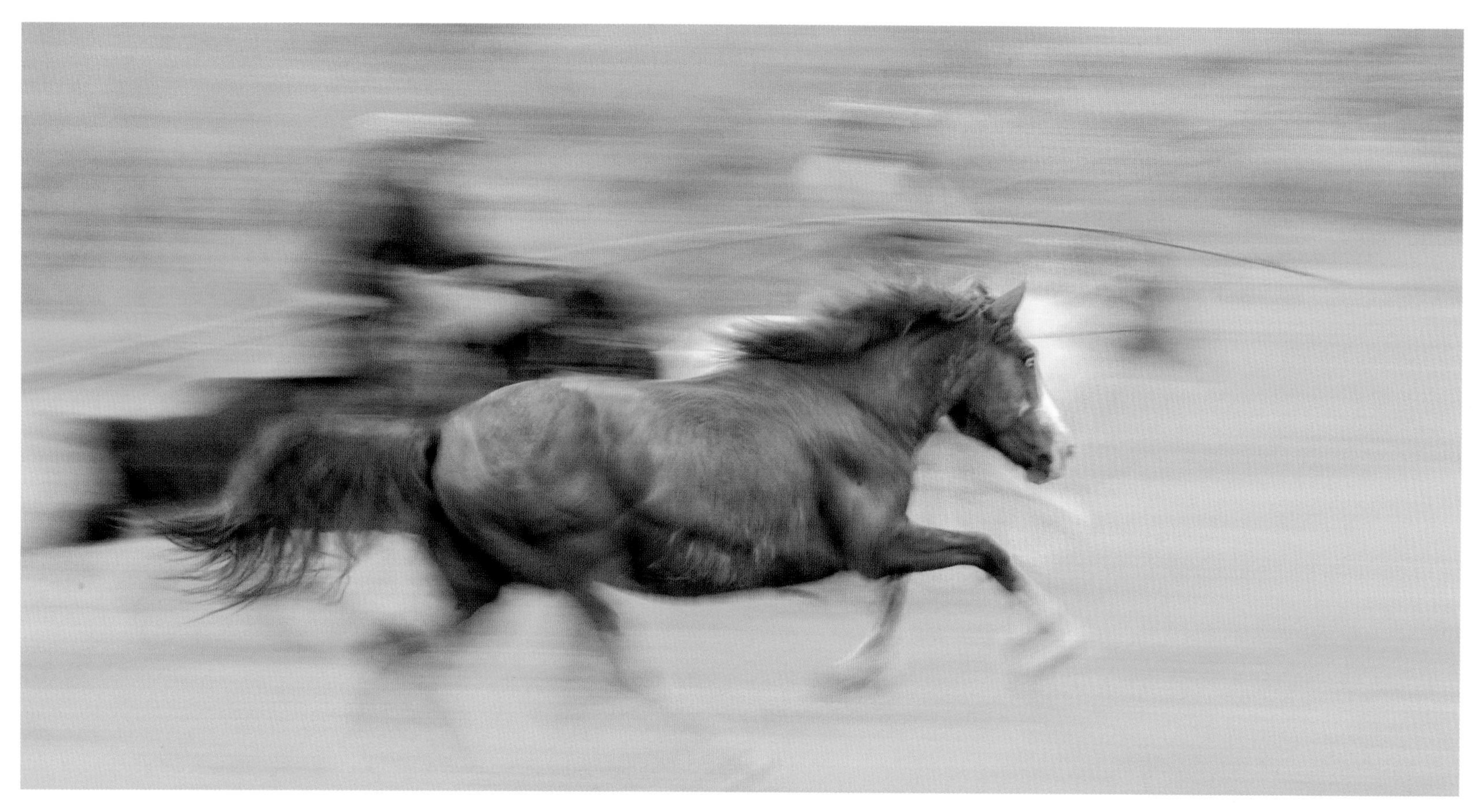

《套马飞扬》 摄影 / 裴国庆

蒙古马

张国胜

一路奔腾 一路歌
从此把思念放飞
奔向未来理想的梦
让我们跳动的心
飞翔在广阔的天空

把昨天的思恋
浓缩成今日的追寻
让所有对蒙古马的痴情
化作亘古不变的精神

天涯远 沧海阔
有谁知冷暖
白云飘 心起航
梦想在前方

蒙古马 草原上的精灵
蒙古马 沙漠里的旋风
蒙古马 夜空中的闪电
蒙古马 锡林郭勒的象征

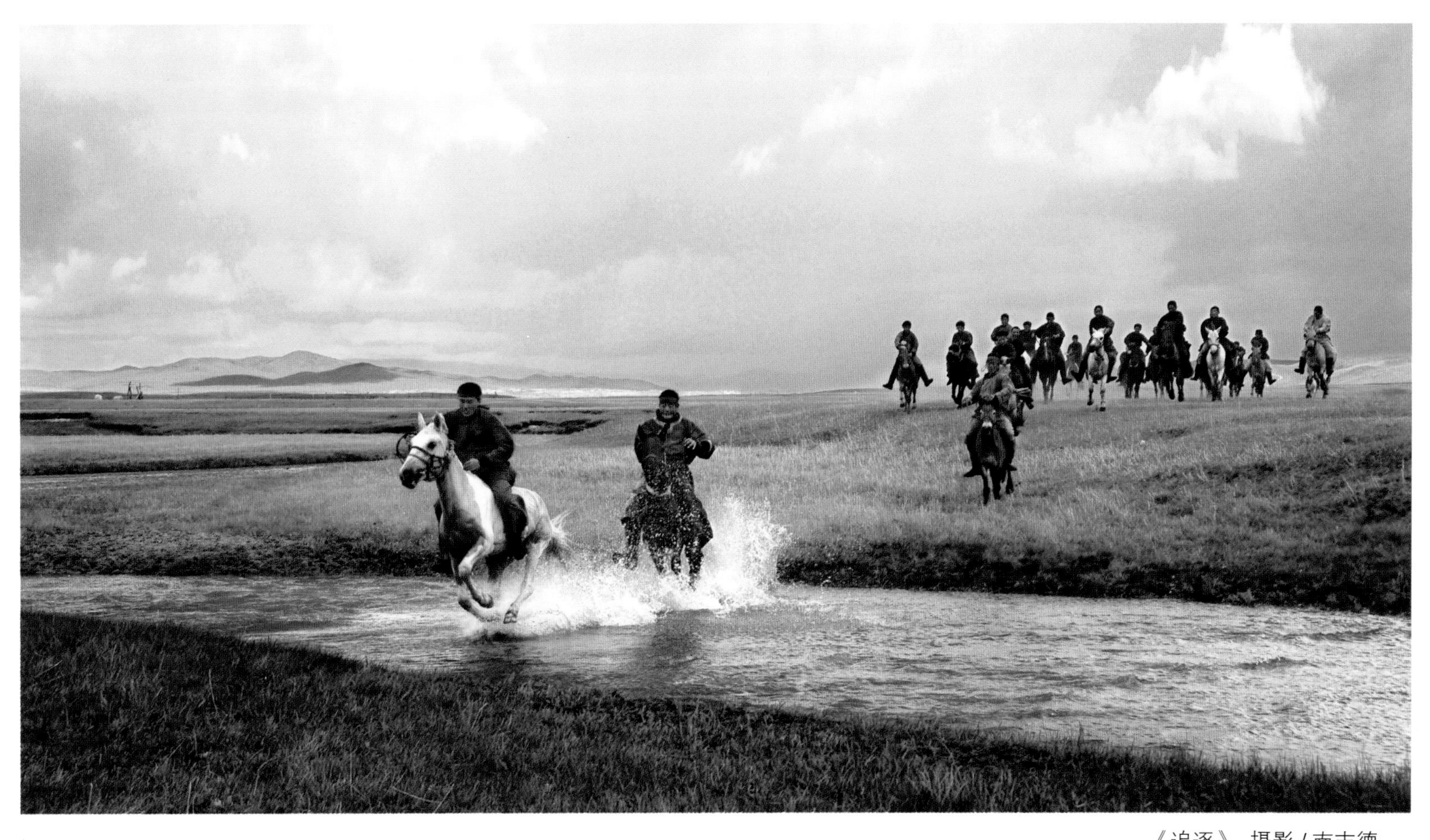

《追逐》 摄影/南吉德

回望

李小凤

锡林河拐了十八个弯
一弯一弯绕在马脖子上
落日扑通一声跌进西山
一声声嘶鸣唤回几片晚霞

最远的路
赋予蒙古马传奇的一生
奔驰带起的风
吹动早朝僧人的经幡
抛弃在身后的风雪
踏出一行信念的行程

有缰绳的牵绊
马时不时回头
望一望
锡林河源头的风

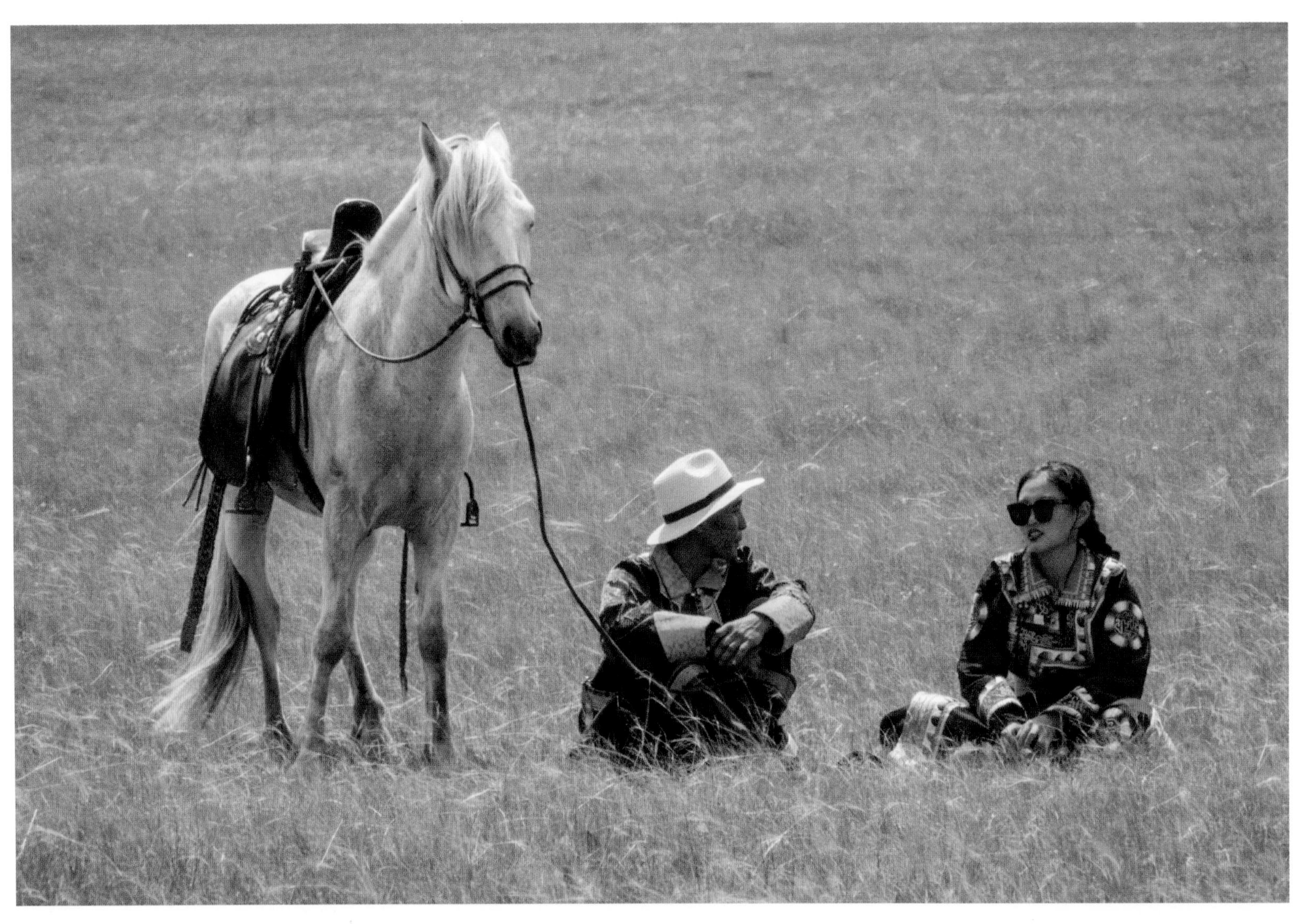

《约》 摄影 / 阿拉坦苏和

马背上的蓝手帕

孙海涛

历史长河漫漫
你是一条绚丽的飘带
背负牧人对草原的依恋
从朦胧的远方逶迤而来
那条鲜活跳动的曲线呀
抖落了太阳
抖落了月亮
却点燃姑娘羞涩的脸颊
年轻骑手的情歌
从静谧的夏夜深处传来
带着月亮的温柔
带着太阳的炙热
藏进夜空的哪朵云彩
真想给胯下的骏马插上双翅
挥一挥手中的蓝手帕
多情的妹妹等你来

《草原恋》 摄影 / 郑逊

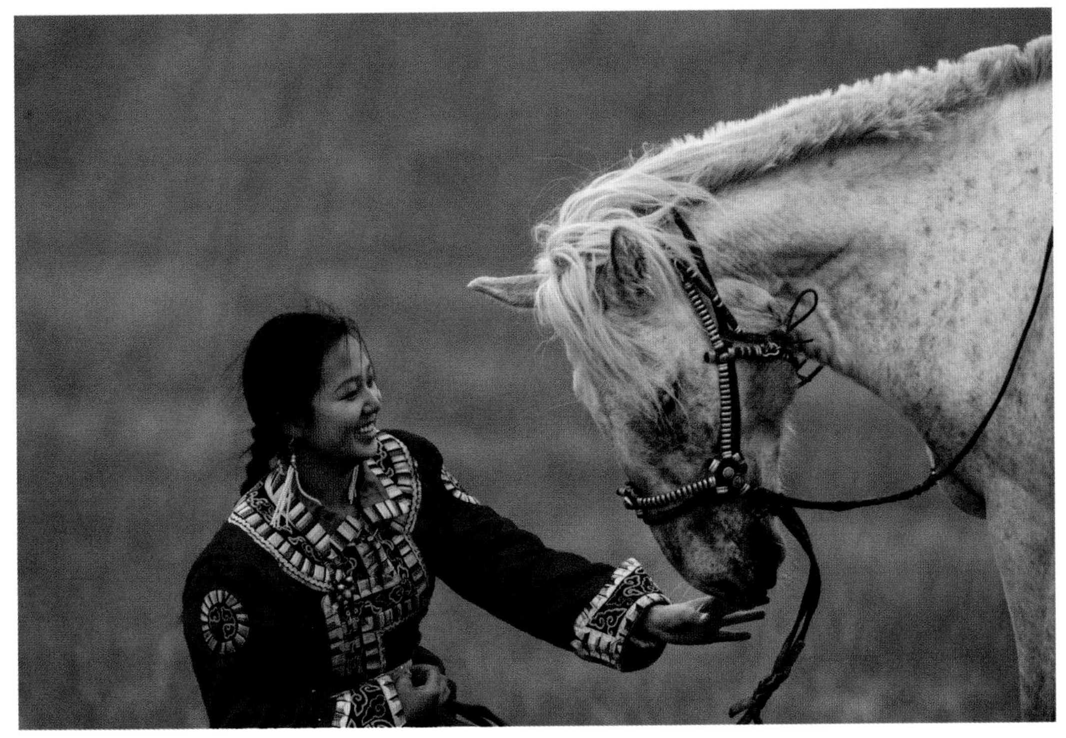

《草原情》 摄影 / 李波

贴近

邓忠

当我俯下身
贴近你

贴近的是
一个民族
一段历史
一个进程

听到了征途中的蹄音
即便是经历了风霜雨雪
也依然顽强不息

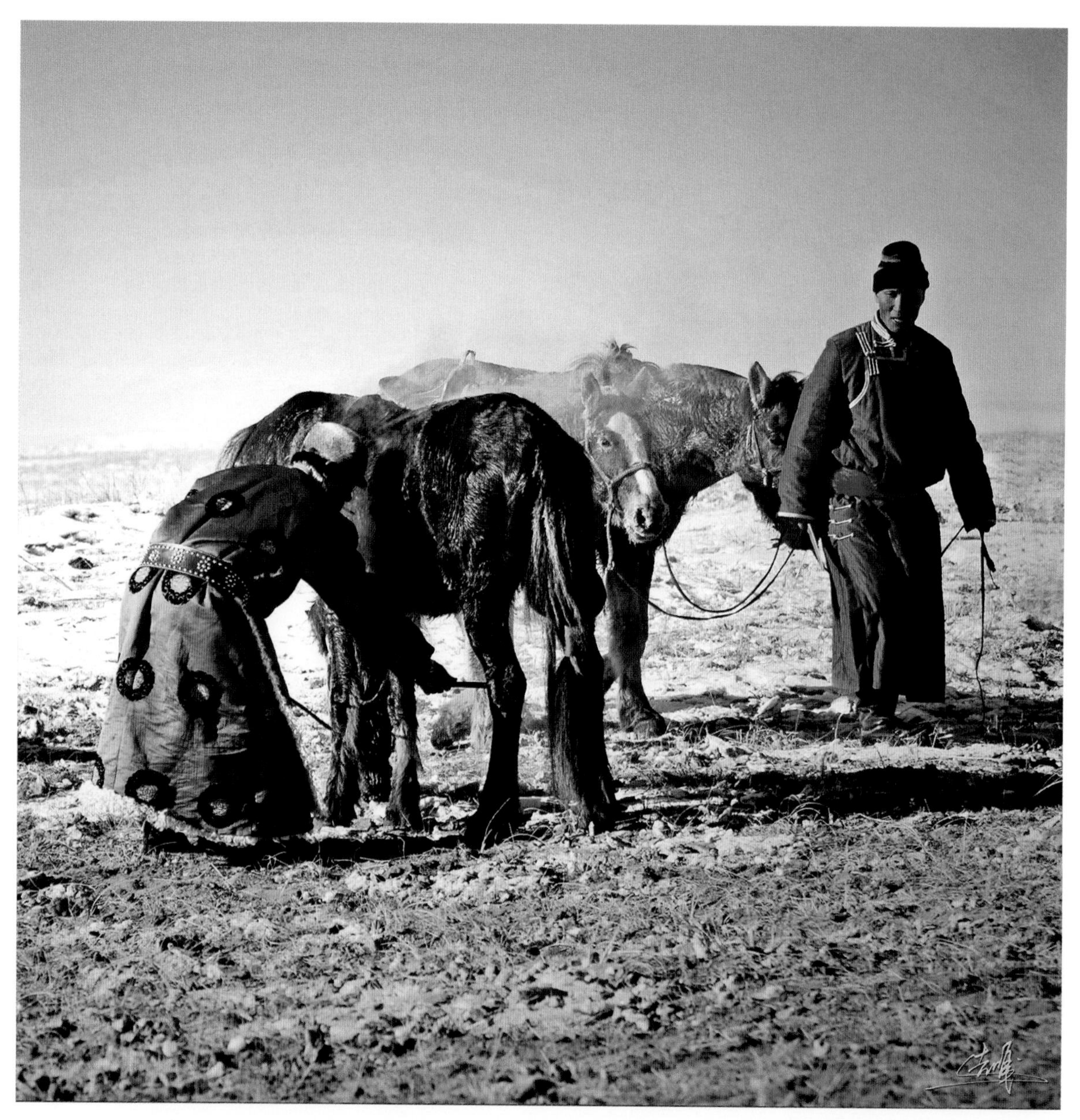

《赛马归来》 摄影 / 吉嘎

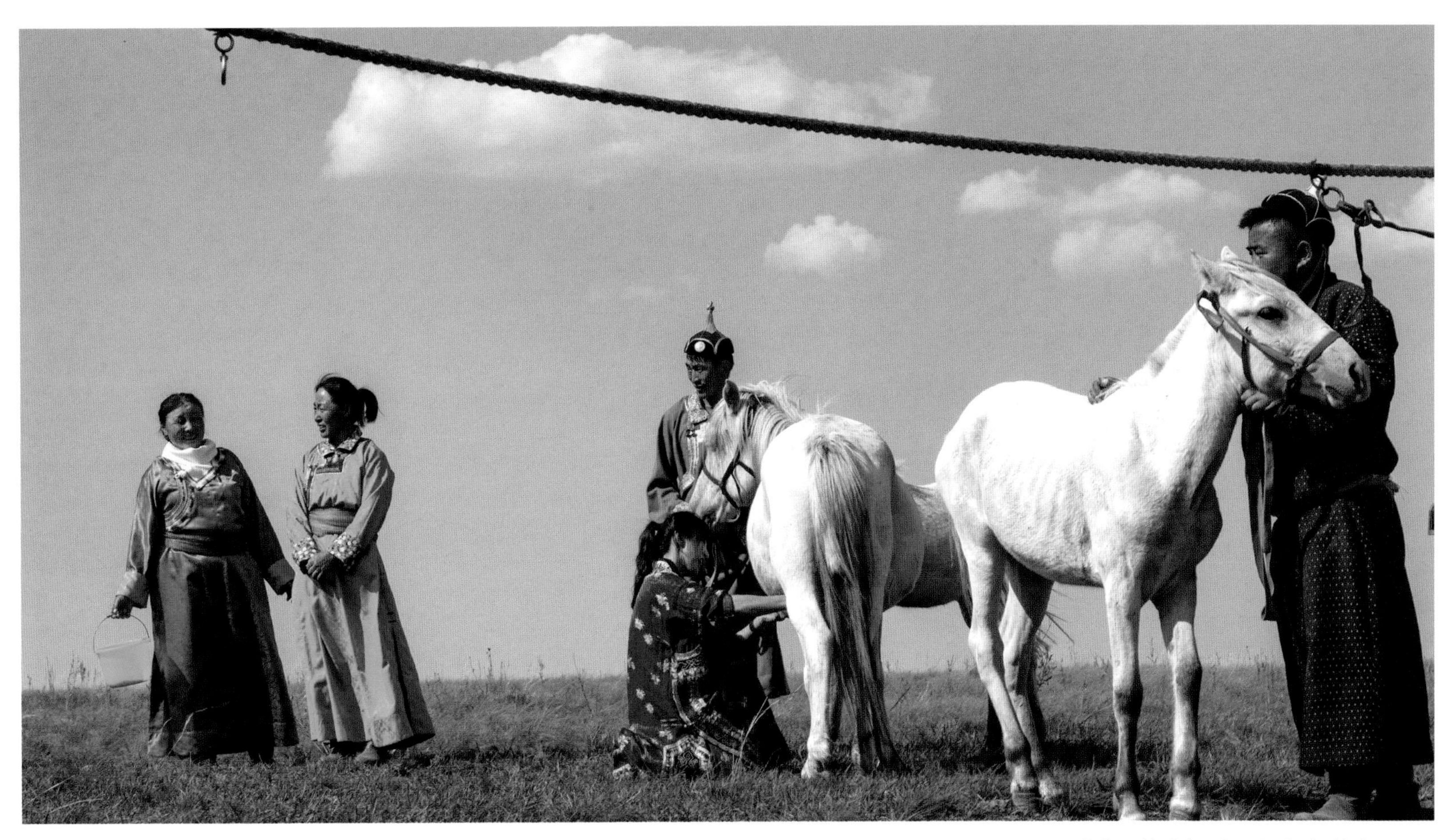

《草原情缘》 摄影 / 额尔德木图

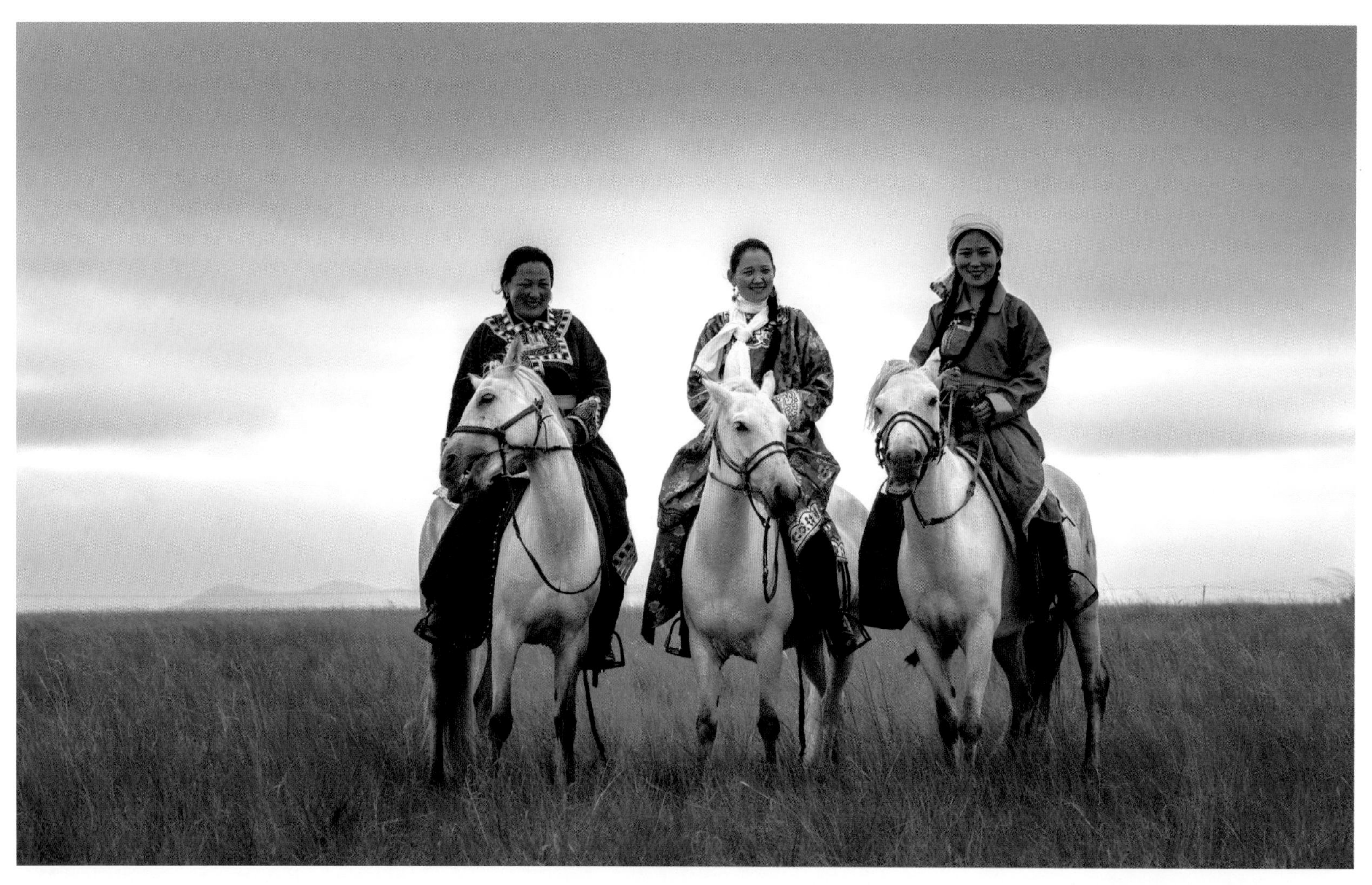

《白马姐妹》 摄影 / 吉嘎

有一副马嚼子足矣

铁骑

不想在地摊蹲守
却想把自己推销出去
打开脑壳
闪过异念
却如一只无头的苍蝇

悲催之余
想起阿爸
其实 无须挣扎
草原那么大
有一副马嚼子足矣

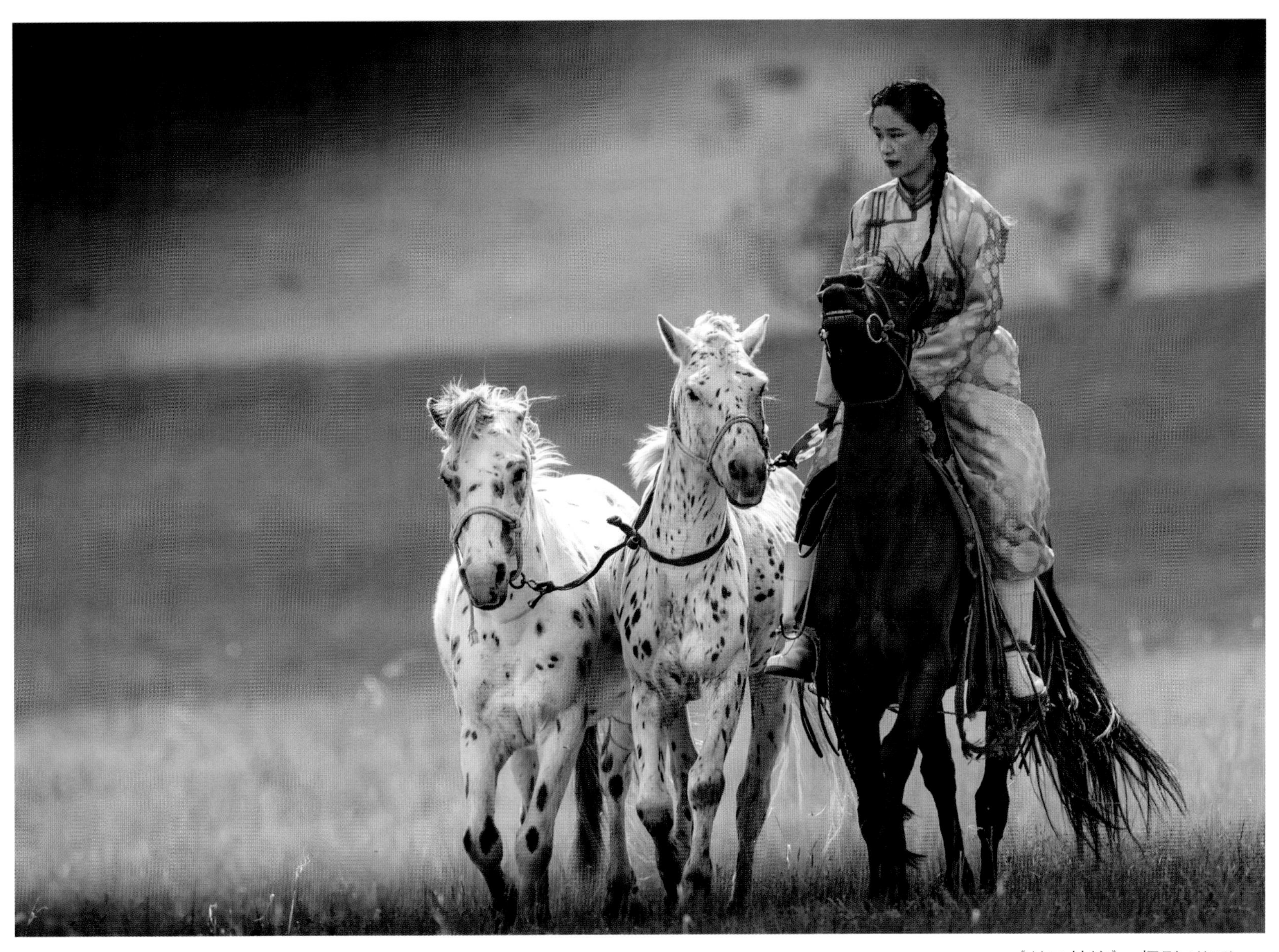

《放马姑娘》 摄影/郑逊

我的年轻岁月

洋浴海

赶马的汉子一身雄风
河边的姑娘
笑着一地的蹄声
一草坡的马鬃荡成风云
汉子身上的热汗
和马的喘息 成了蒙古袍里姑娘的心动

我回头一笑又一鞭响
抽碎了草地上的滚滚红尘
姑娘一声长歌婉转
叫我的马和我的心
一起奔腾

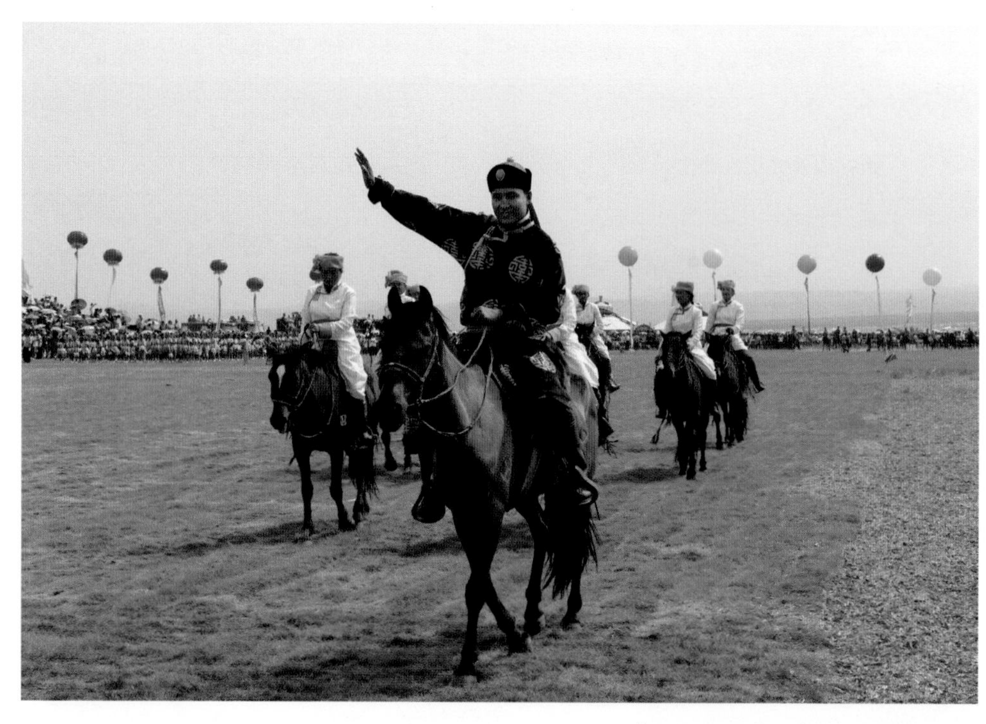

《英雄归来》 摄影 / 王国庆

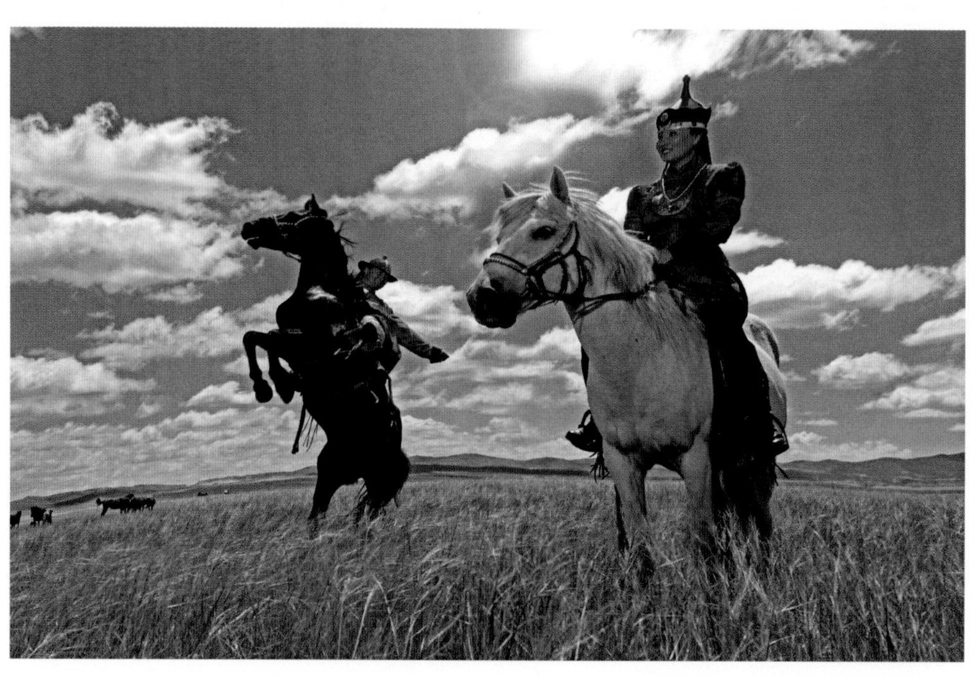

《献艺》 摄影 / 禄满达来

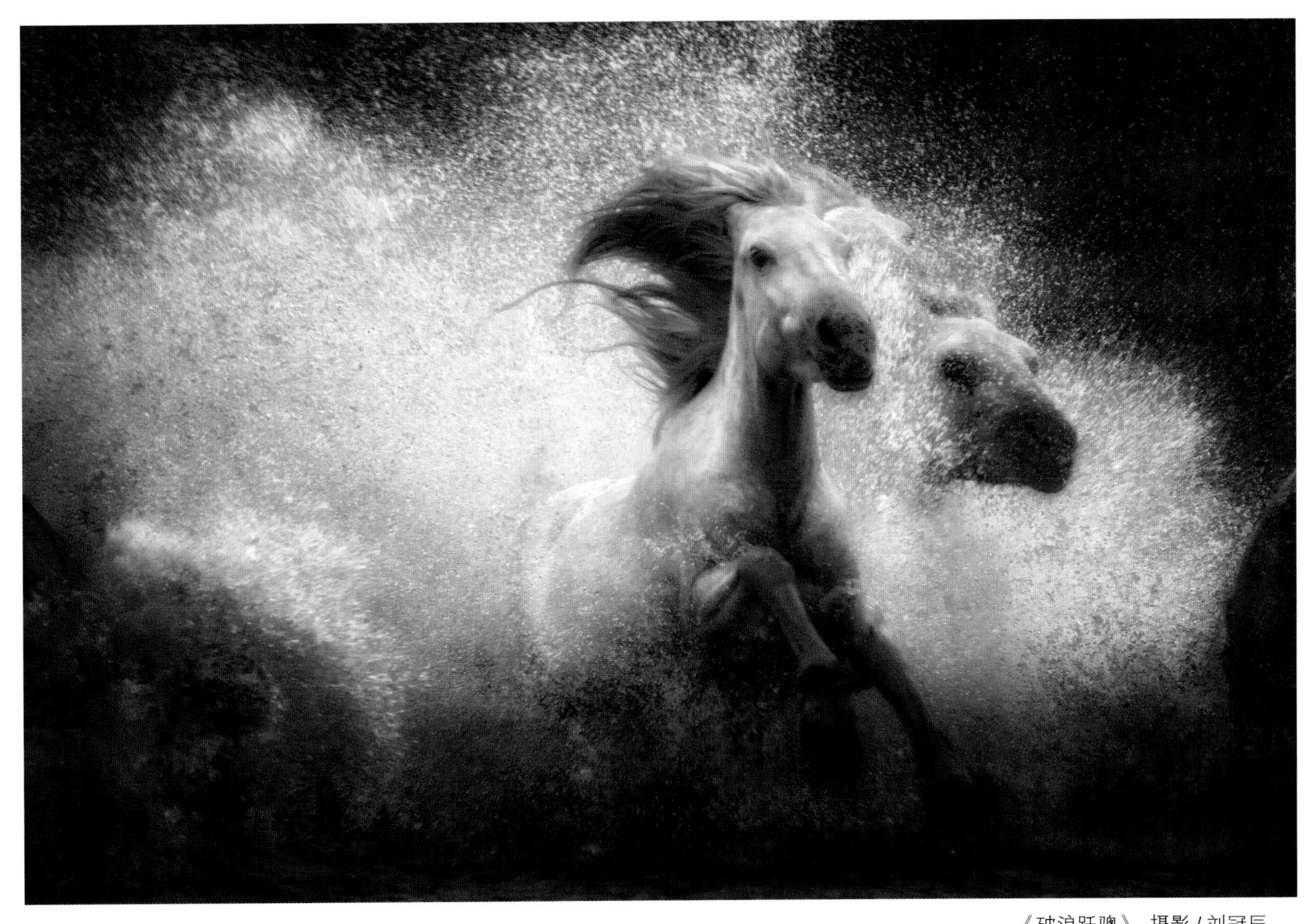

《破浪跃骢》 摄影 / 刘冠辰

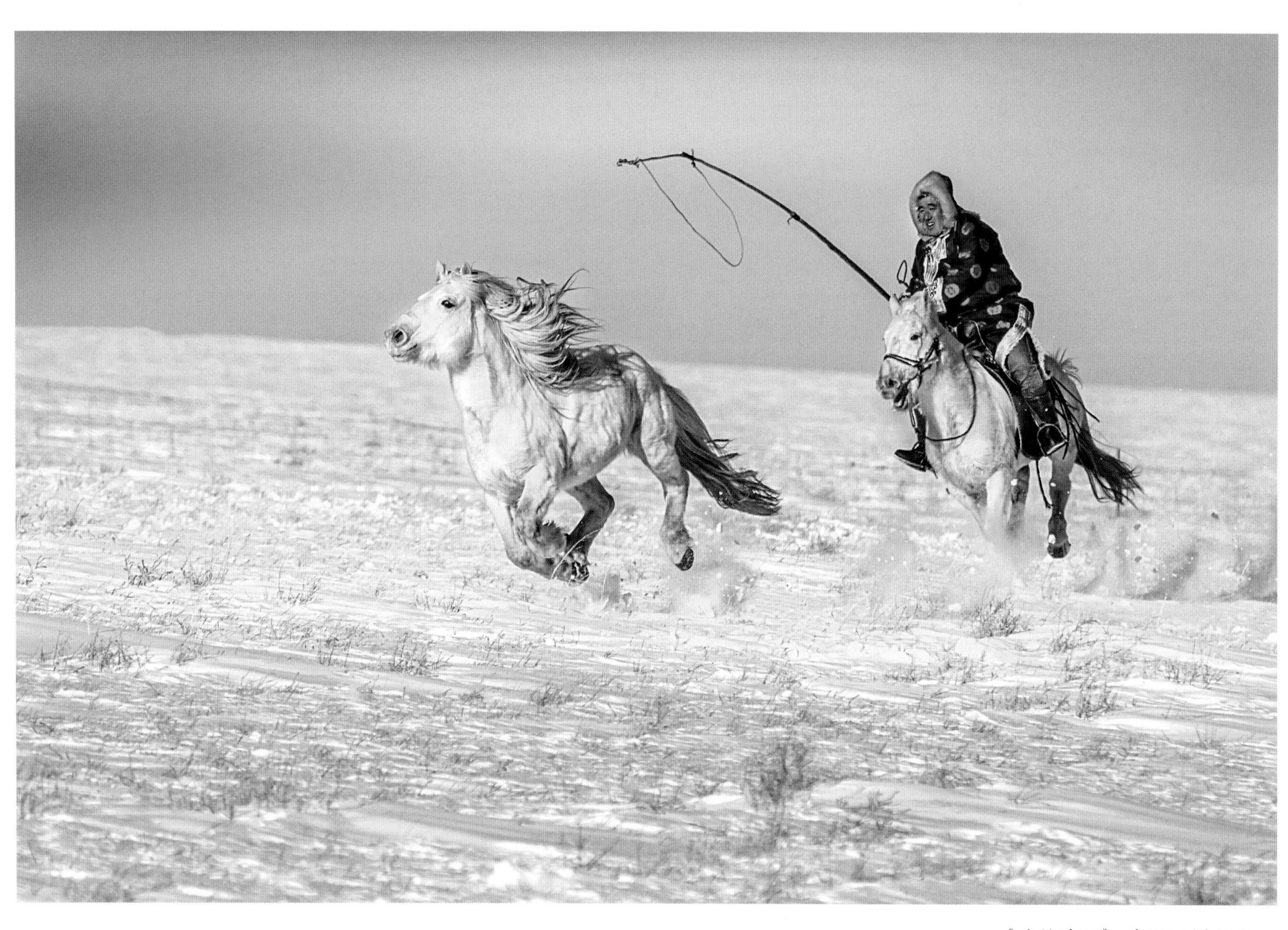

《我的骏马》 摄影 / 刘忠黎

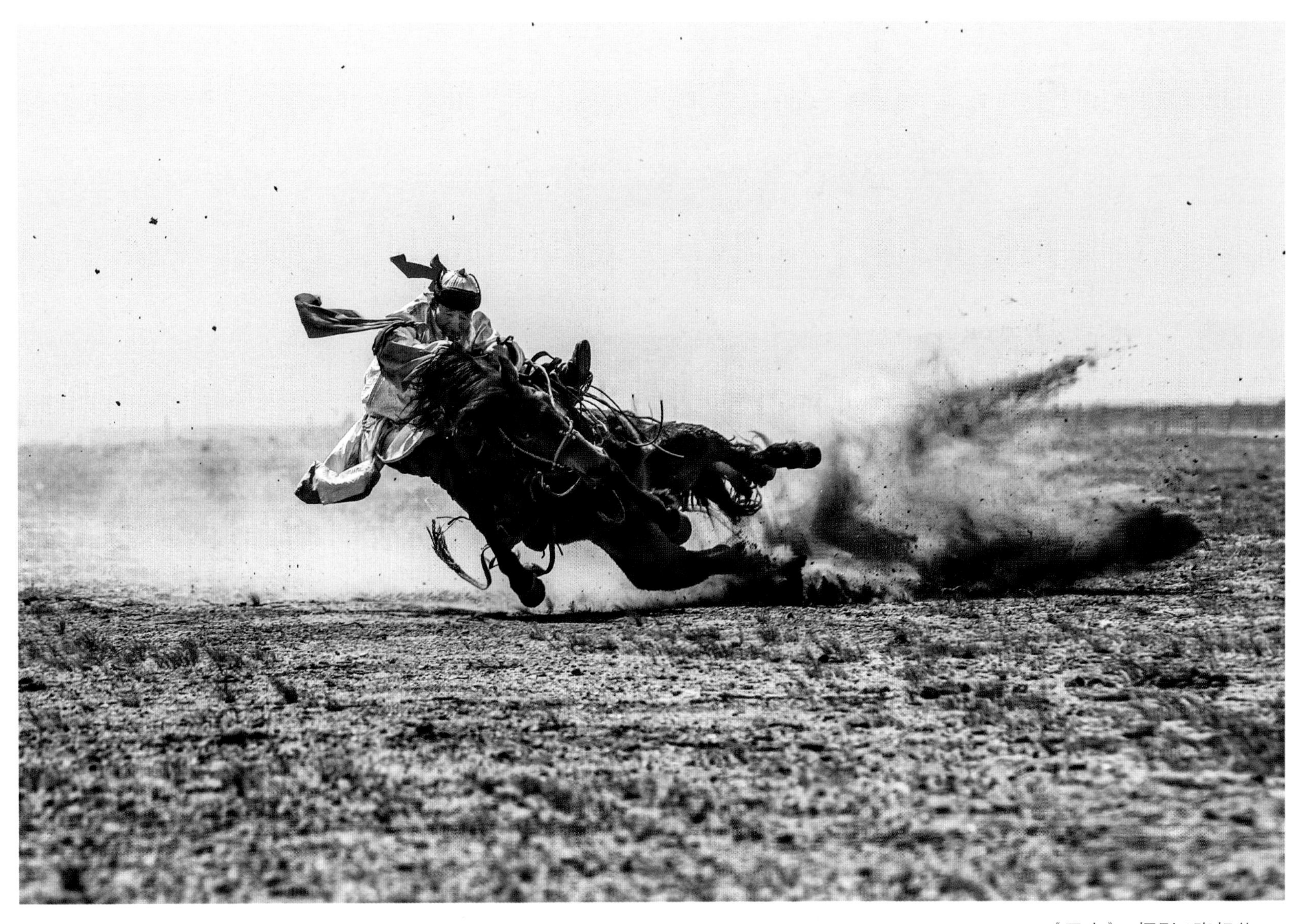

《勇士》 摄影 / 张超英

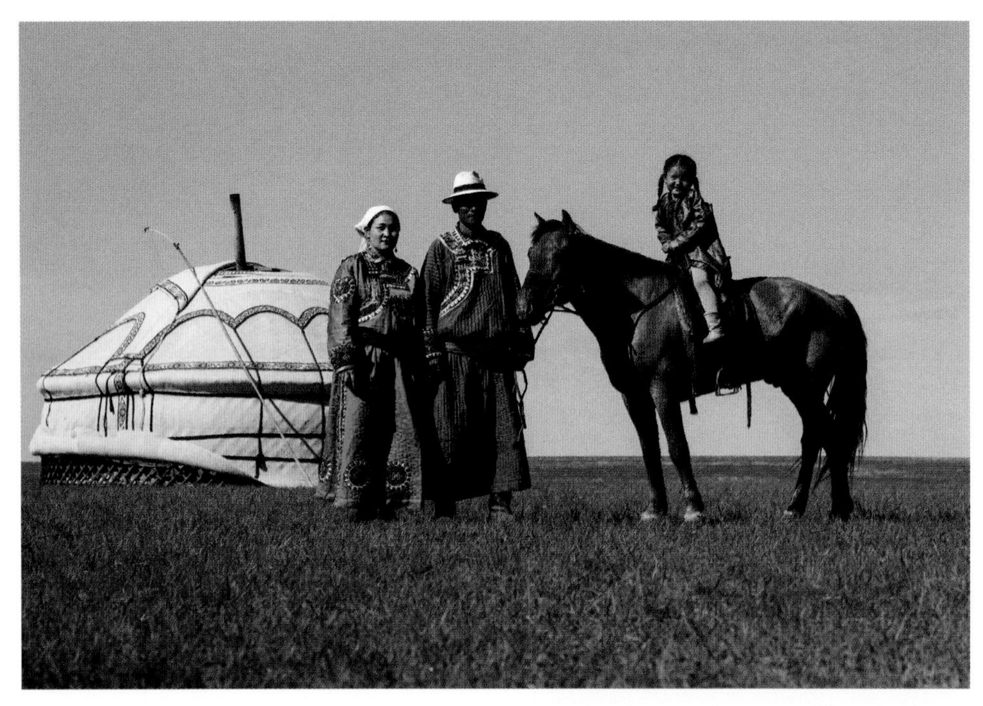

《乌珠穆沁人家》 摄影 / 宝音吉雅

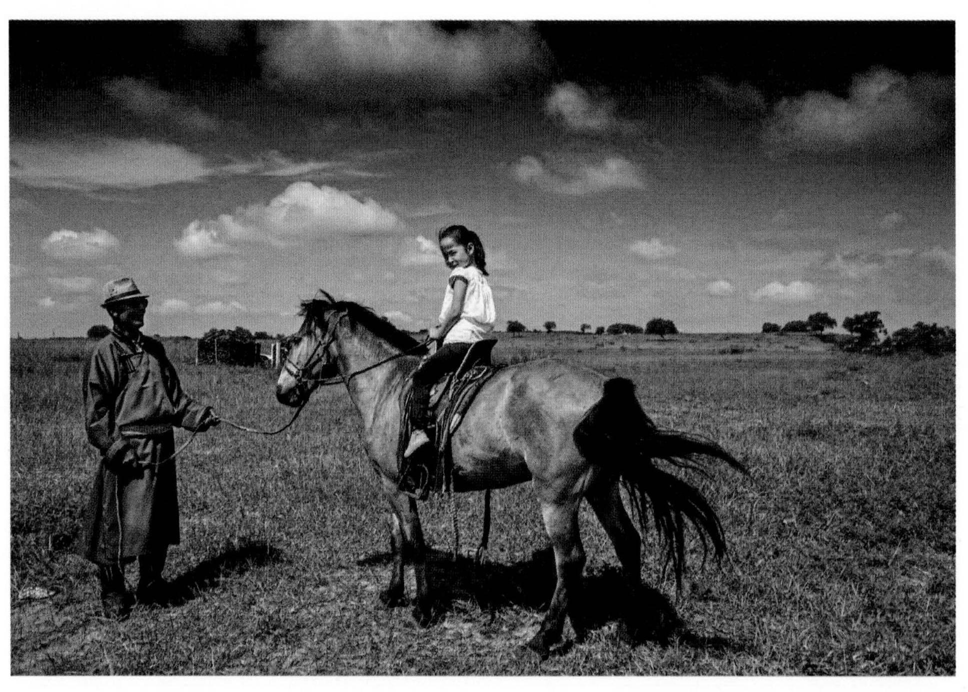

《马背家园》 摄影 / 常霞

马背家园

常霞

跨上马背 俯瞰草原苍茫向远方
眼噙泪花 将慈爱投向无垠的牧场
识途的老马 寻着“葡萄山人”迁徙的艰辛一路向前
潇潇秋风
遥望敖特尔的方向
每一声嘶鸣如阿爸的长调
悠远情长

牵动缰绳 仰视行云舒卷向山巅
攥紧叮咛 将山峦河流揣进辽阔胸襟
西伯利亚的寒流翻山越岭一泻千里
皑皑白雪
覆盖“马蹄铮铮响峡谷”的岁月
日夜兼程 每一段回眸
如祈福的酥油灯
温暖闪亮

策马扬鞭 擎起彩虹的经幡
舞动着牧人淬火的信仰
蹄声如鼓奏响金色旋律
在奶酒和琴声中
荡气回肠
穹苍辽冥 驰骋无疆
也走不出乌珠穆沁的凝望
袅袅炊烟
眷恋着流动的地平线
守望的黄骠马那澄澈如水目光
拥我回到春风又绿的马背家园

走，逛草原去

王学英

从小起我们就厮磨在一起
宠你不骄 罚你不躲
狂风是耳边的歌
暴雨是淋浴的水
大地是蹄音的鼓
远方是追寻的梦

我的伙伴
你把长鬃甩进我的顽皮
我把胆量和缰绳一起握紧
走 我们一起
把草原跑得更远

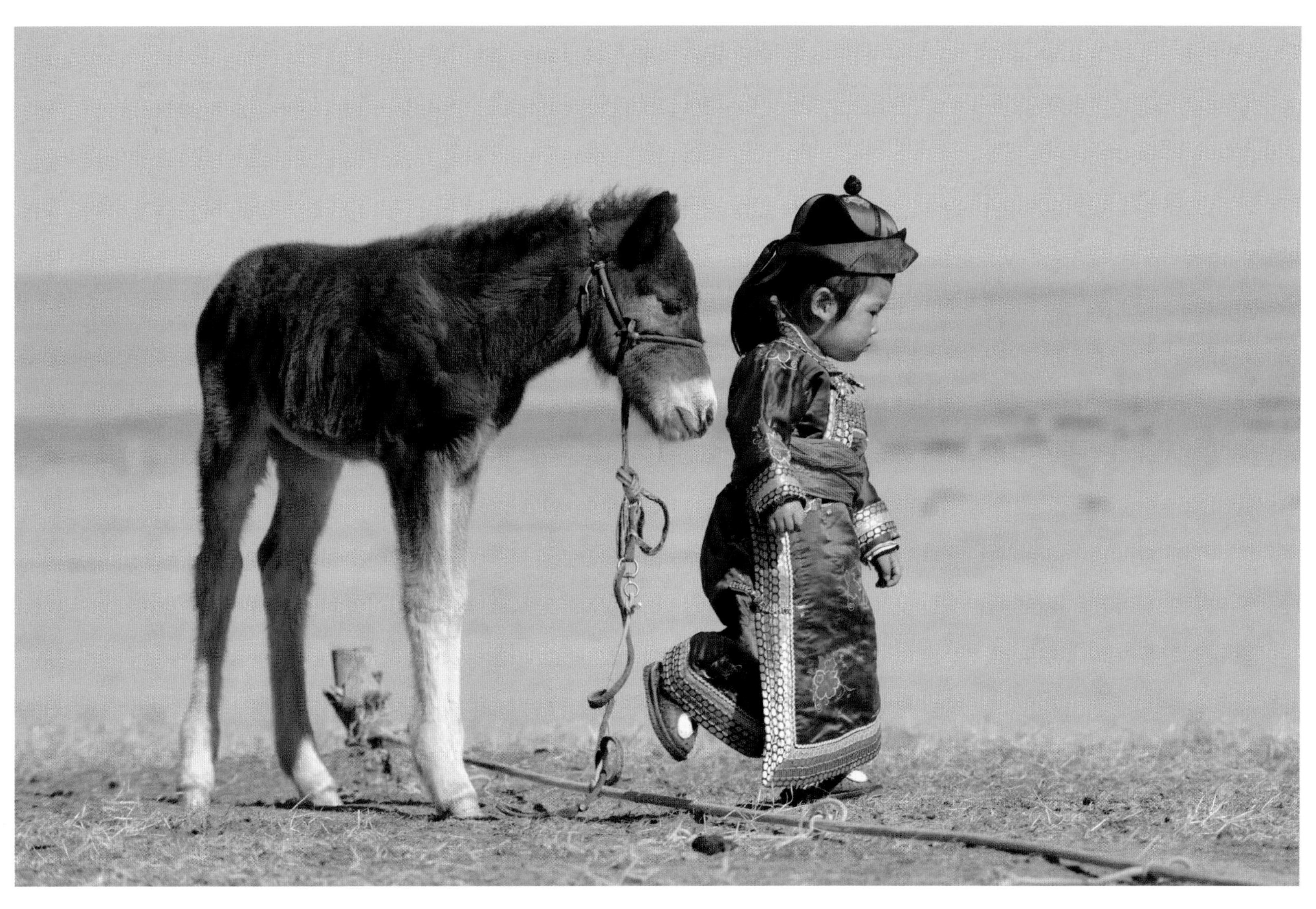

《逛草原去》 摄影 / 包锋

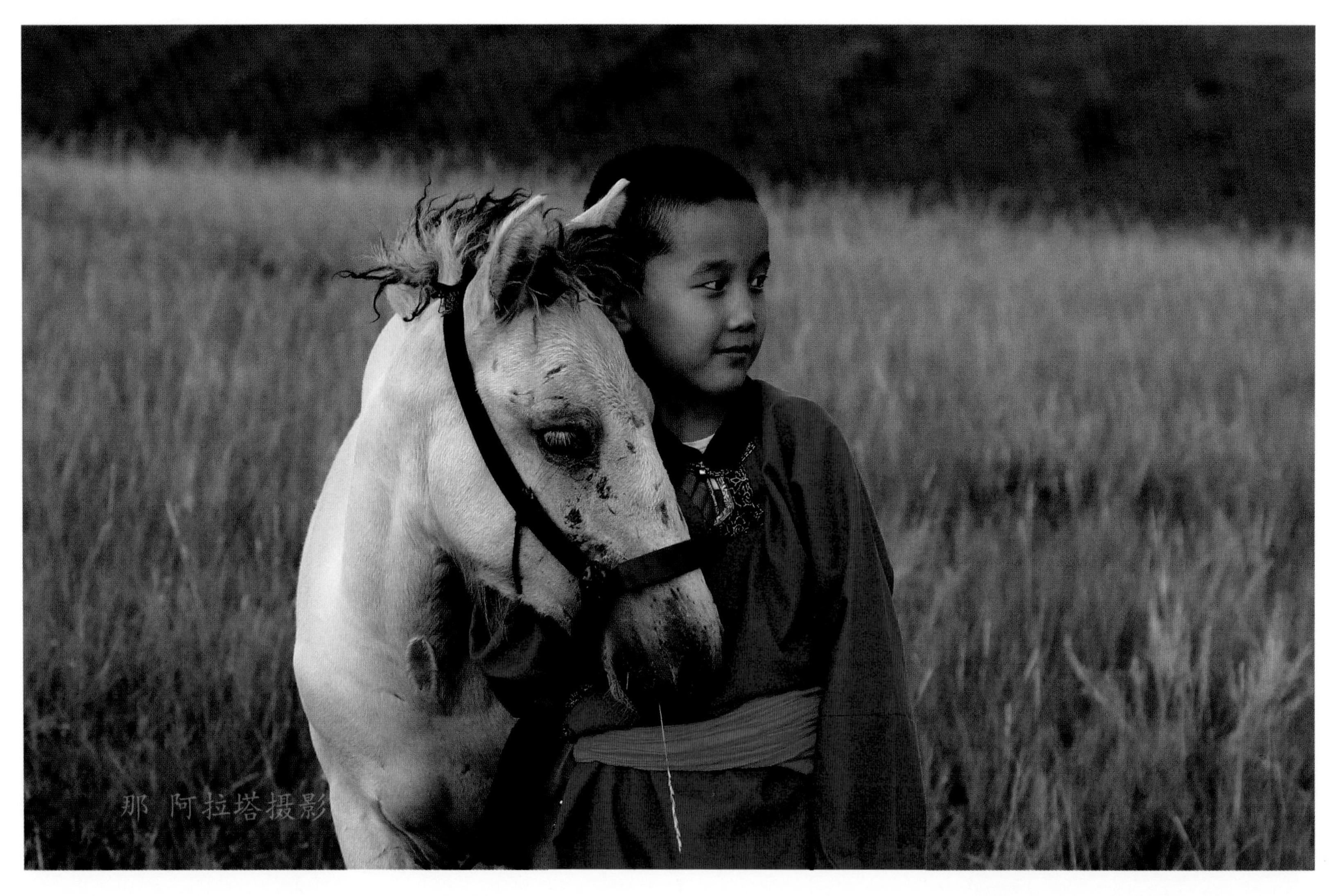

《我和我的兄弟》 摄影 / 那 · 阿拉塔

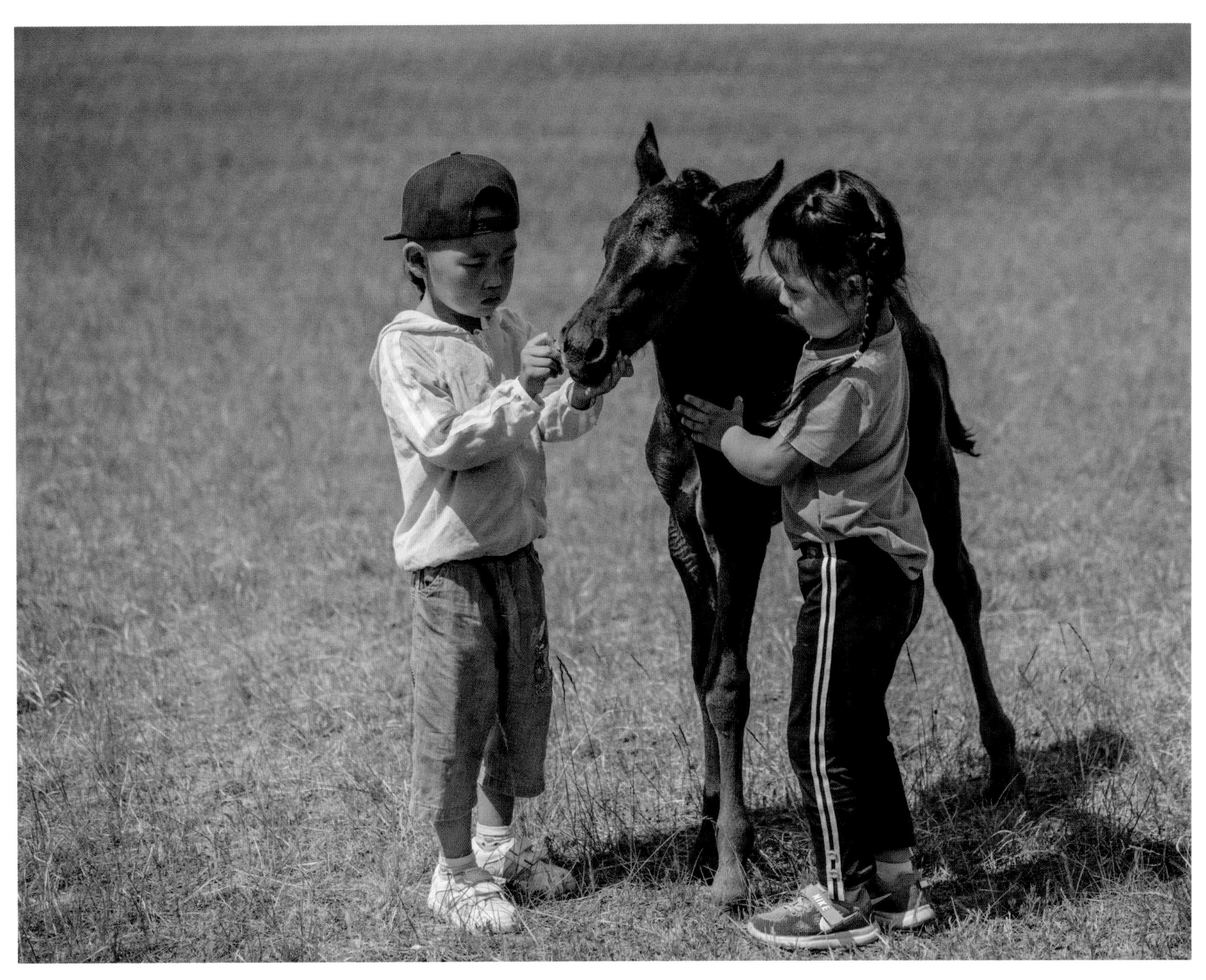

《童年的伙伴》 摄影 / 卫士

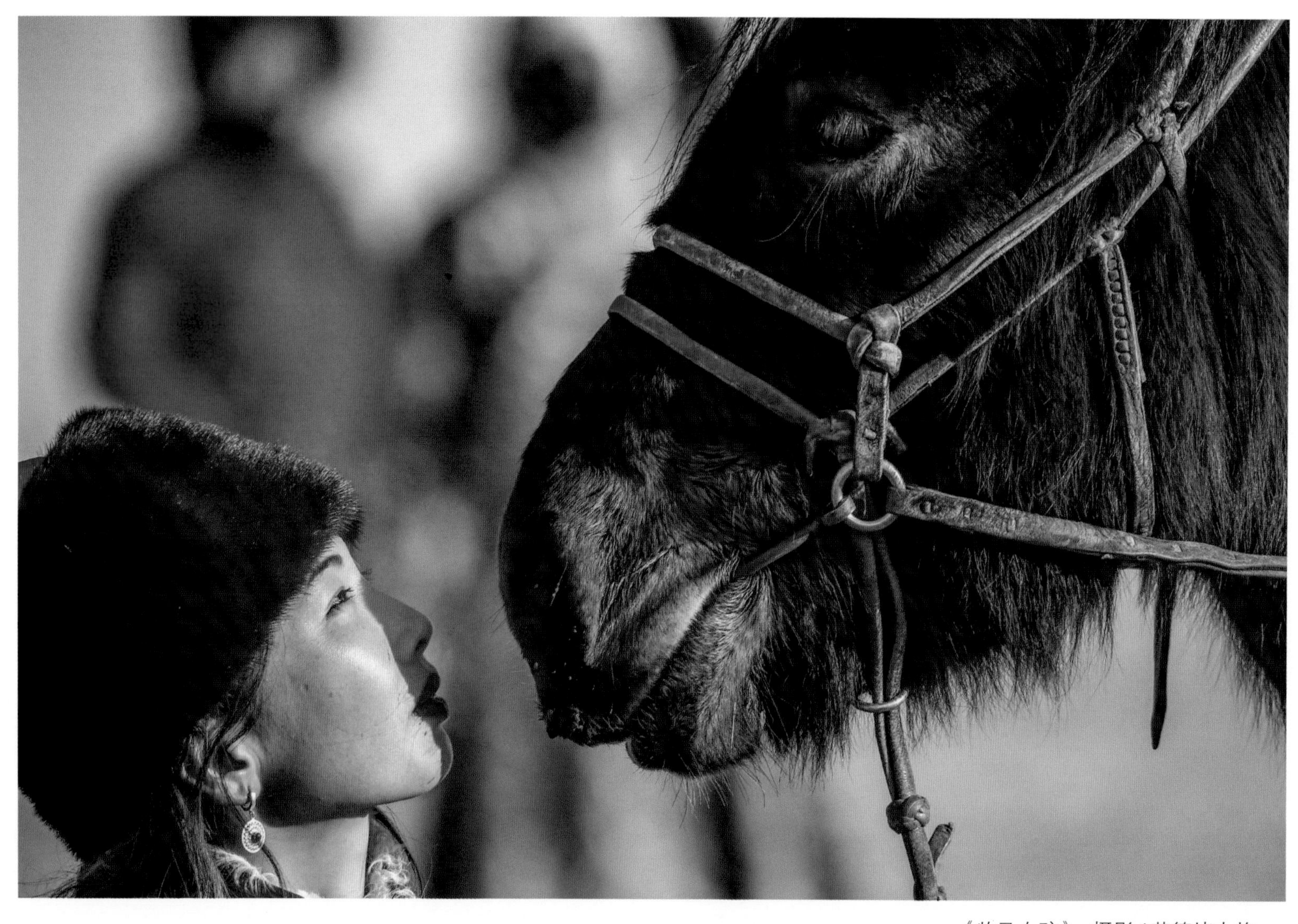

《牧马女孩》 摄影 / 苏德毕力格

对视

王晓芳

我看见藏在马鬃里面的风
扯动我头发里面的青草味道

我倒映在你的眼睛里
和草原一起
把自己
托付给了无边的辽阔

你用安静的眼睛看我
我用安静的心看落日和飞鸟

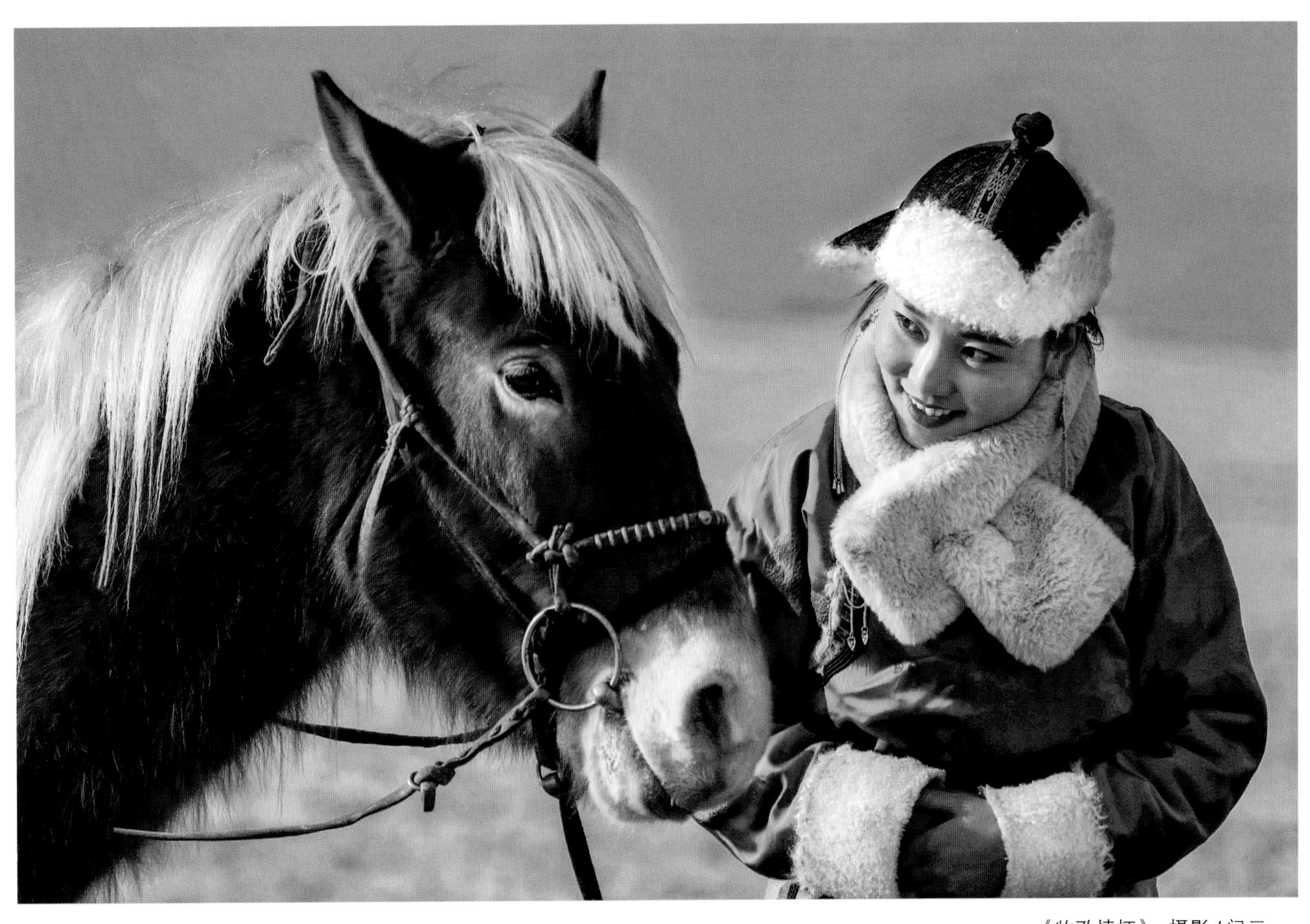

《牧歌情怀》 摄影 / 闫云

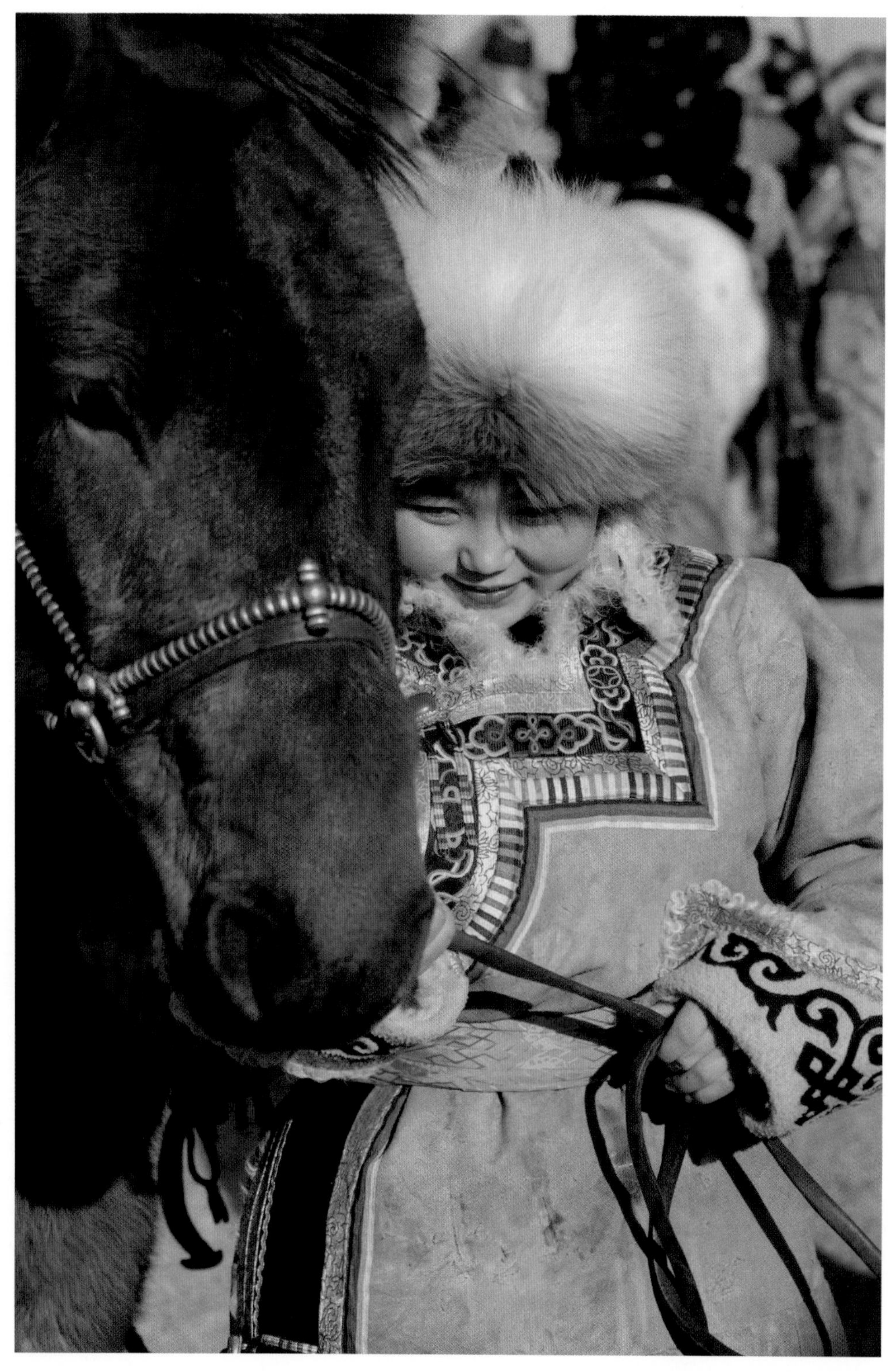

《懂你》 摄影 / 娜仁

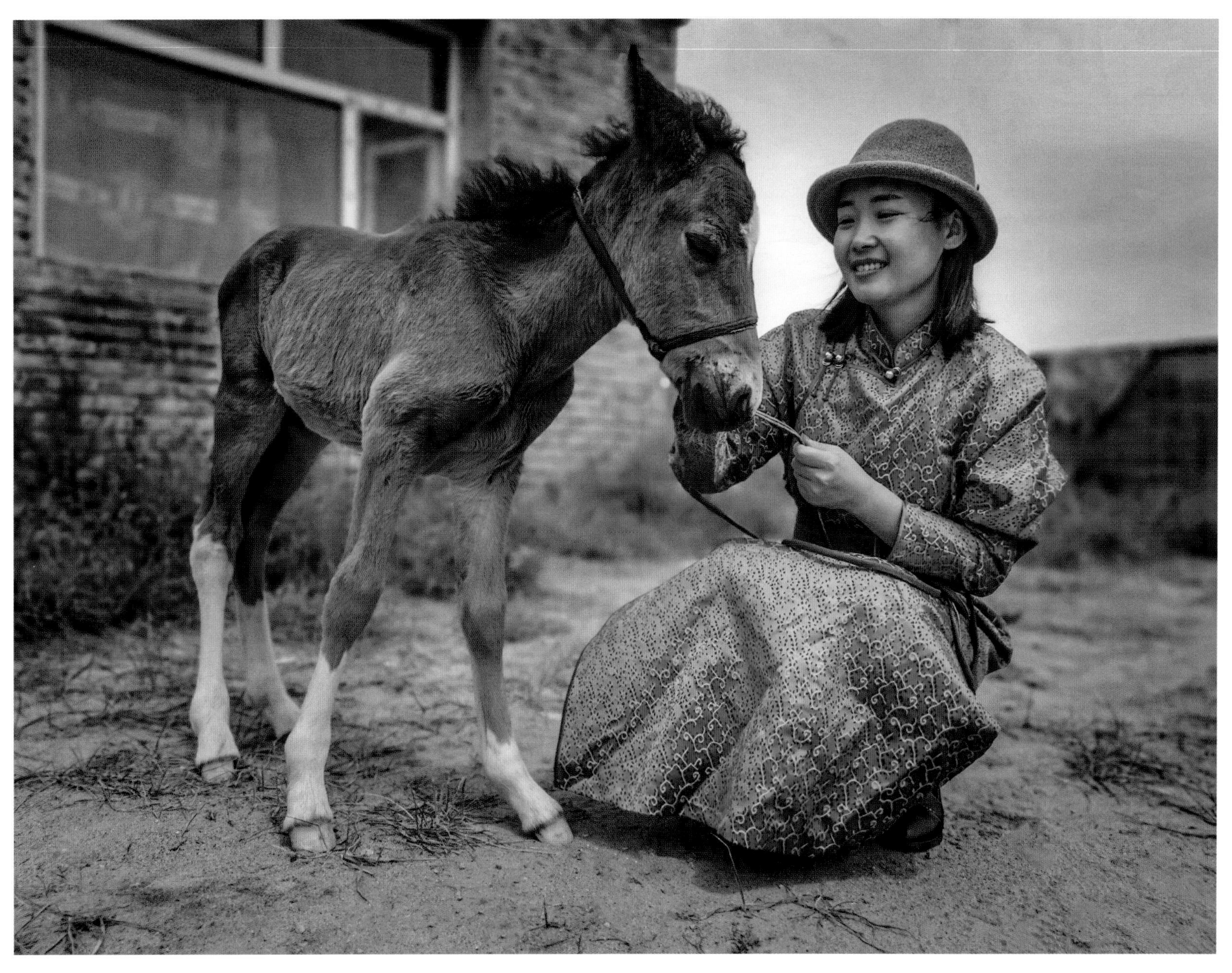

《成长》 摄影 / 常霞

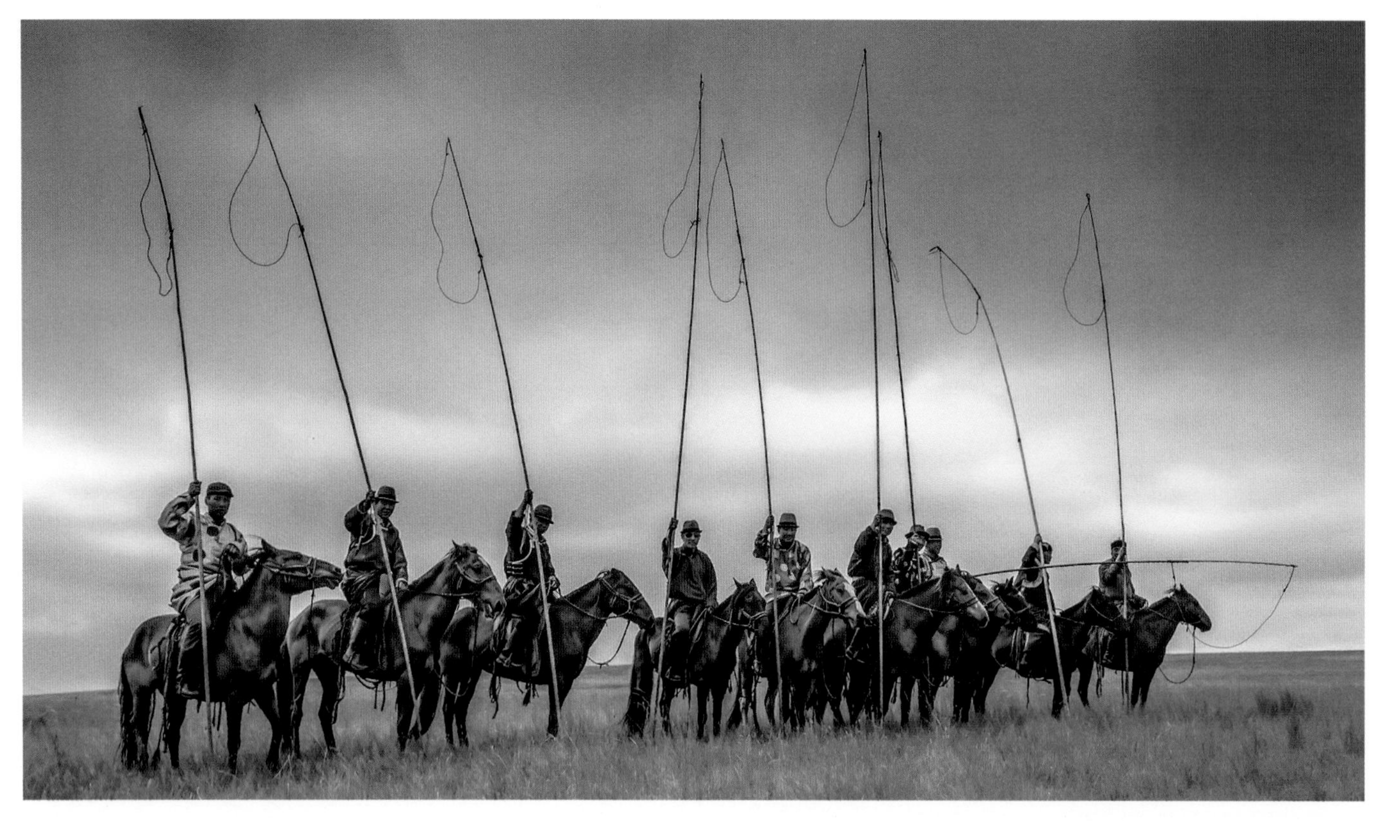

《套马手》 摄影 / 吉嘎

我是牧马人

洋浴海

把时光勒紧 马蹄声就是心音
轰响的草原一片寂静
万马奔腾才是时间的风

从小到大 谁都有一条马鞭和一套笼头
我就是兄弟 伴我童年
伴我成长
每一个肌腱都有马的嘶鸣

老来的伴侣 马是心里的寄托
草绿草黄 嚼碎每一粒尘沙
大漠孤烟 马背上最豪情
满脸皱纹的岁月
总离不开那顶雕花的马鞍

安静的生活不需要铁马金戈
富足的心思放飞一只雄鹰
我就是锡林河边
一个掌握幸福时光的牧马人

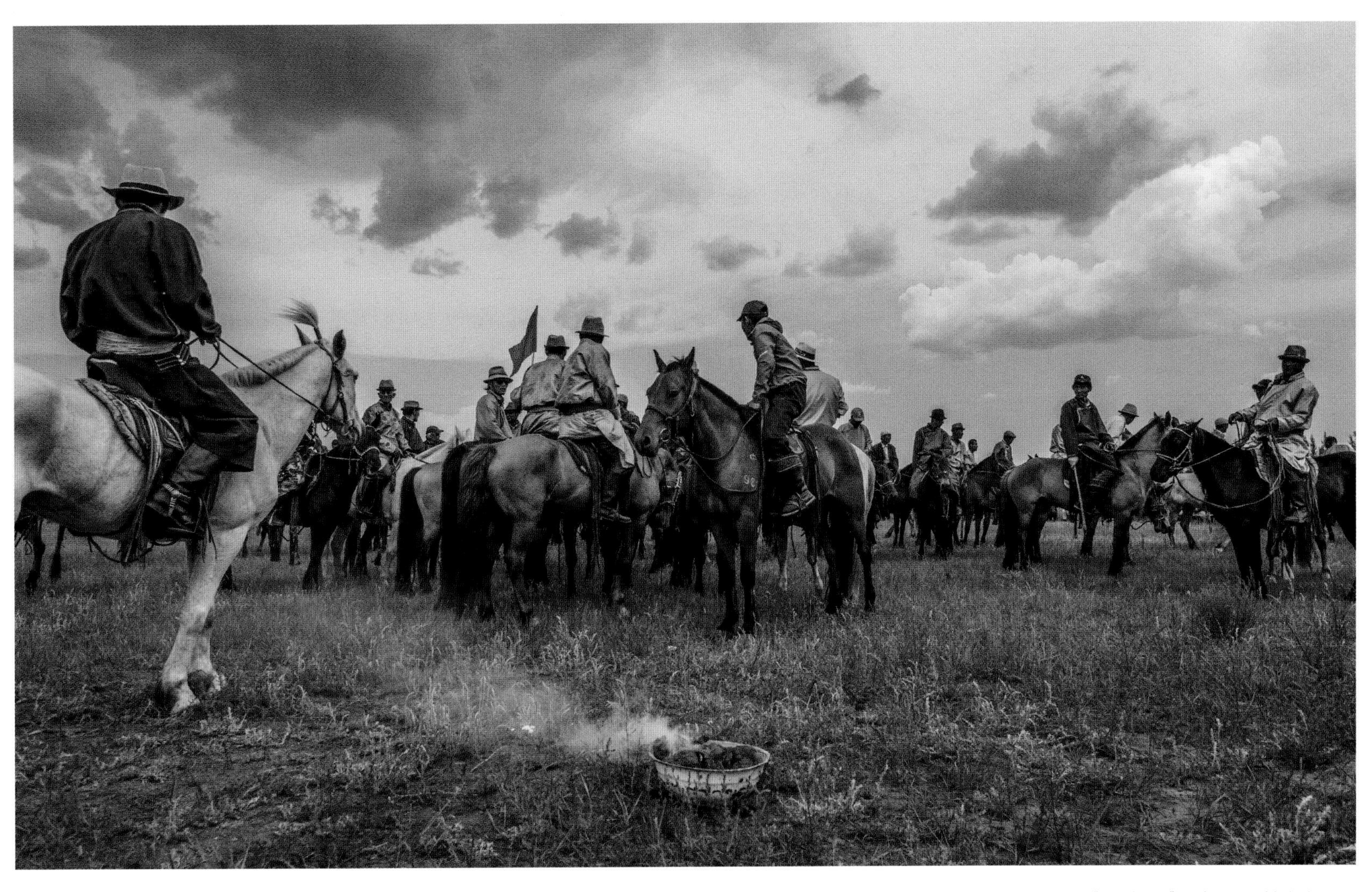

《马会上》 摄影 / 管永新

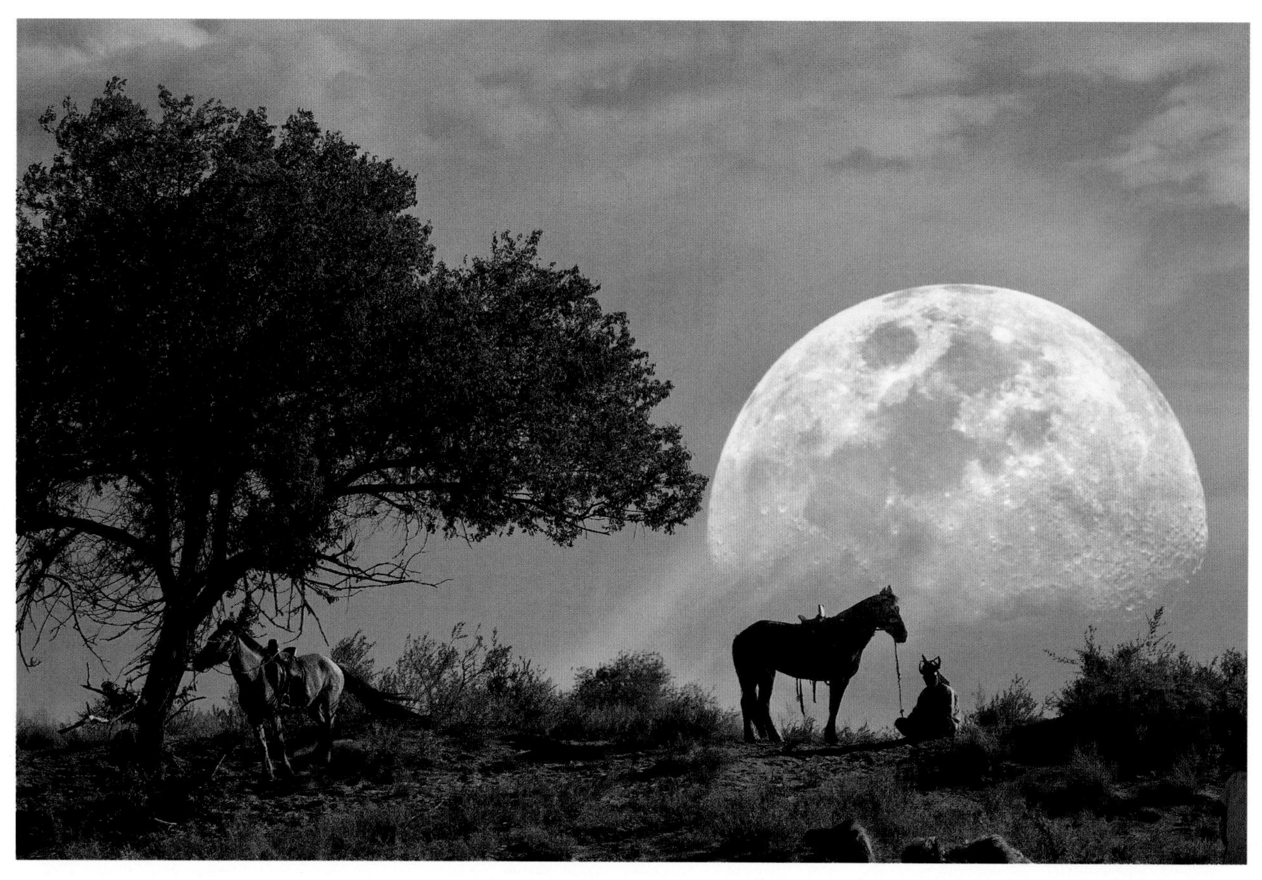

《月光下》 摄影 / 杨玉海

月光下的草原

李广凤

马兰花和微风的悄悄话
说累了
蒙古包里的灯光也在起伏的鼾声中
提走白天的热浪

安静的水草在羊群的梦里
咀嚼着春天的诱惑

拴马桩不语
一双马的眼睛清溪一般
和月光融合在一起
交出锡林郭勒草原辽阔的夜色

此刻 谁能数出它眼里的星星
谁就读懂了一匹马的天空

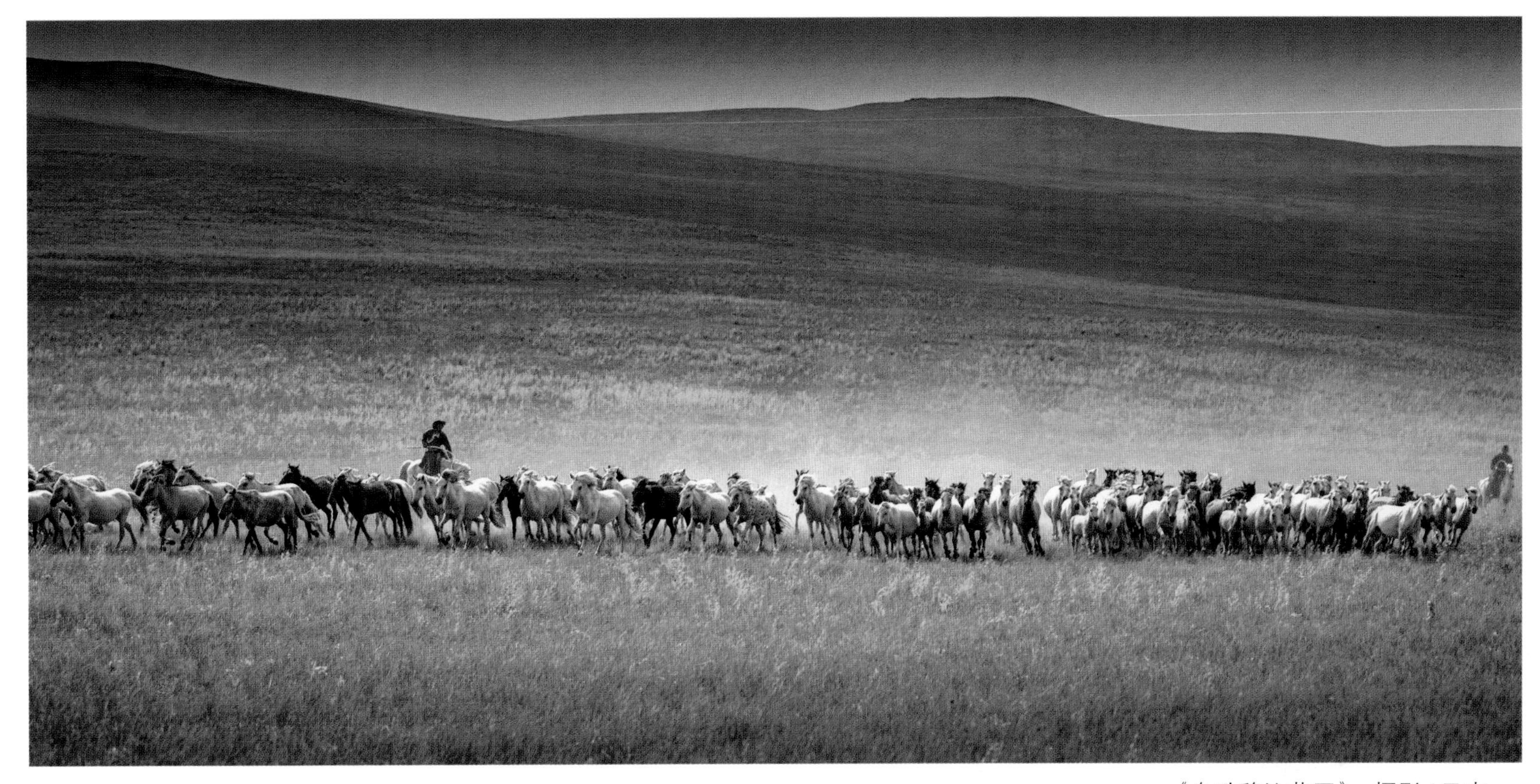

《乌珠穆沁草原》 摄影 / 孟克

牧人与烈马

牧羊人

接过阿爸的套马杆
将烈酒灌进皮囊
勒紧腰间的彩带
踩着风翻跃马背

烈马的嘶鸣
就是游牧人的长调
风声中腾空扬蹄
草儿绿了又黄

经历了无数次力的较量
蹄声没进芨芨草的胸膛
上都伦河在牧歌中吟唱
驱赶烈日与风暴
牧人的岁月没有忧伤

仰脖豪饮烈酒
马头琴在毡房拉响
鬃毛飞扬

牧人的生活永远在远方
下一程的敖包
在敖特尔的路上
系满湖蓝的哈达
在风中扬了又扬
疾驰马背的牧人
牧鞭甩响
追赶太阳

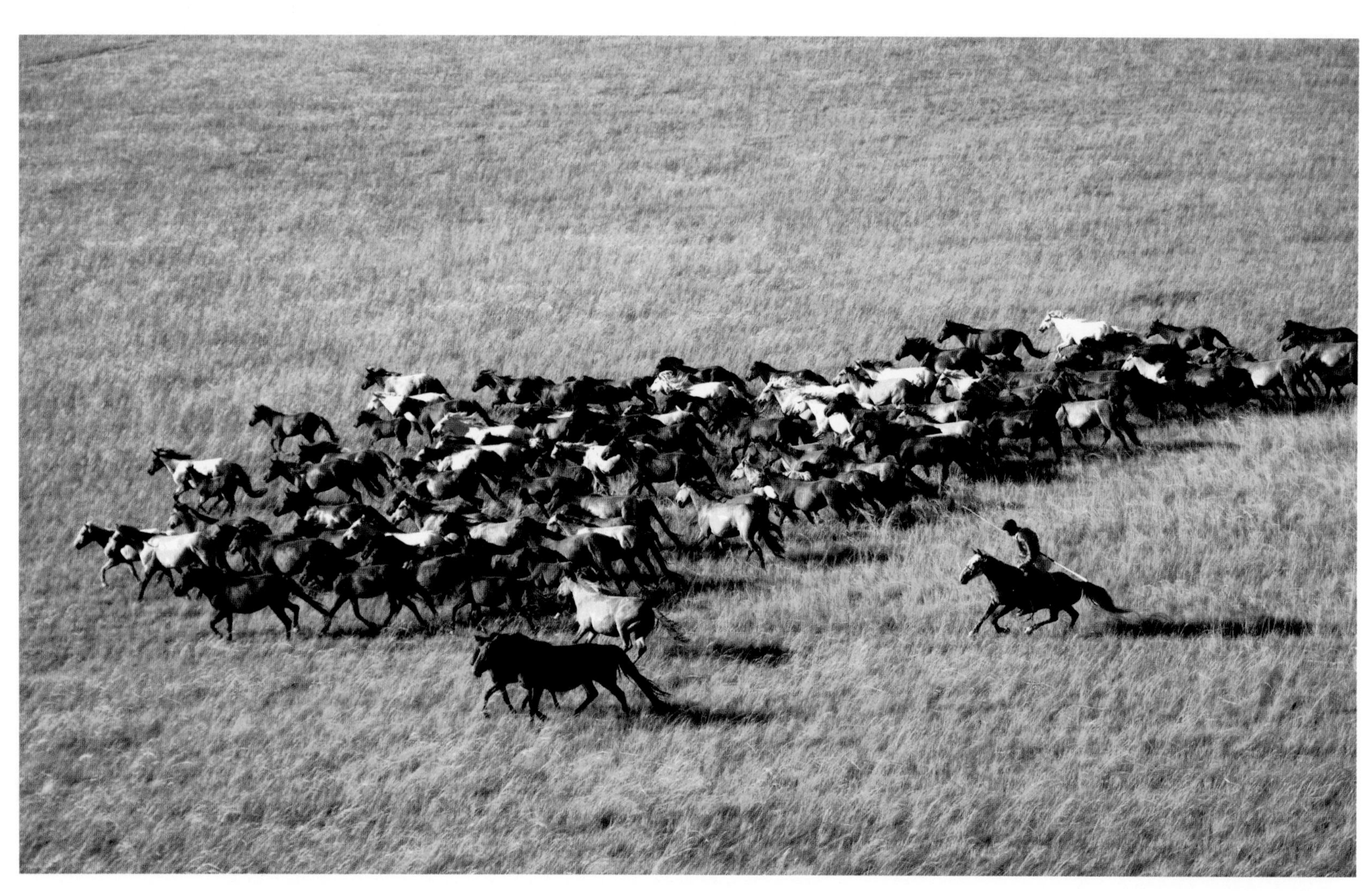

《腾飞》 摄影 / 王顺

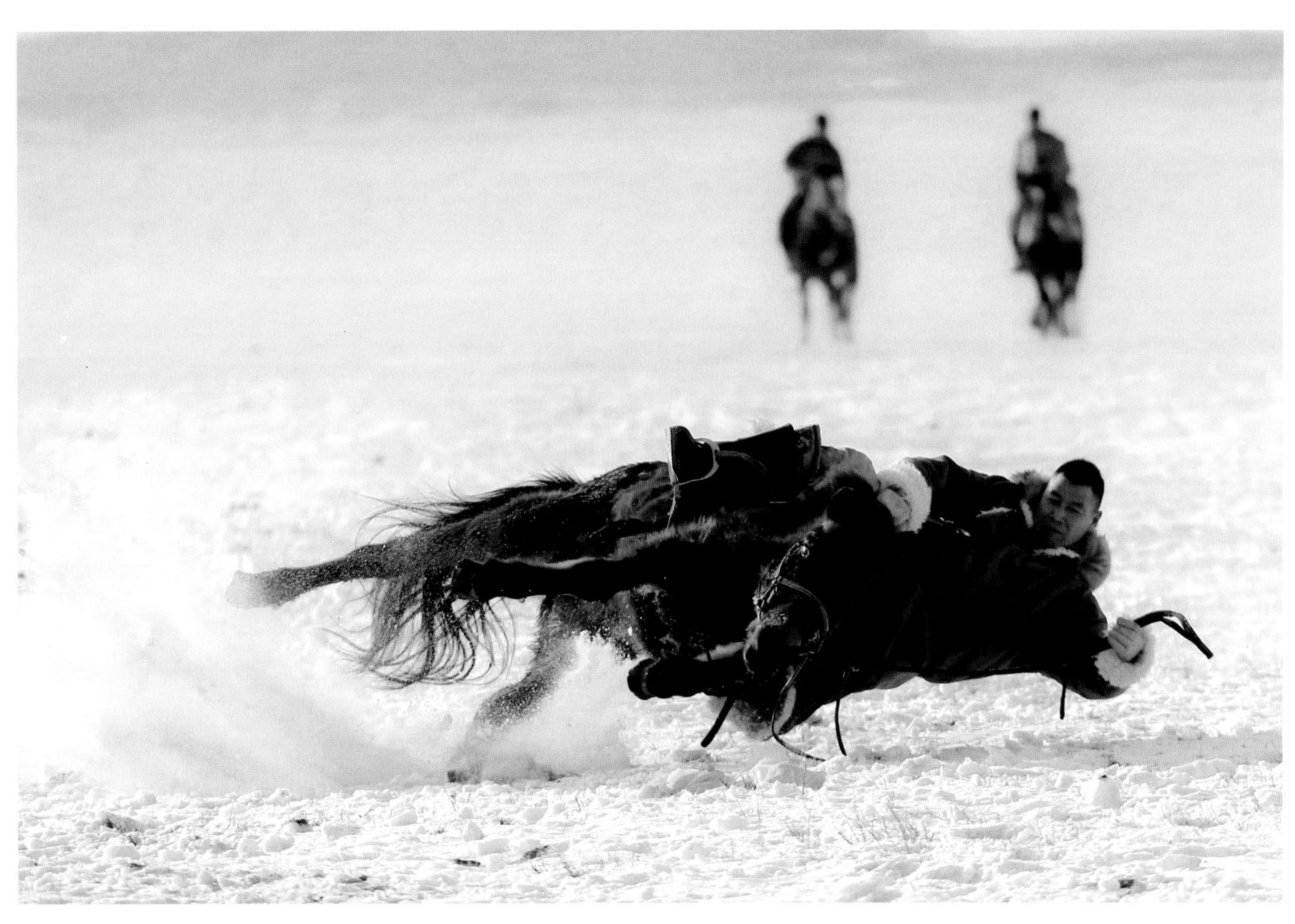

《瞬间》 摄影 / 马原情

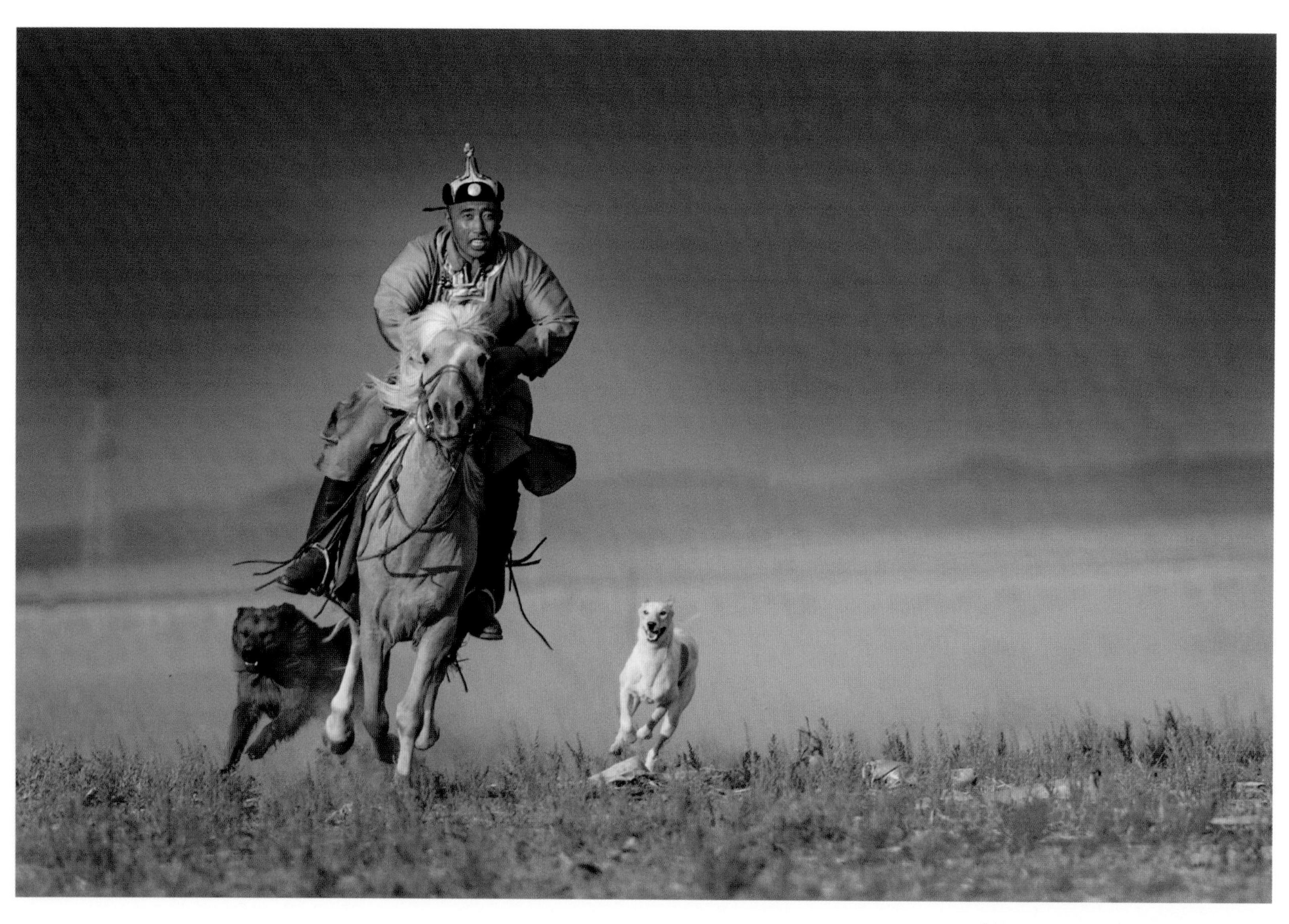

《快乐的牧马人》 摄影 / 李波

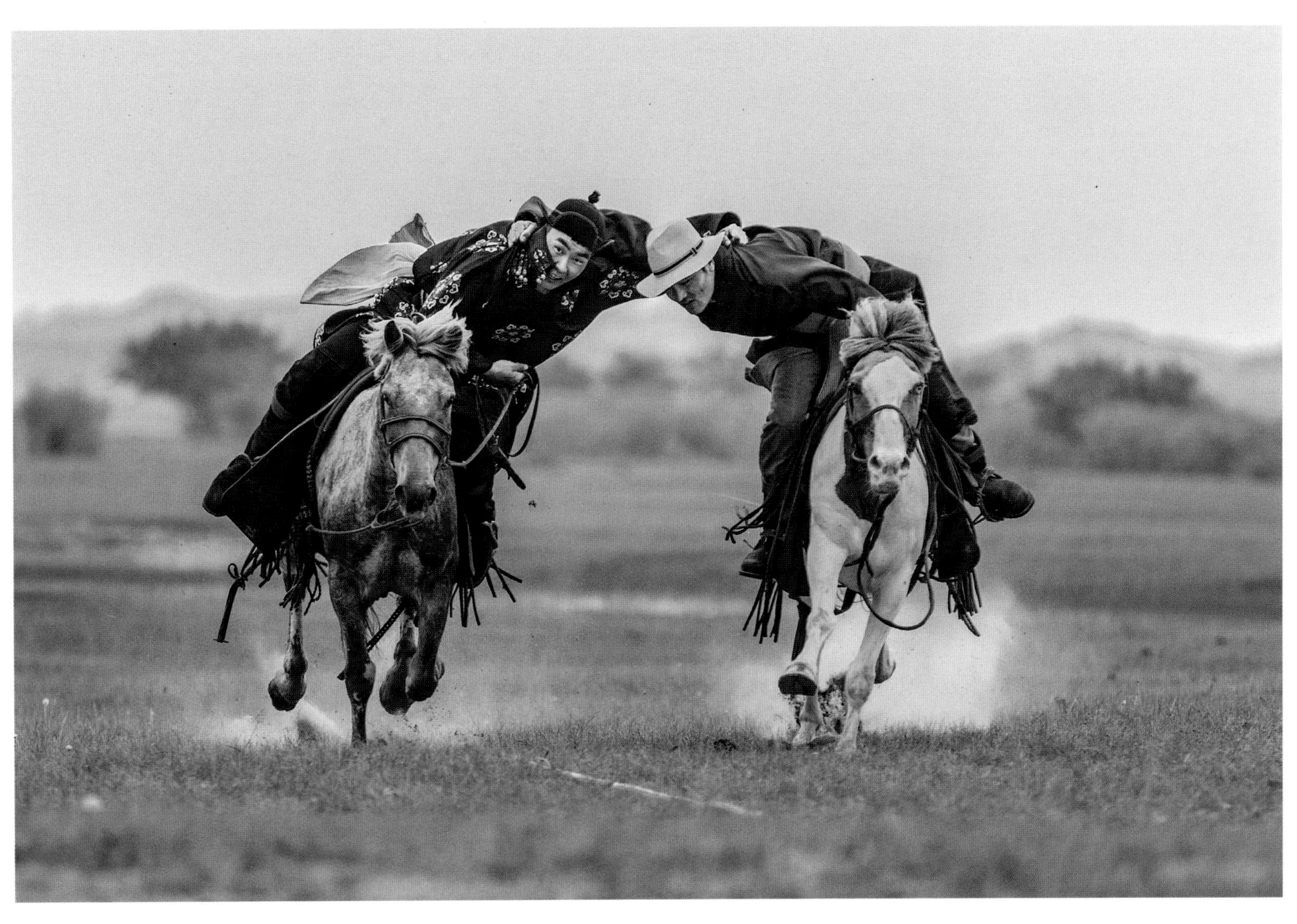

《马背豪情》 摄影 / 希・扎那

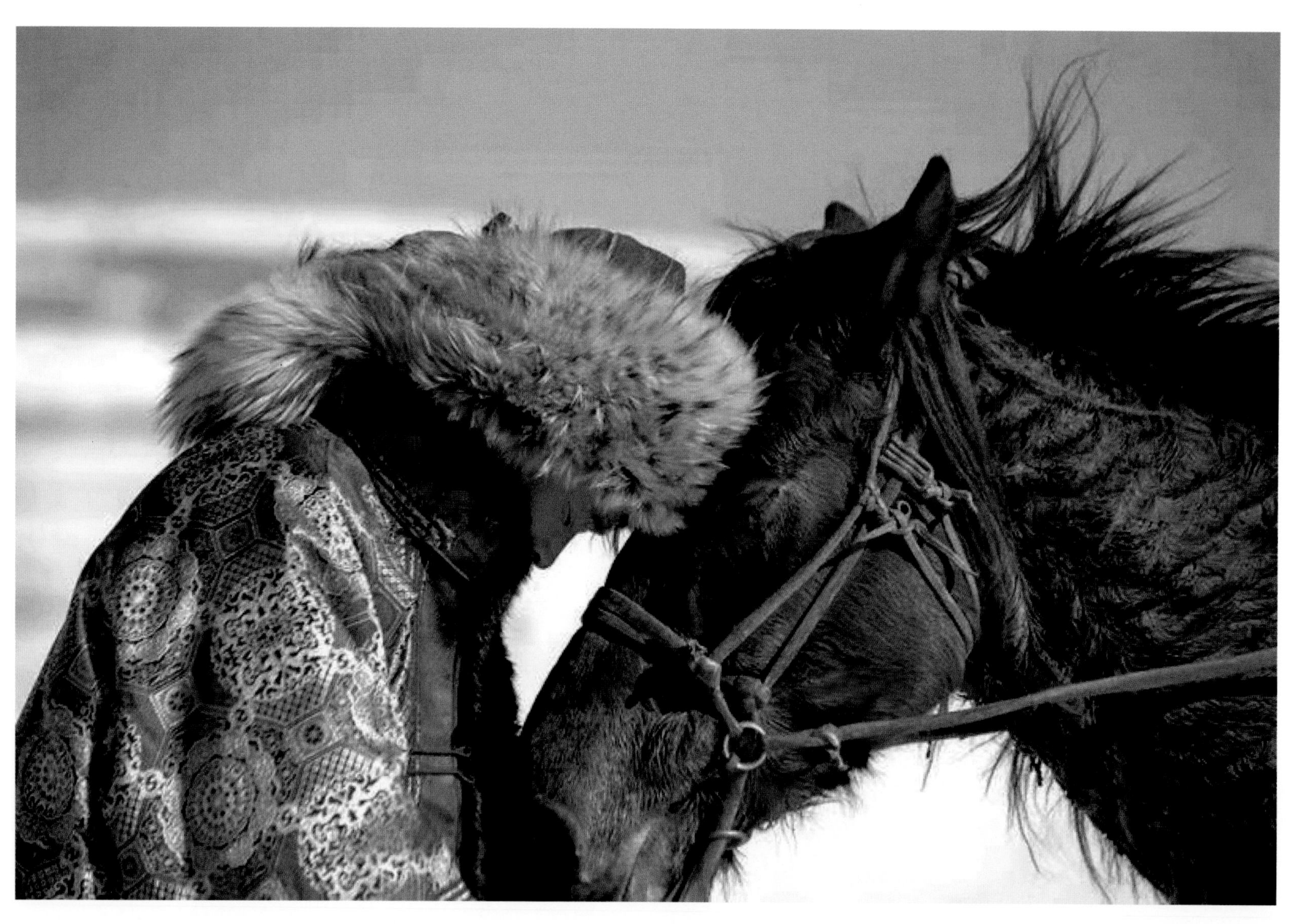

《别》 摄影 / 韩凤麟

吻别马

李慧兰

选一个白毛风呼啸的夜晚
把自己逼上绝地
不哭 不语 别你

在你的肩头咬下我的悲凉
最爱你时把你送走
不拥 不吻 别你

我的青龙马 别你时
不恋你曾经放纵我的诗意
只是 那句话你已刻进我的胸骨

把自己和远方都交给你
就像坚信我掷在大地上的骰子
认定 那就是命

嘶鸣撕破我的梦境
拎起马灯
我陪你走进月黑风高

不说前世和今生
不说下辈子
只说高山
只说大河

生物起源时你就是站立的物种
黑黑的眼睛不含一丝杂质
告诉我 就这样站着
一直站着
站成我诗里的那棵胡杨
为我的梦守夜
为我的爱守魂

这一刻无法对视
攥紧最痛的那根神经别再发抖
狠下心来 别你

就让整座草原在你体内发酵
剩下的风雨 我独自去闯

别你时 自戕得遍体鳞伤
牙齿咬得咯咯响 也
不说一句话
没人看见爱和恨都已血肉模糊

青龙马 我不想坚强
那首歌还在风中哭泣
我孤独如一轮冷月
把爱葬在蹄窝里

万年以后
有一个叫锡林郭勒的地方
出土的甲骨
在一块胸叉上
依稀可见
“站着等你三千年”
还带着体温
还带着血色

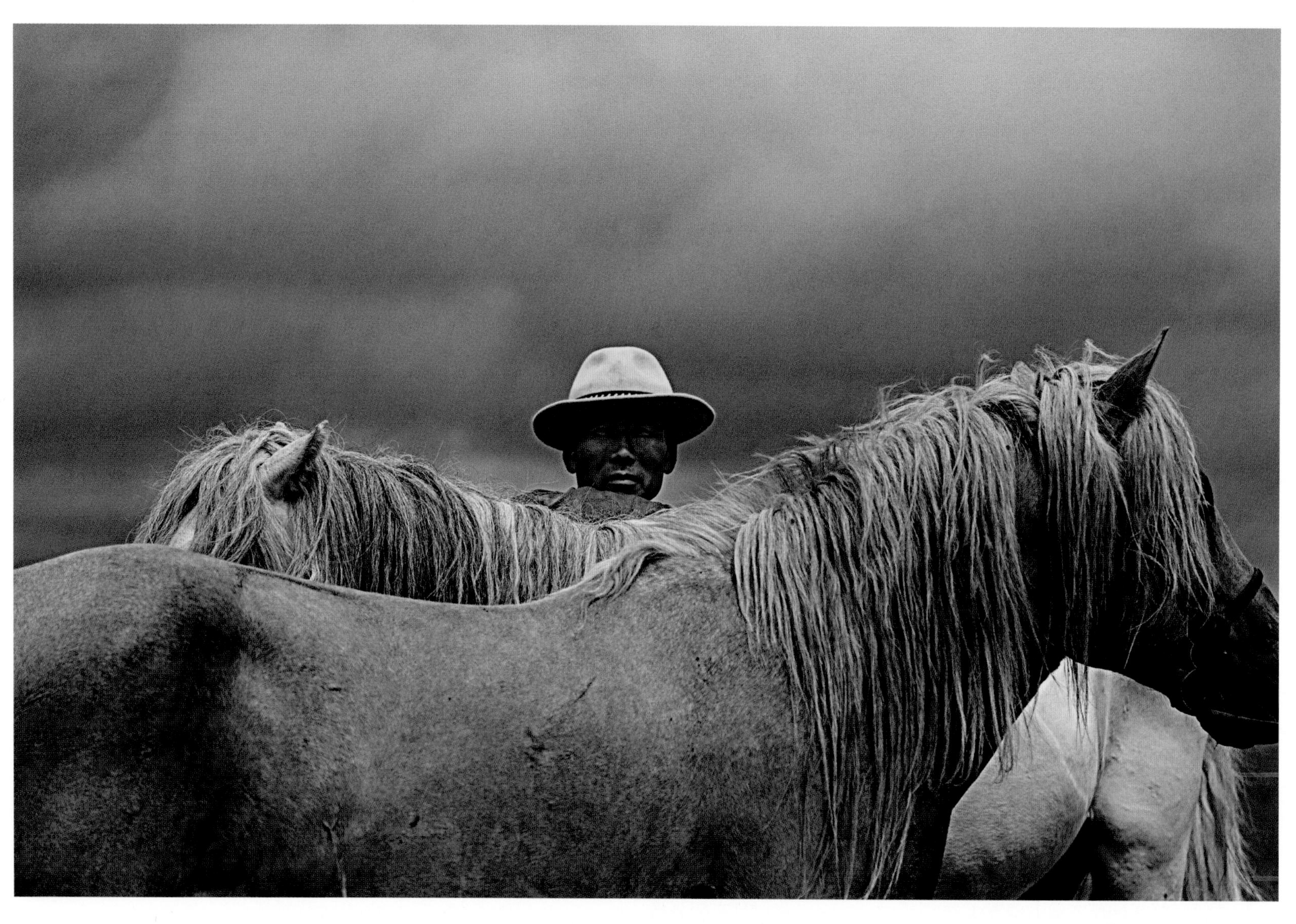

《蒙古人与马》 摄影 / 嘎・巴特尔

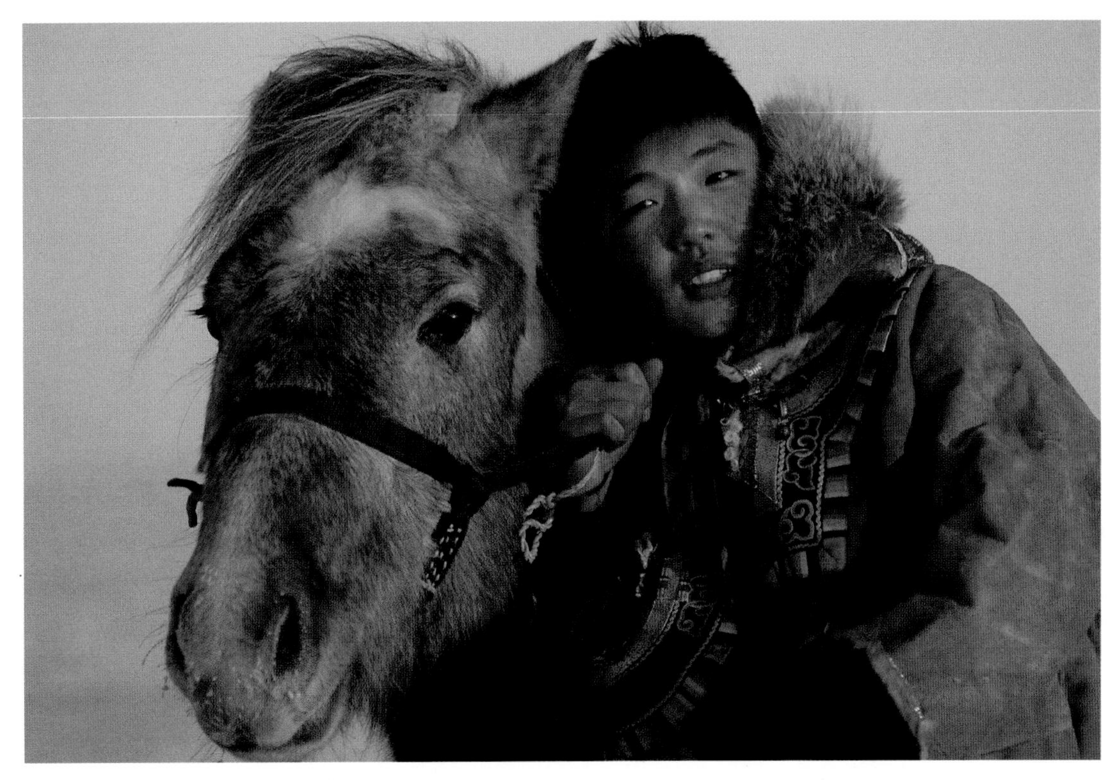

《伙伴》 摄影 / 贺海涛

抖擞青春

薛翠珍

谁的牧歌
引来凝望
花季的姑娘
走出芦荡
摘一朵天边的霓霞
跃马千疆

左三圈右三圈的虔诚
许下了海枯石烂的誓言
将一捧蓝色哈达
编织成梦的摇篮
期冀在那达慕的现场

那个头彩的搏克手
是搅动心海的荡漾
那快马一鞭的骑手
是抖擞青春的孟浪
借天边一缕祥云
插上祈福的翅膀
翱翔万顷芬芳

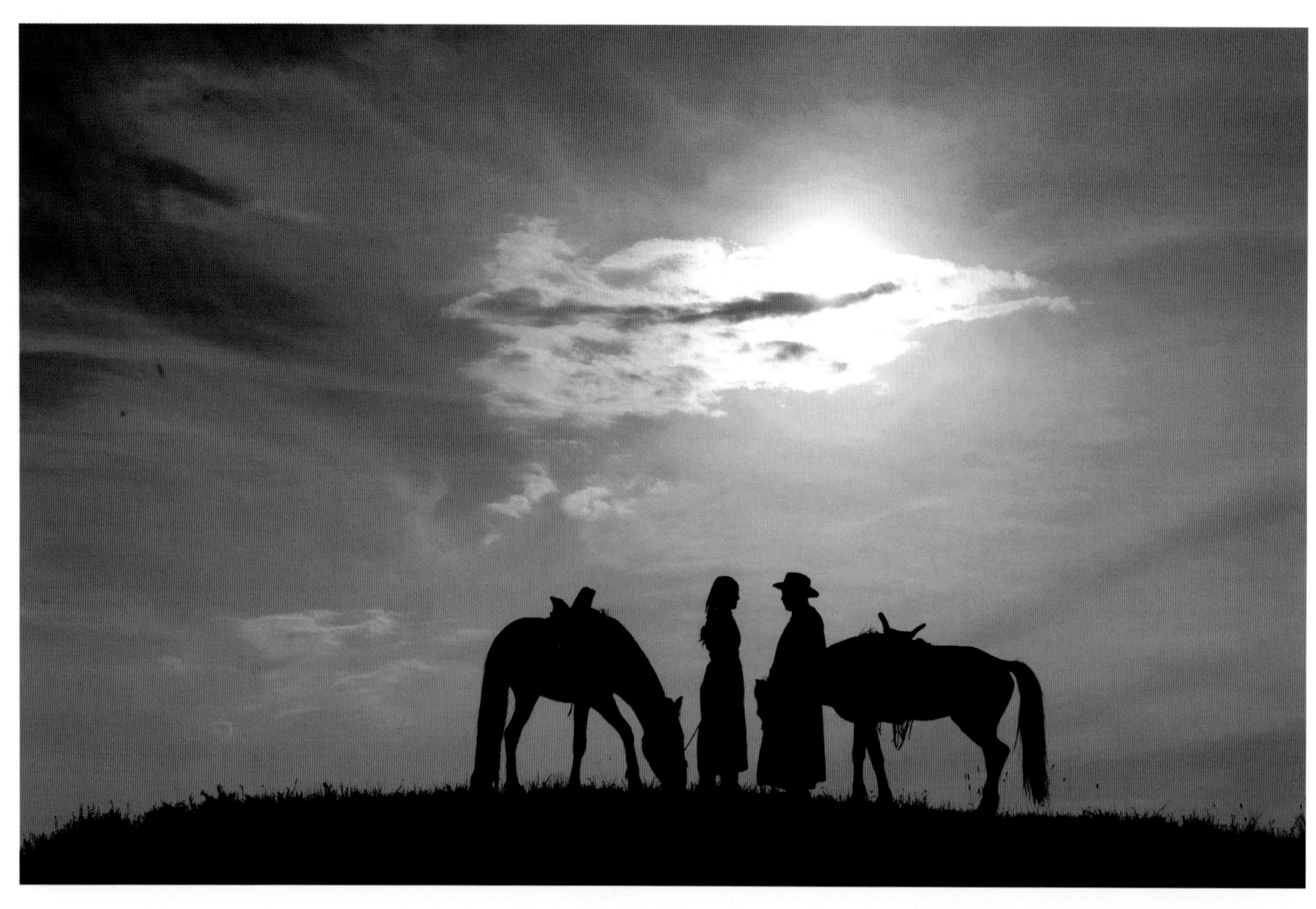

《夕阳恋》 摄影 / 苏・青格勒巴雅尔

套马杆里的夕阳

刘秀琴

晚霞织成绮丽的锦帐
草原宁静又安详
套马杆收起的地方
悄悄地
是夕阳下的情话

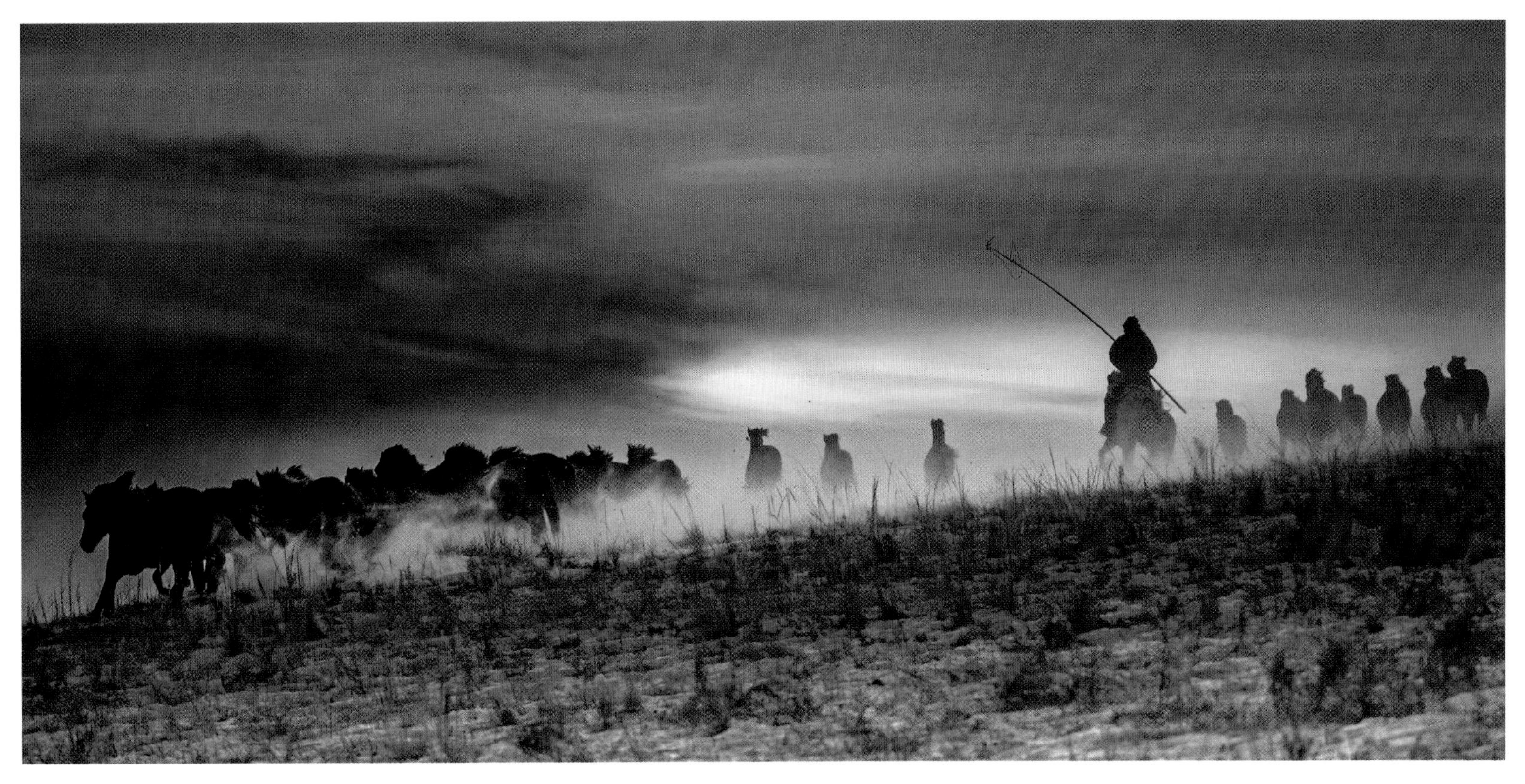

《暮归》 摄影 / 王长明

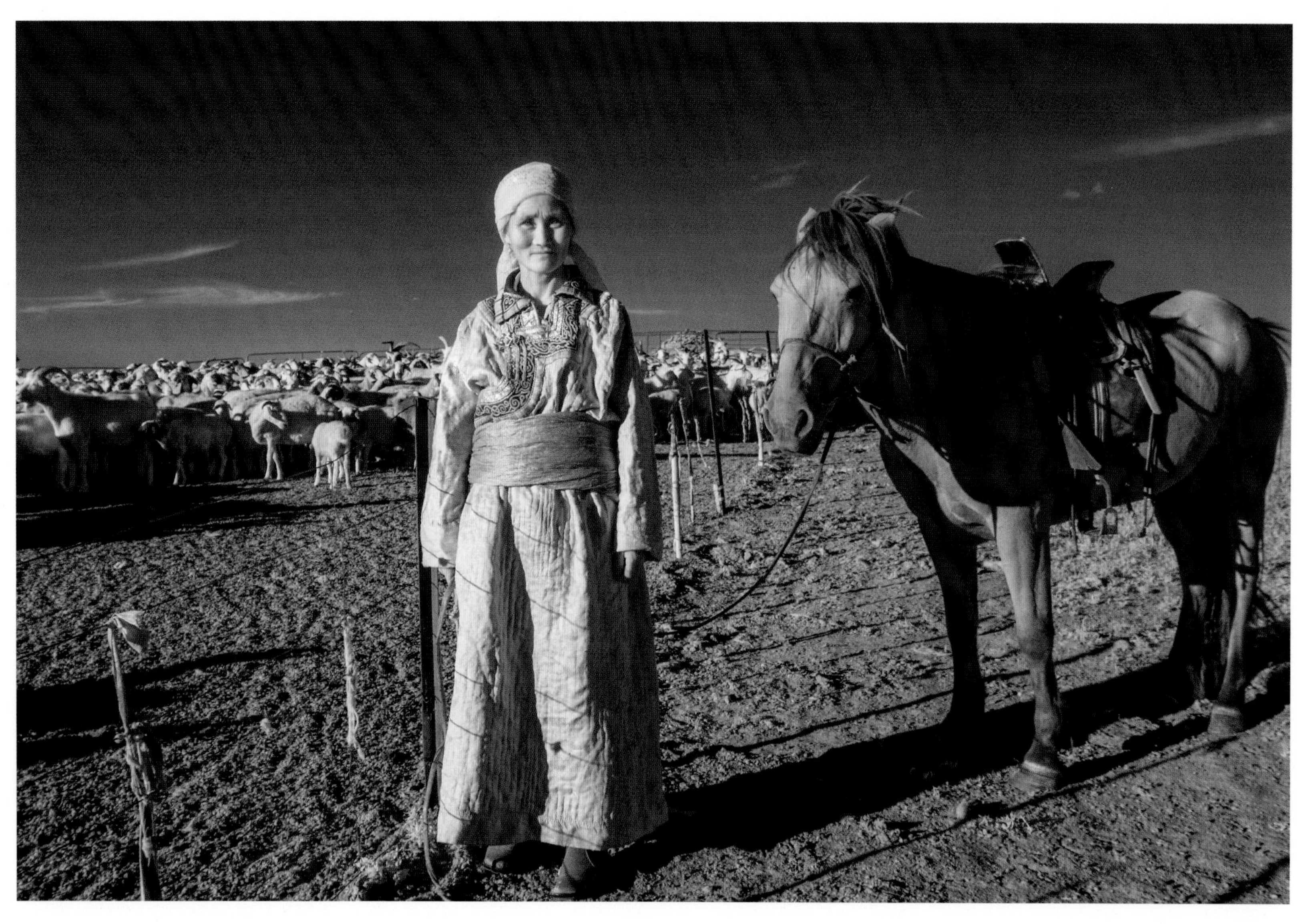

《出牧》 摄影 / 杨子建

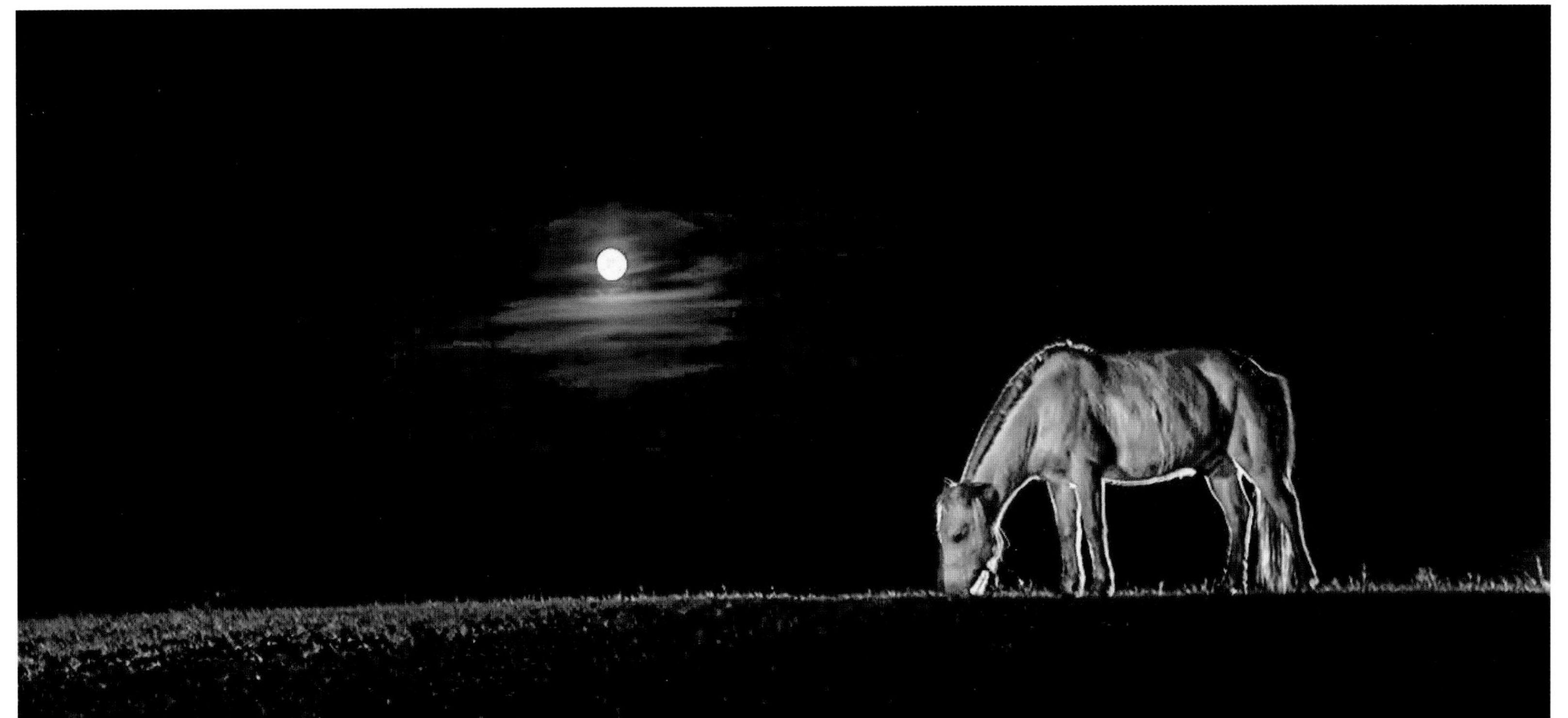

马鸣古月

青格里

你听到闪电后
久久不绝的律动么
你感受过惊涛拍岸么
你体味过母亲呼唤么
还有漠风
展翅时的呼啸么

白云起飞的地方
就是骏马的故乡
草海荡尘的地方
就是骏马的故乡

八百年的日月出没
把故事推向高潮

八百年后高潮虽然退去
驰骋依然是主题

老人说牧人与马
从一条脐带脱落
我相信 这种比喻
亲切

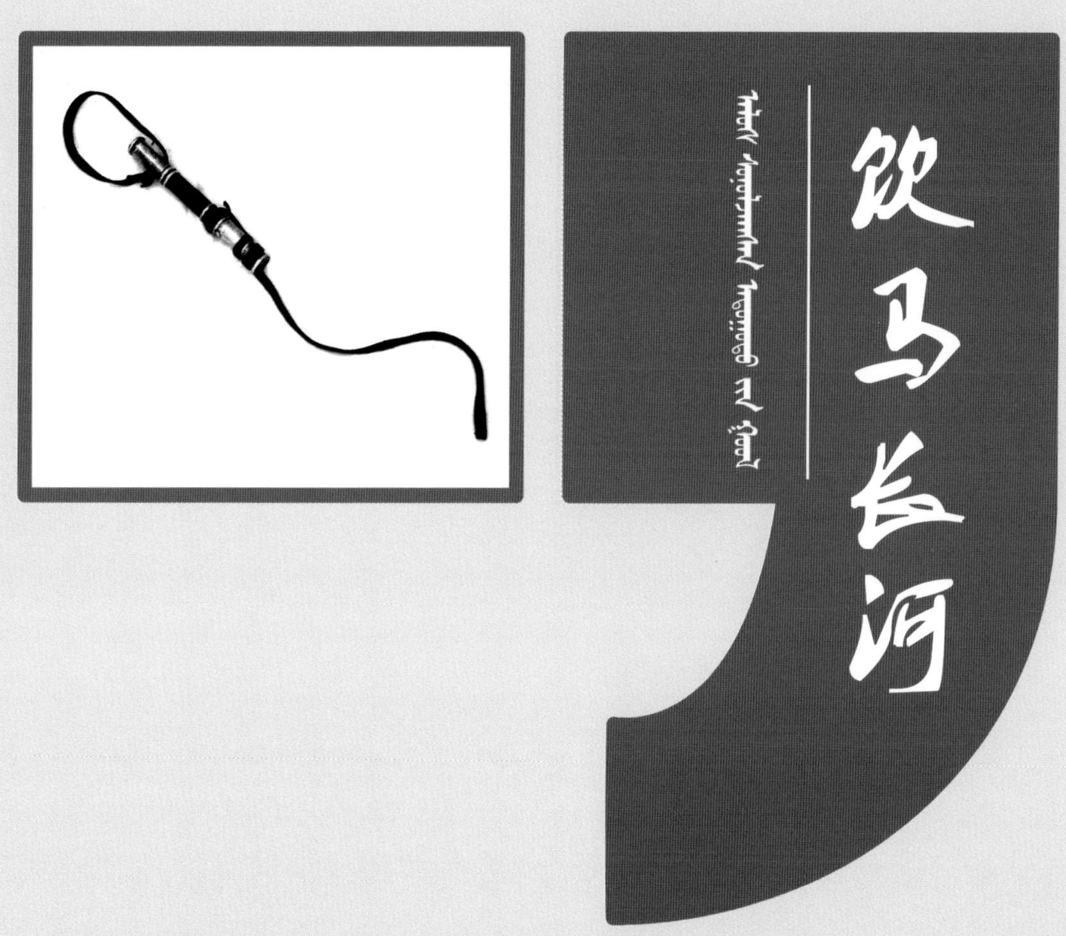
饮马长河

赛场上的蒙古马

哈斯乌拉

在辽阔的牧区草原，每当牧业生产的闲暇，或时逢吉祥喜庆，牧民都喜欢举办那达慕，庆祝丰收或欢度节庆。那达慕的游艺活动少不了蒙古族男儿三艺，即摔跤、射箭、赛马。其中令牧民最兴奋的是观看赛马比赛。北方民族经过几千年的精心调驯，终于培育出适应我国北方地区的蒙古马。蒙古马善于比赛，因为无论颠马、走马、快马比赛，蒙古马都优于高头洋马还有其他四海骏骑，蒙古马及其骑手都乐于到赛场上亮绝技，比输赢。牧民们也非常喜欢每天和他们厮磨，和牧放的骏骑在赛场上拼搏。因为牧人深知自己骑乘的蒙古马的耐力、冲力、毅力以及与牧人的情感，这可是牧人千百年来马背生活的记忆和炫耀，也是牧人与大自然生息共处的密码。

比赛一开始，所有的牧人都深深地屏住呼吸，期盼、鼓励、猜测，激奋、喜悦、遗憾；所有的目光都集中在那波浪般涌来的海潮，箭镞般疾飞的头马，精灵般跃动的骑手和劲蹄扬起的草絮和尘埃。

比赛结束了，依然是牧人们期盼的蒙古马领先。在小骑手展示自己夺魁的骏骑时，主席台一侧早有口齿伶俐的艺人或相声大师开始为领先的头马送去绝美的赞词：

闻名遐迩的蒙古马，
把毕生的力量都贡献了草原；
久有功勋的蒙古马，
捍卫了自己的荣誉和尊严；
大赛中奔驰的蒙古马，
只知道扬蹄奋进，一往无前。
走在牧人眼前的蒙古马呀，
像画中的孔雀一样俊美鲜艳，

跑在群马前面的蒙古马呀！

勤劳的牧民使它体魄雄健。

蒙古马出生在故乡家园，

赛场上快速如离弦的利箭，

像海青鸟展翅遥遥领先，

丰美的百草养育它在草原欢跹，

甘甜的泉水滋润了蒙古马的容颜

……

赛场的起跑地一般都选择一个平坦的山谷，骑手们大致停在一条起跑线上，发令枪一响，所有的骑手都会将自己的赛马调整到距离终点径直的方向。有经验的骑手起跑后不一定就冲在前面，而是按照自己平时的训练，循序渐进地掌握速度，催马扬鞭那只是为自己身下的赛马助威呐喊。赛马会按照主人的驾驭充分体现耐力和毅力。经过训练的赛马，会感知骑手的驾驭，避开中线的拥挤，选择可以冲刺的两翼飞奔。偶有碰撞或失蹄，骑手和赛马都会自觉地调整自己。有的骑手不慎跌下马背，一般的赛马依旧向前奔驰，直达终点。更有灵性的赛马，看到骑手摔下马背，会停下来让骑手重新上马继续参加比赛，令人叫绝。有时骑手和赛马一起摔倒，赛马会立即站起来，等骑手上了马背便继续勇往直前拼命追赶。这就是蒙古马为什么会被牧人视为知己伙伴的因由。赛马结束以后，不管得到什么名次，骑手都会让赛马慢慢小跑一会儿，缓冲一下刚才比赛的紧张情绪和急促呼吸，好多骑手或亲友会搂抱自己的赛马，表达无比的亲切和慰藉，为参加下一次比赛而总结经验和积蓄力量。

在人们的欢呼声中，比赛虽然结束了，但牧人们都会绘声绘色传送着有关这次比赛的各类信息，草原也因此平添了几分美好的传说。

蒙古马是牧人的伙伴，

蒙古马是草原的精灵，

蒙古马是追风的神驹，

蒙古马是信念的飞扬……

（哈斯乌拉：中国作家协会名誉委员，著有诗集、散文集、小说集、报告文学集等几十部）

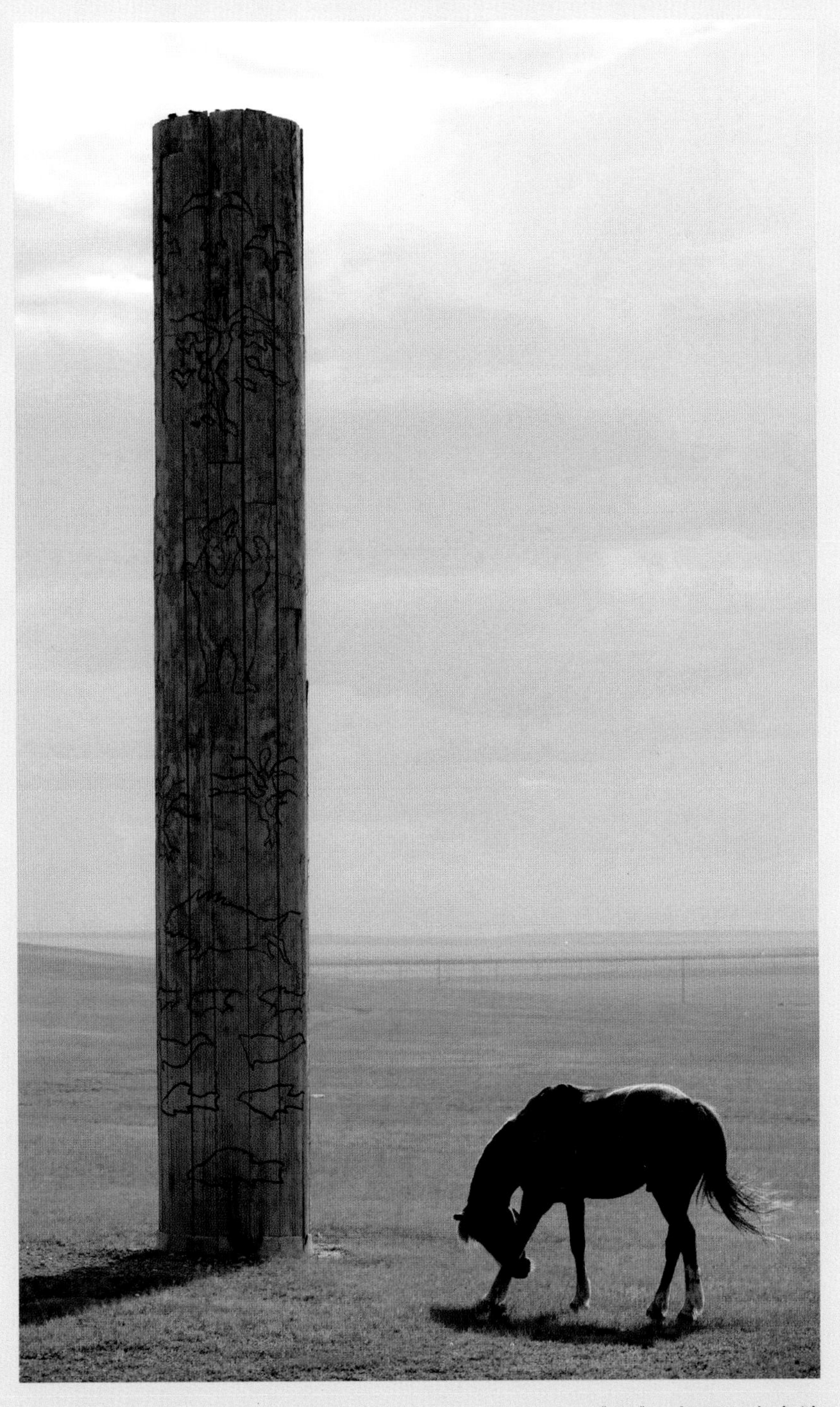

《思》 摄影/张金锁

我的上辈子就是一匹马

苏和

每根小草都抽打过我
拴马桩上 三蹄
被绊住

铁嚼子勒着没有牙的嘴
苜蓿草 鲜花 山泉
在远方

石头上刻的 一万年
太久了 我活得更久
我的喉咙里 涌动父亲的喘息
发出世代的嘶吼

在无边无际的草原上
我的上辈子是一匹马
无论几辈子
我都是一匹马

惊醒骨子眼儿里的冲动

洋浴海

骨血里的奔腾沉积了多少年
一鞭子抽在背上
草原疼痛地起伏 如我的心潮
云层压扁一身肌肉
鼓胀的风叫喊冲锋
我就是蒙古高原的雄鹰

皮鞭子留下的伤痕
长在浑迪乌拉的身躯
切骨的恩仇 在草丛
童儿时的摇篮正在走远
我就难以回到马的眼中
爷的套马杆 爹的放羊铲
娘的挤奶桶
我就是泛青芨芨草墩
绊倒多少失蹄的马

今又冲动 喊出高原上
奔腾的心情
提鞭上马 让骨血回声

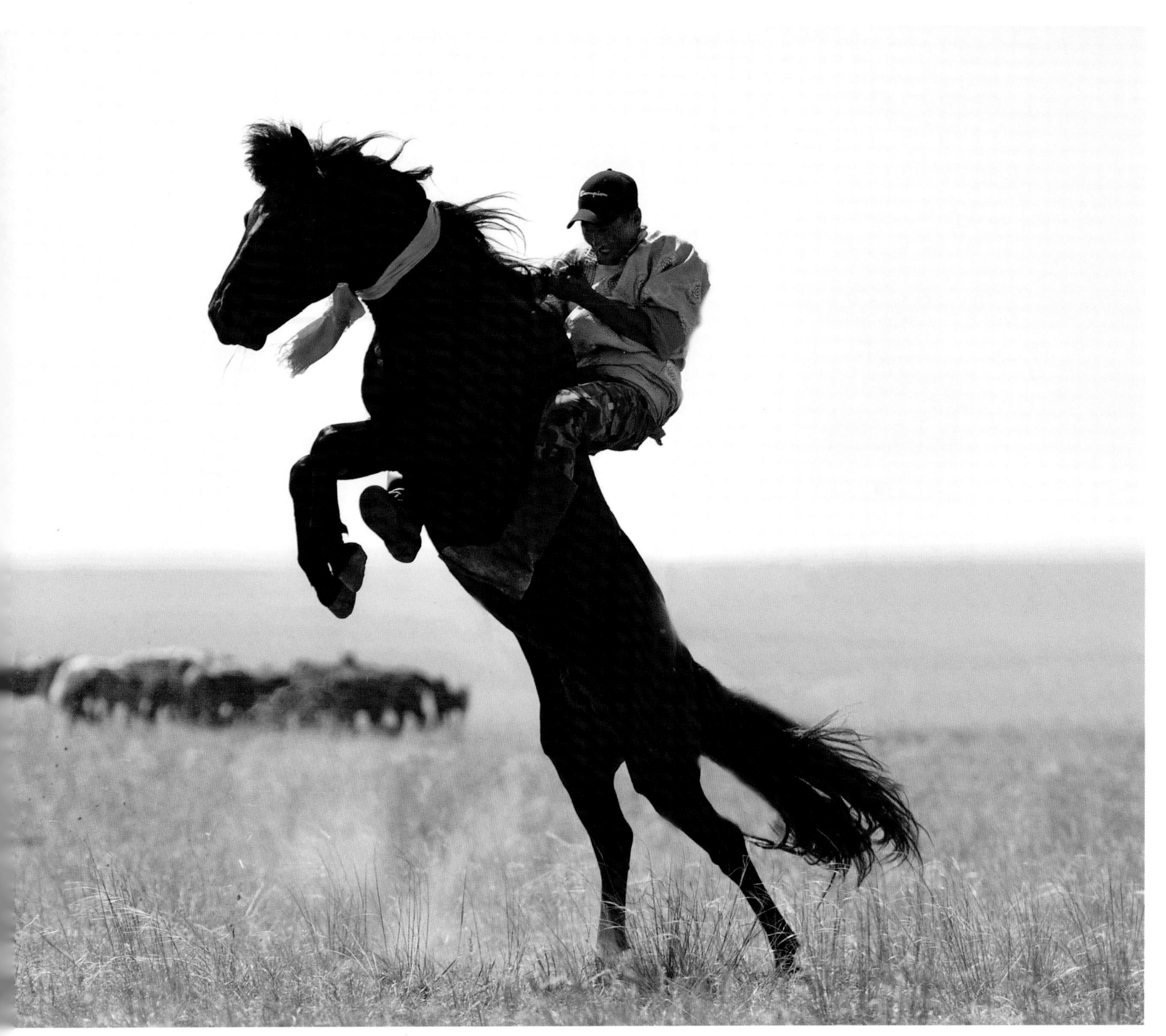

《驯马》 摄影／呼努苏图

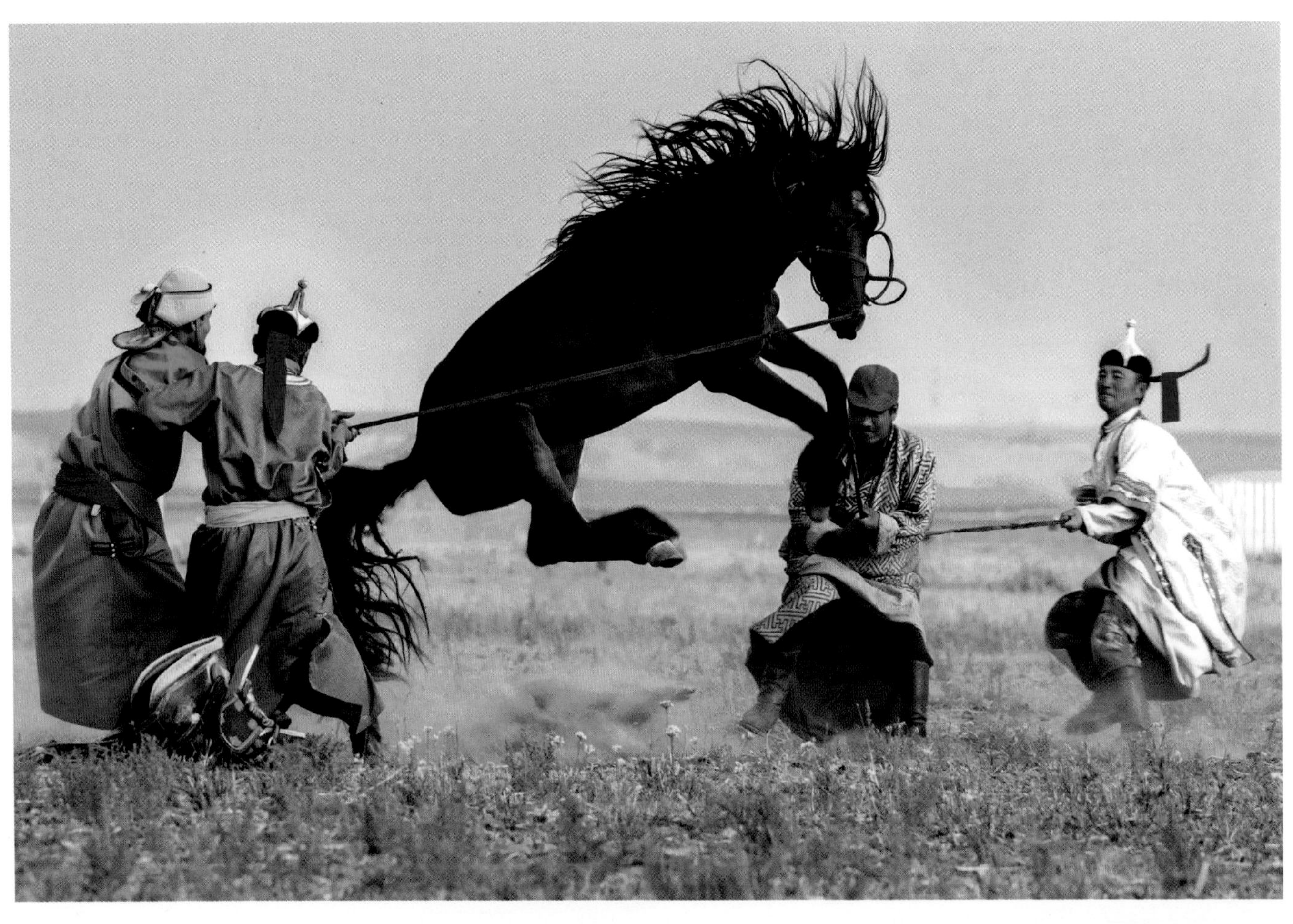

《征服》 摄影 / 海日汗

较量

李广凤

草原在马蹄的起落间
交出了辽阔
而风知道无法和骑手相拥时
便放开了追逐的翅膀
它们紧盯着彼此谁也不肯服输
凭任套马杆一再靠近
伸出的手臂总是影子一般滑落

马背上 当那人再度俯下身时
一匹马的天空里
又加入了几朵领跑的白云

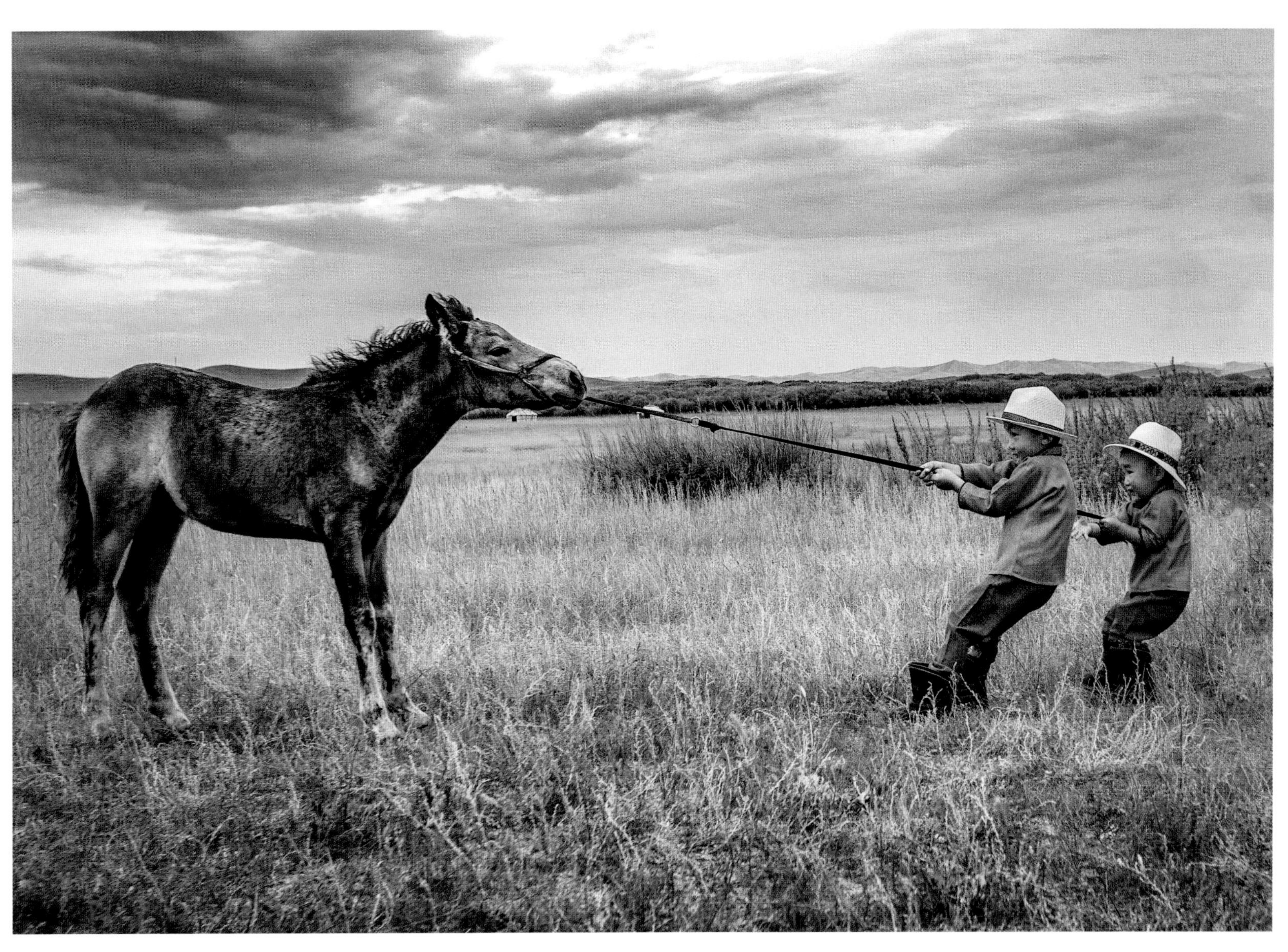

《势均力敌》 摄影 / 钢特木尔

蒙古马

彩虹

朔风凛冽
撼不动你矫健身姿
雪窖冰天
掩不住你奔腾足迹
远古号角
千百次的呼唤
你不离不弃于牧人马鞭

野花是青草的呓语
呼麦是驭手的呐喊
你吞噬乌云
隐匿星光
你看上去那么小
却让马头琴声响彻世界

朝日初起
你请缨再出发
带上一壶奶酒
排出几重孤独
因为你知道
比脚步更远的地方
一定霞光万丈

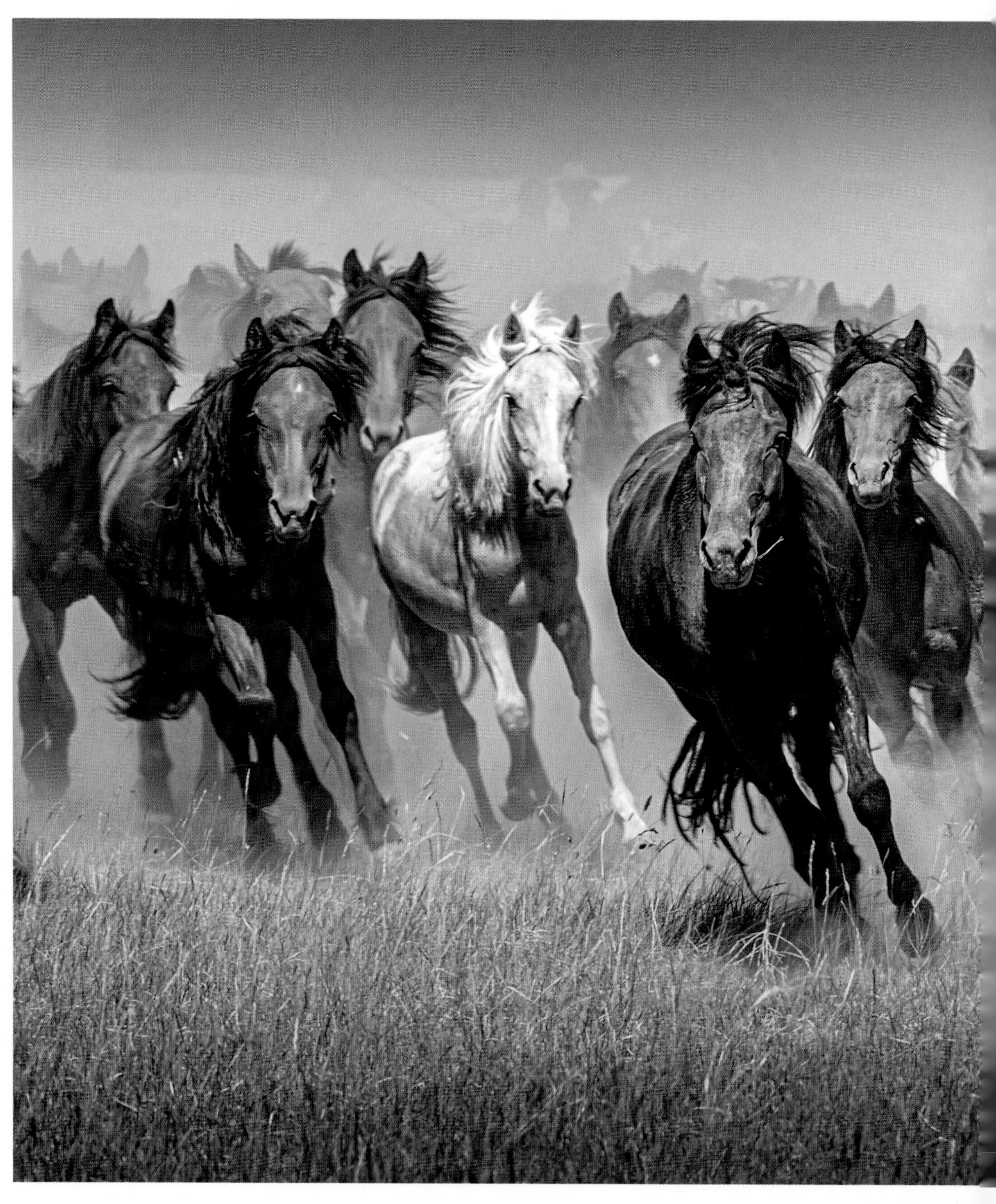

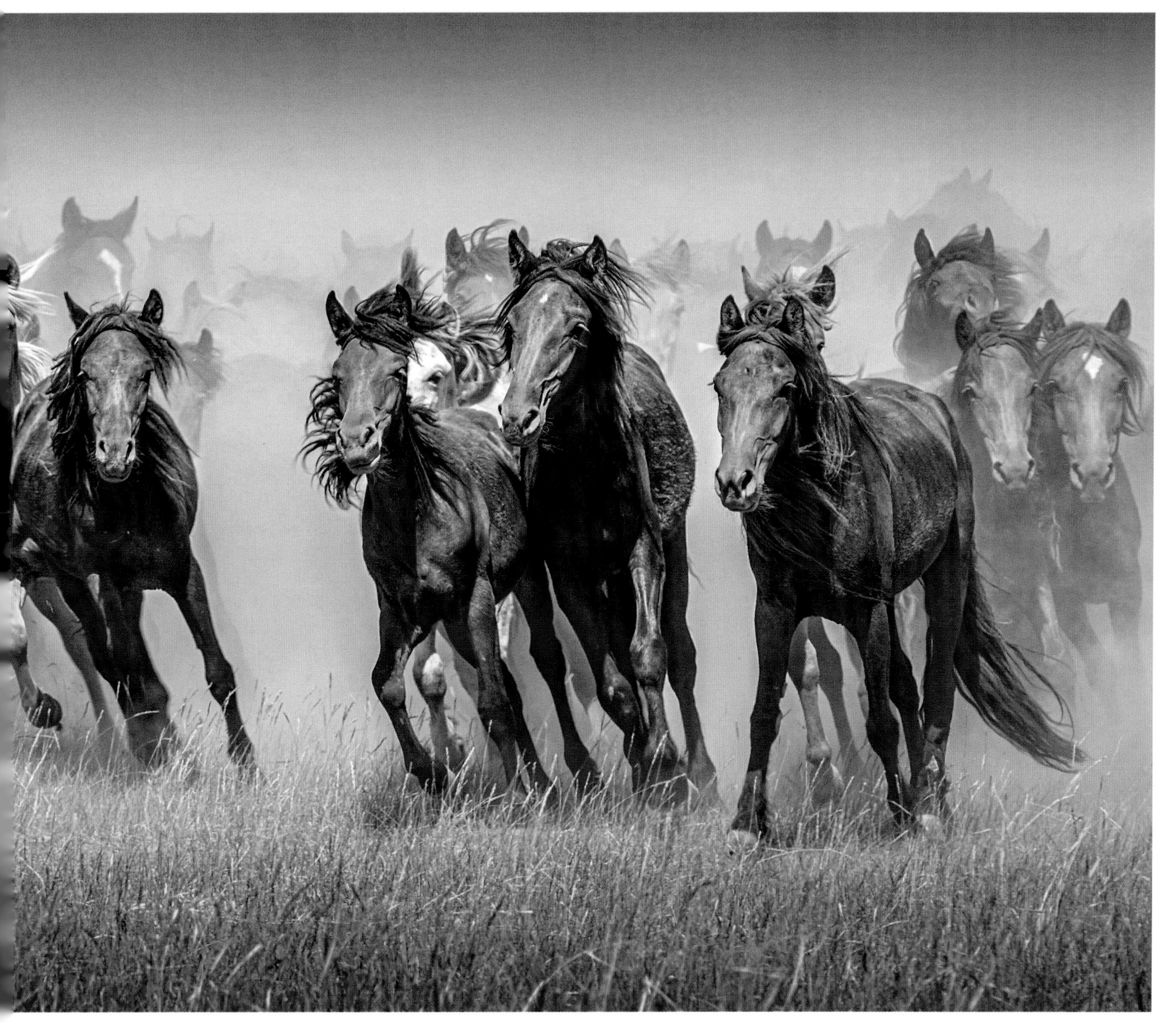

《马韵风情》 摄影 / 乌拉汗

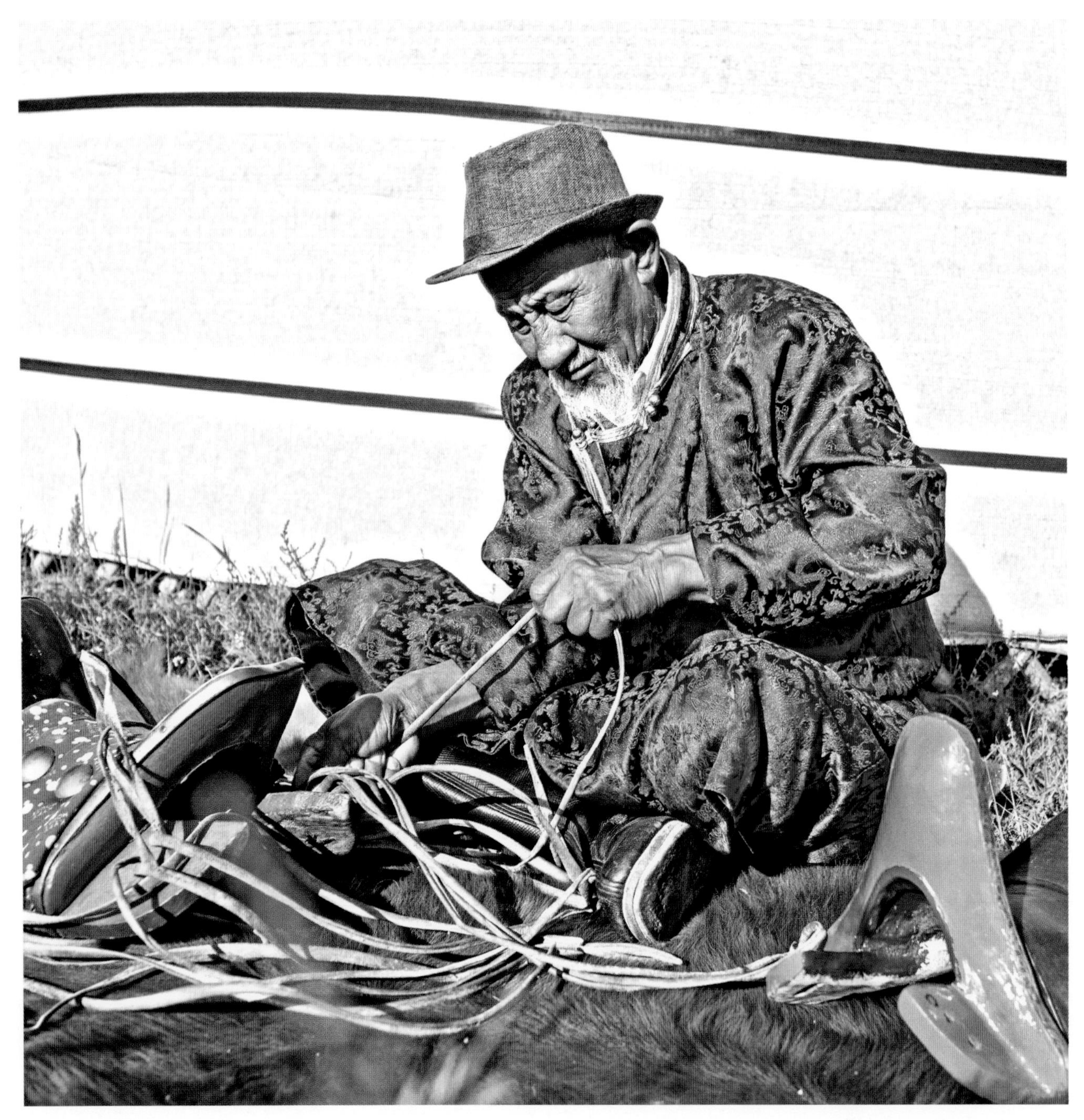

《传承》 摄影 / 管永新

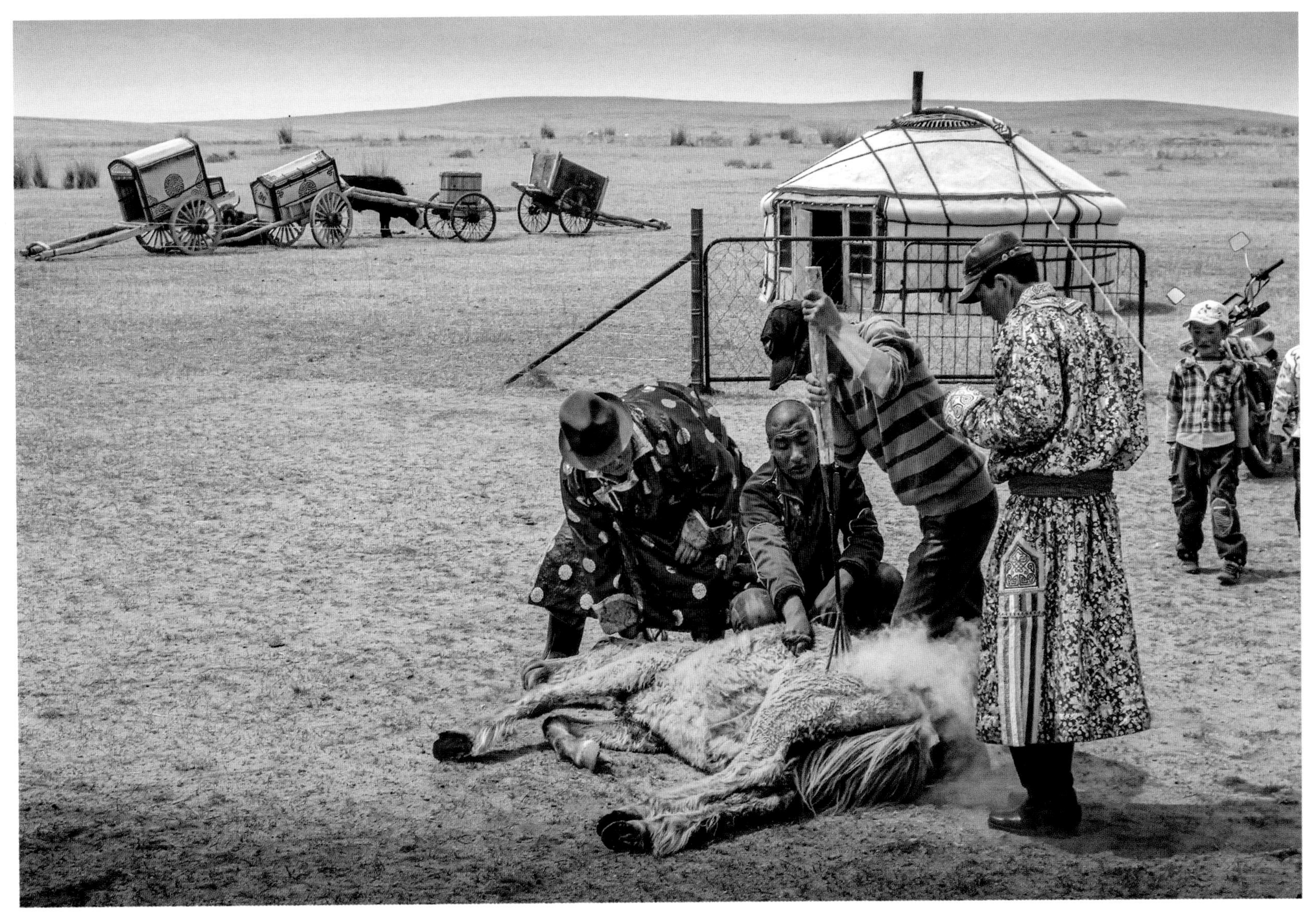

《春季打马印》 摄影 / 塔娜

马背飘飞的梦

李金祥

中国马都
伫立于蒙古马养血的故土
锡林浩特
勇士会聚 鸣锣击鼓
蒙古马 以风雨无阻的耐力
总能找到迷失的归途
严寒冰雪 却是炉火纯青
磨炼成刚毅与火爆的筋骨

我居草原明珠 云绕群山起伏
那日观马赛 焉知是非福
骑手腾空失落 人无恙
那匹马 依然似箭离弓
看台沸腾 打湿了眼睛
我看见那模糊的形影里
闪烁着无畏的执着与火的冲动
我知道 那是它的魂灵

那达慕以炽热的胸襟
衍生着蒙古马的灵性
草原人的马背摇篮
延续着一往无前的深情
天赐草原孕骏良 世代长生

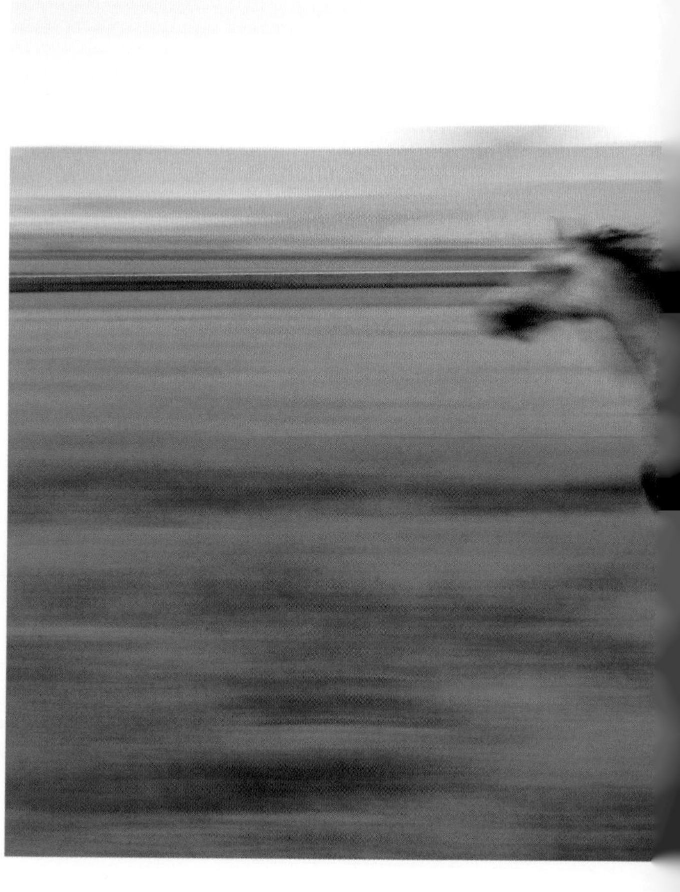

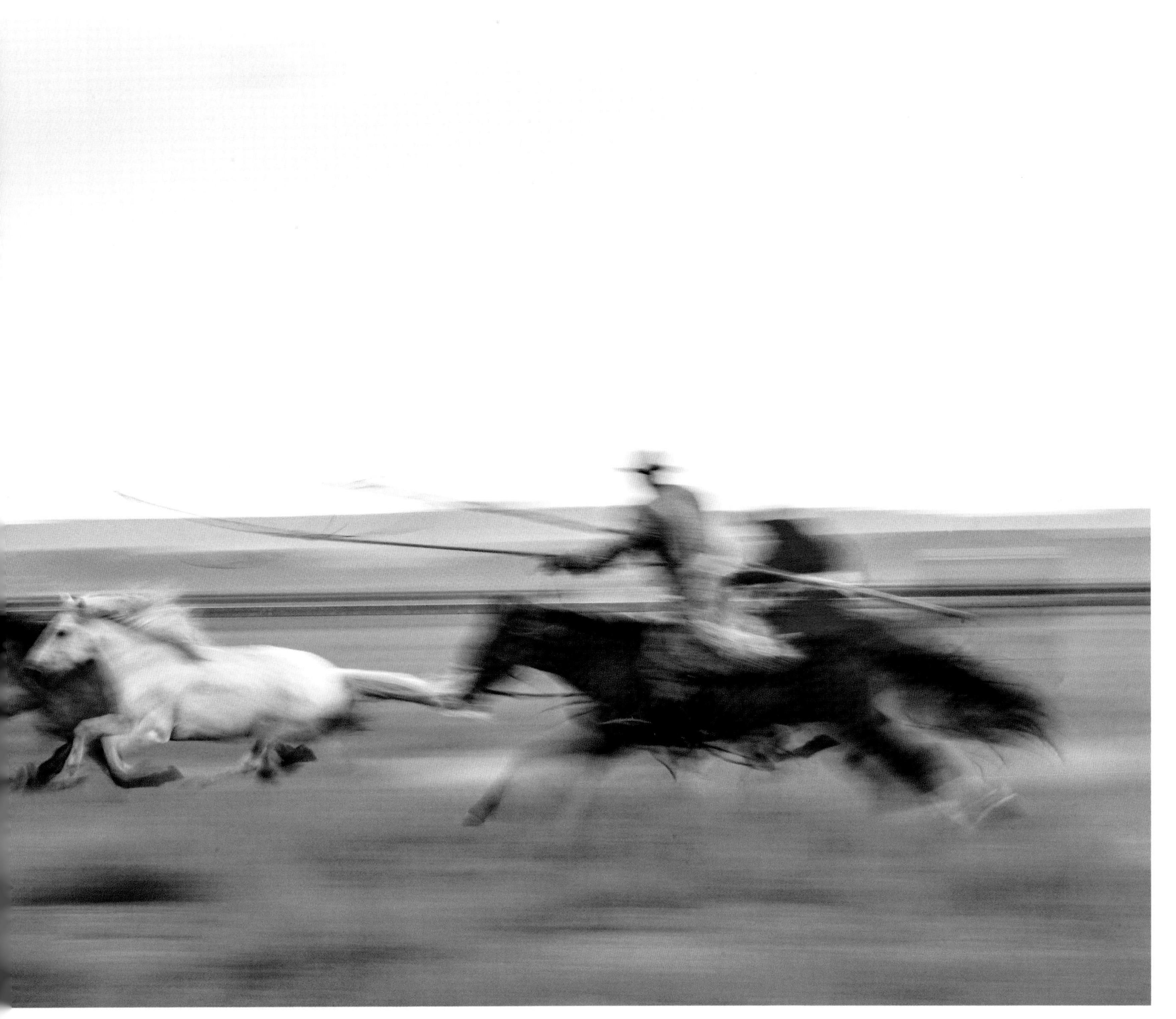

《草原套马》 摄影 / 李迎新

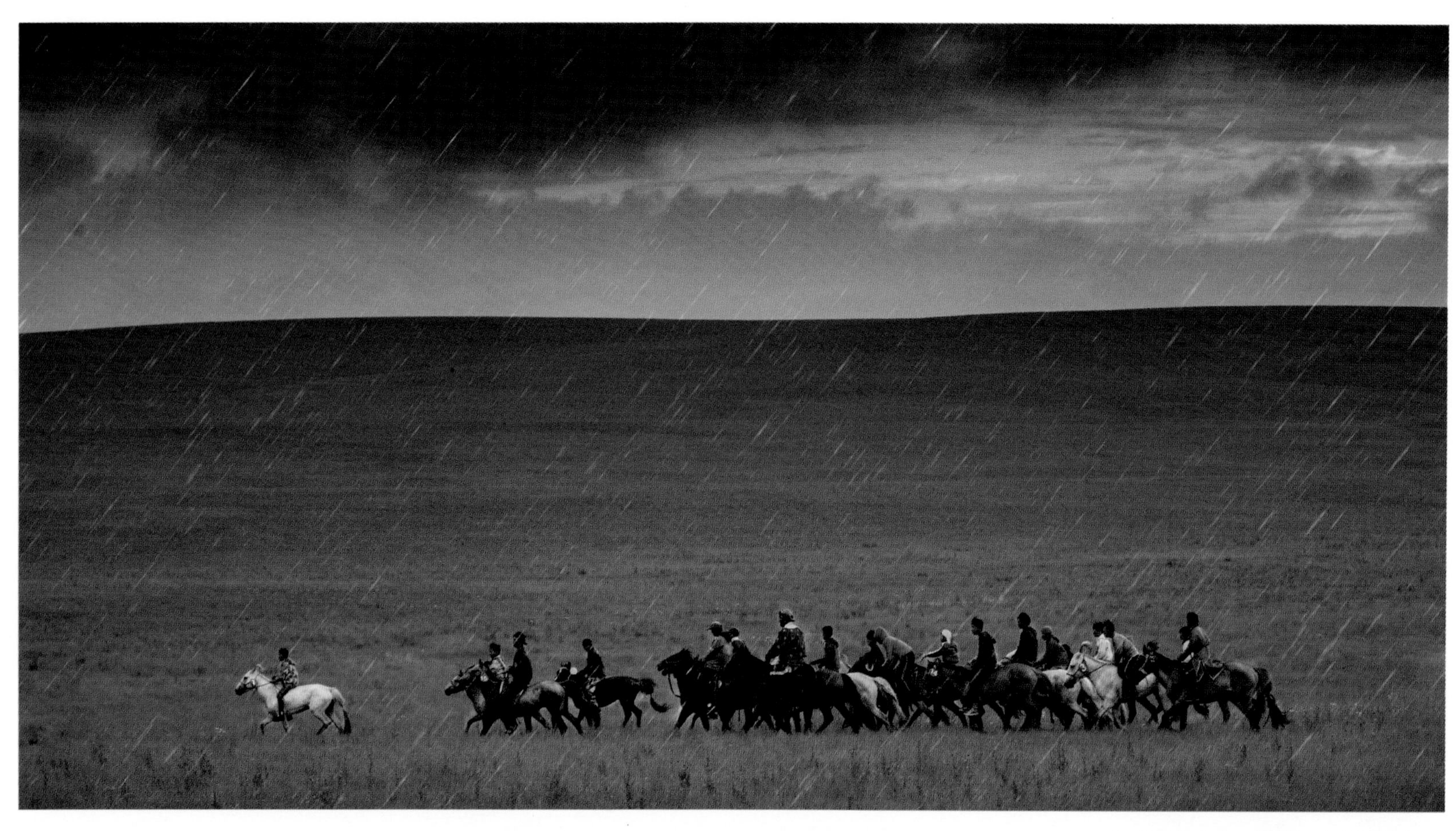

《冒雨赴会》 摄影 / 苏亚拉图

追赶春天的第一滴雨

李小凤

是你吗
踏破星河的蒙古马
迎着如歌的长风
在蒙古高原追赶春天的第一滴雨

是你
蒙古马
无论身披胄甲
还是背负沉重
迎面厮杀或是长途跋涉
尘土飞扬起一首首慷慨的歌
高昂的头颅
生死迎风

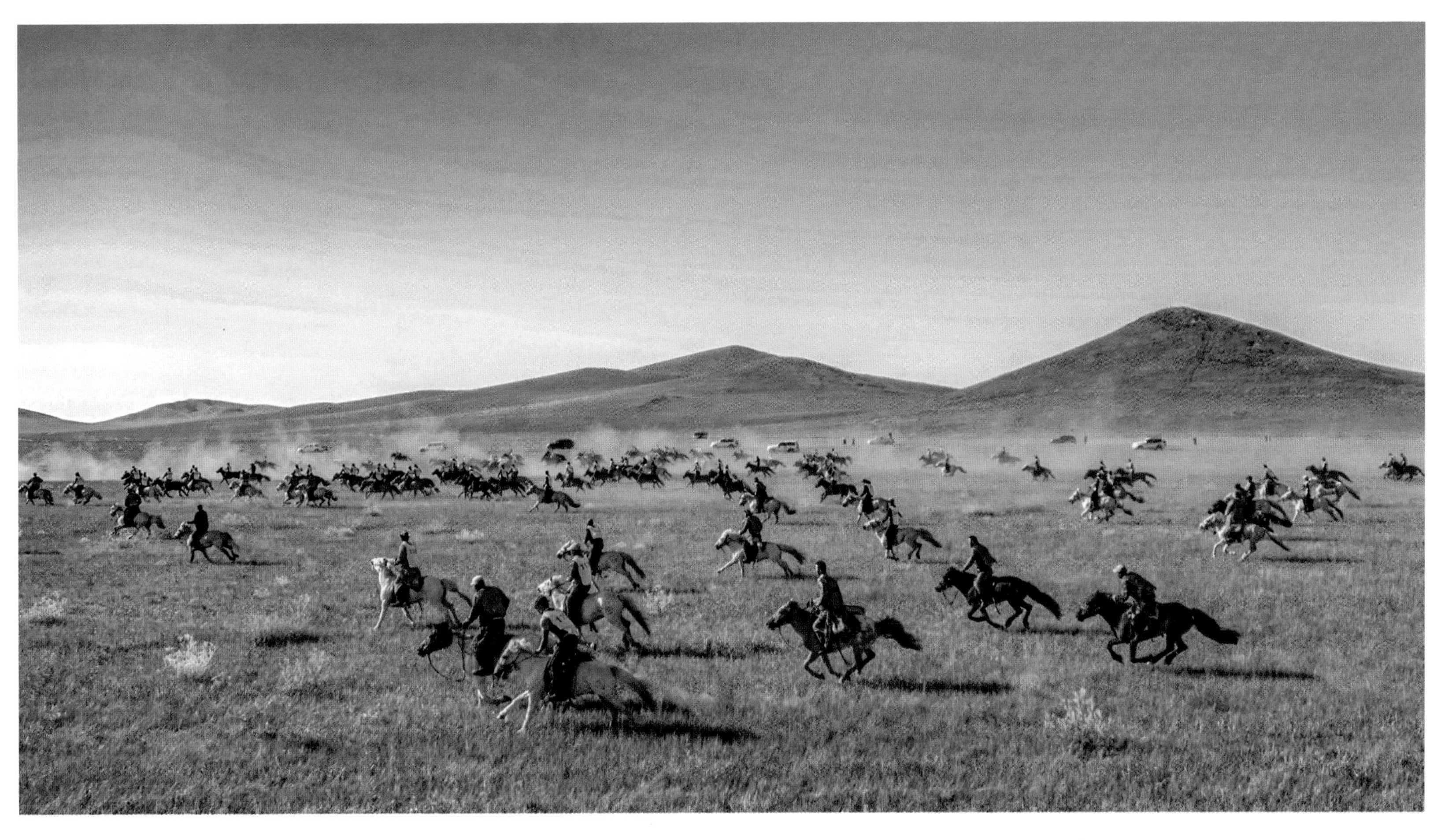

《草原赛马》 摄影 / 阿拉坦苏和

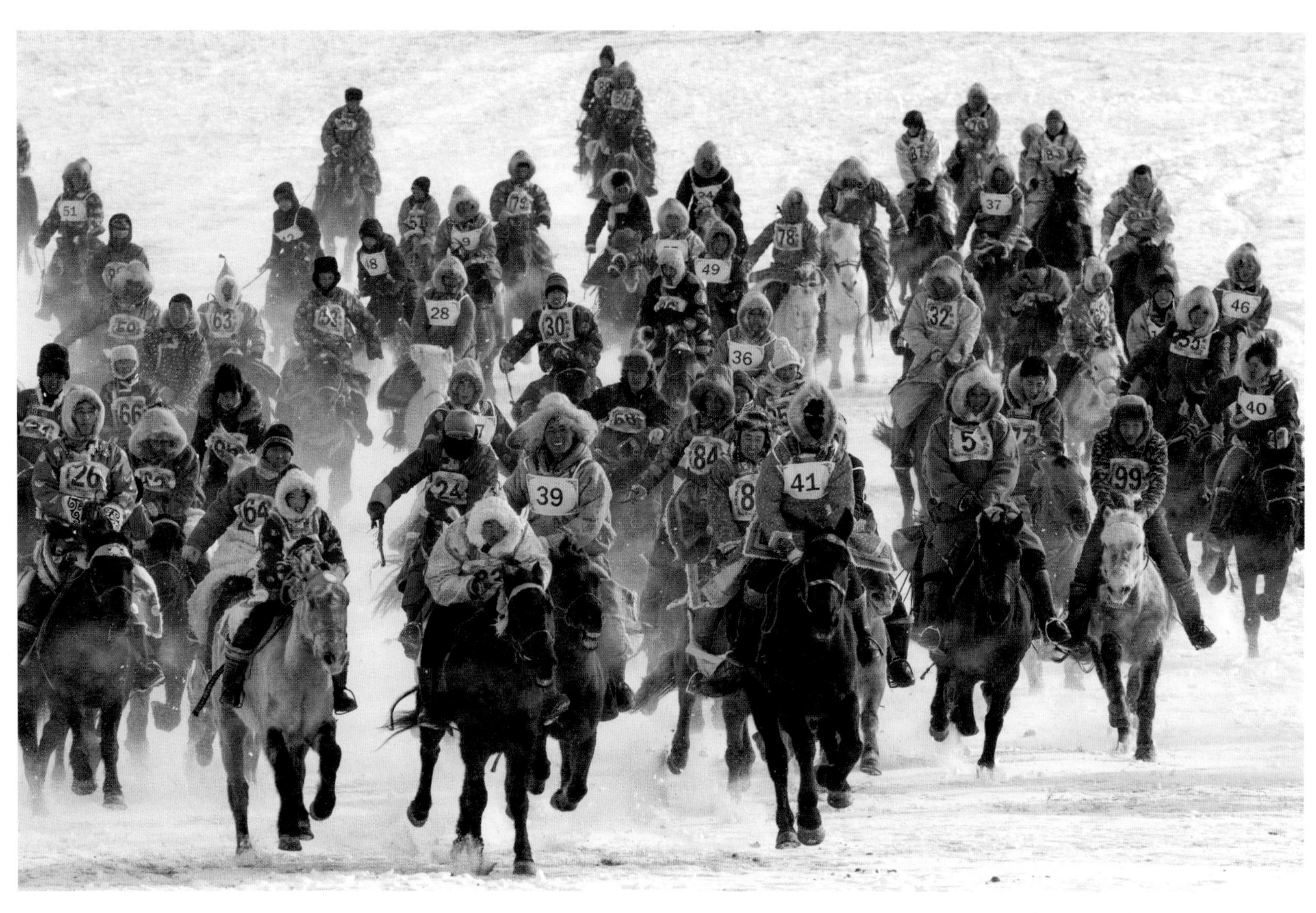

《冬季赛马》 摄影 / 任玉成

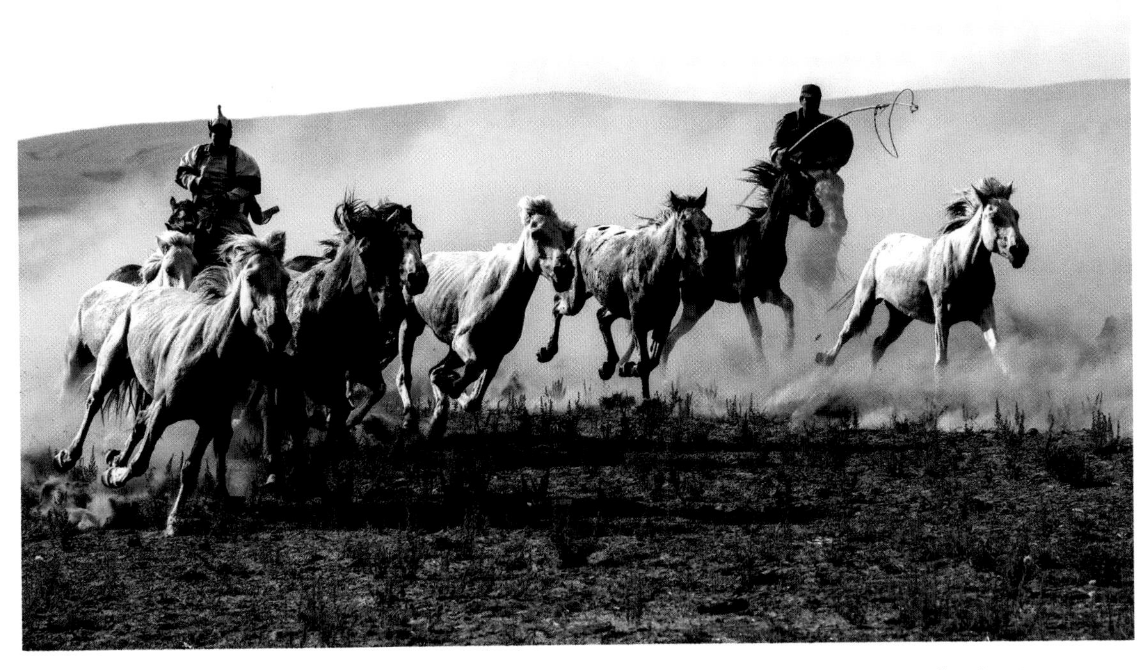

《我的蒙古马》 摄影 / 王平

驯马手扎丹巴

清明

被马拖镫的扎丹巴
一条拐腿
抹去草地的遗憾

股骨头涩成草苔
坏死了
也不对草场存一丝怨念

他说
锈是铁的血
摔残他的那匹杆子马
是他捐赠的骨髓
一刻不停地在旷野奔腾

小镇里
人们背着手
空攥着一副无形的马嚼子

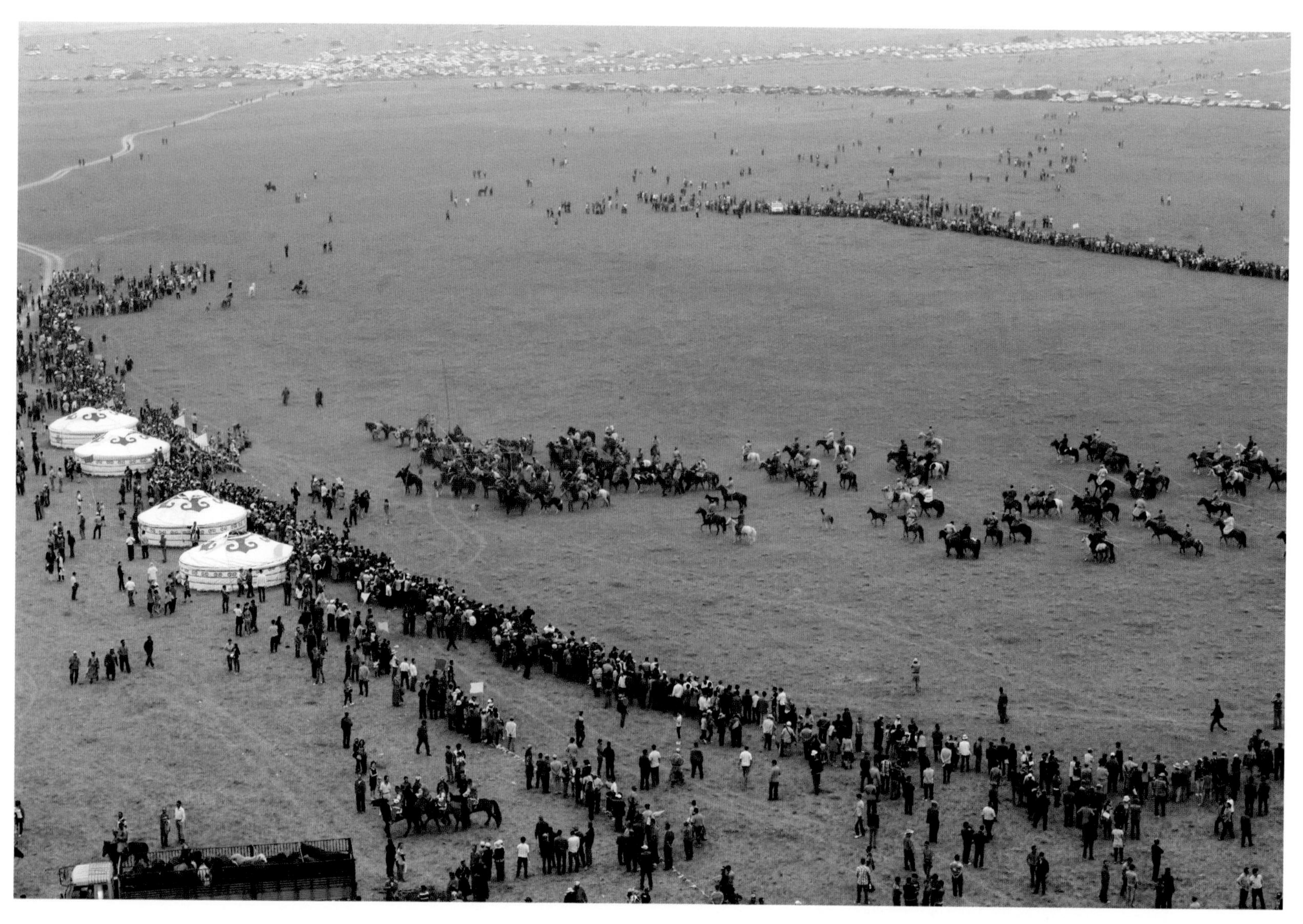

《马文化那达慕》 摄影 / 裴国庆

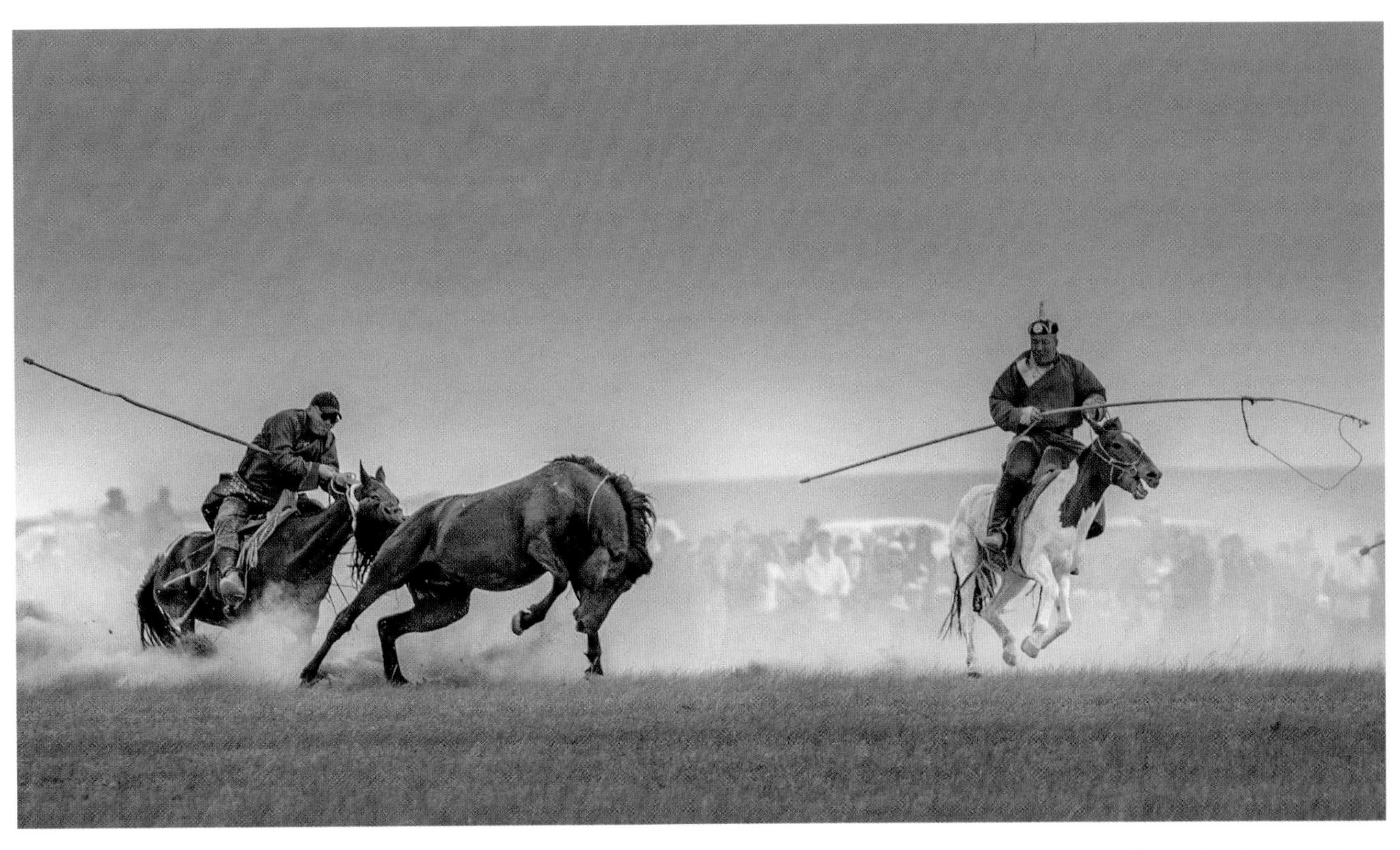

《驯服》 摄影 / 安达

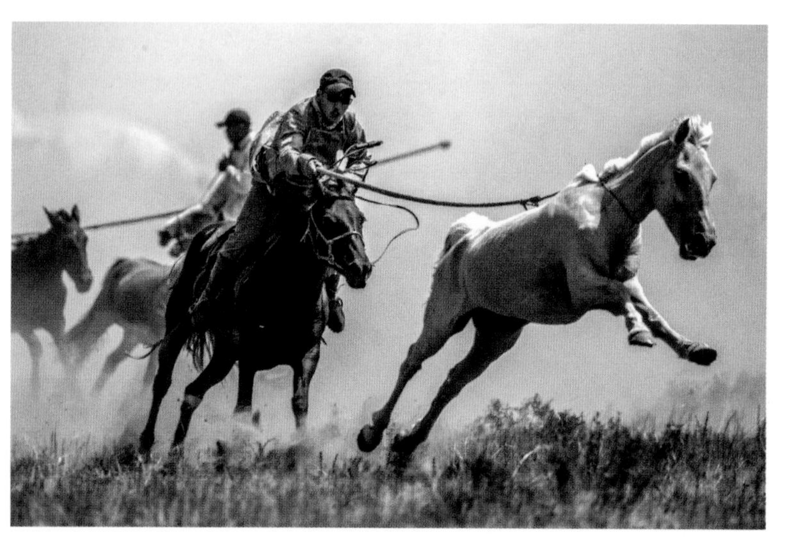

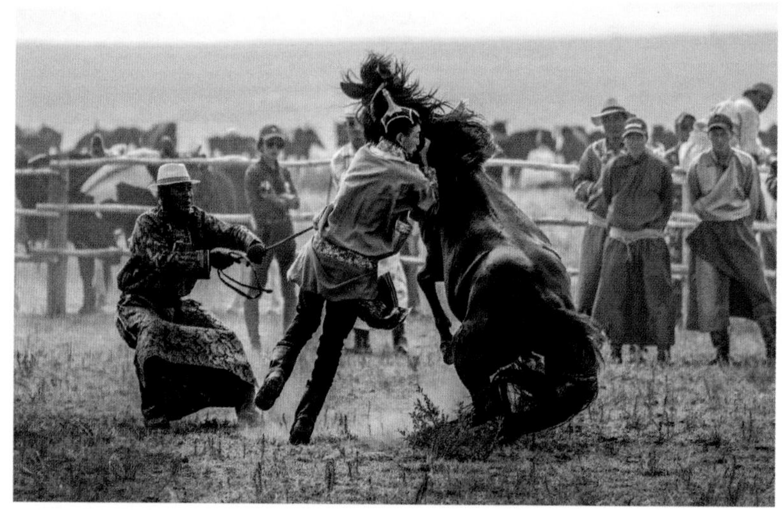

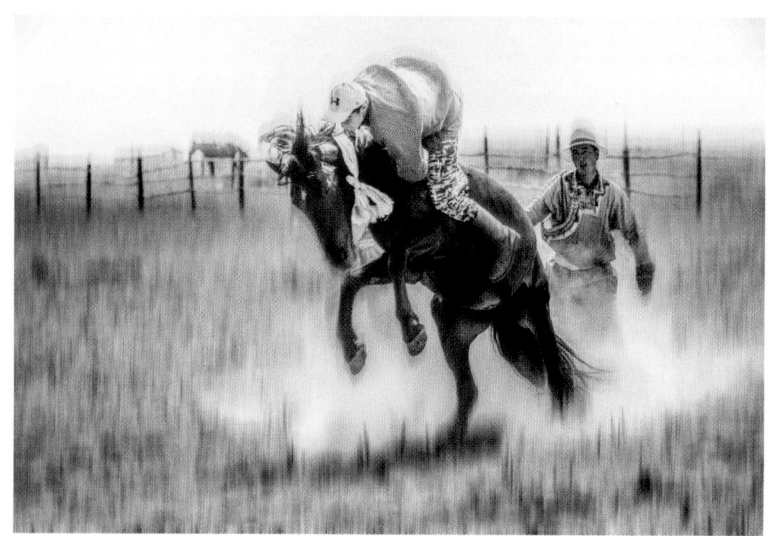

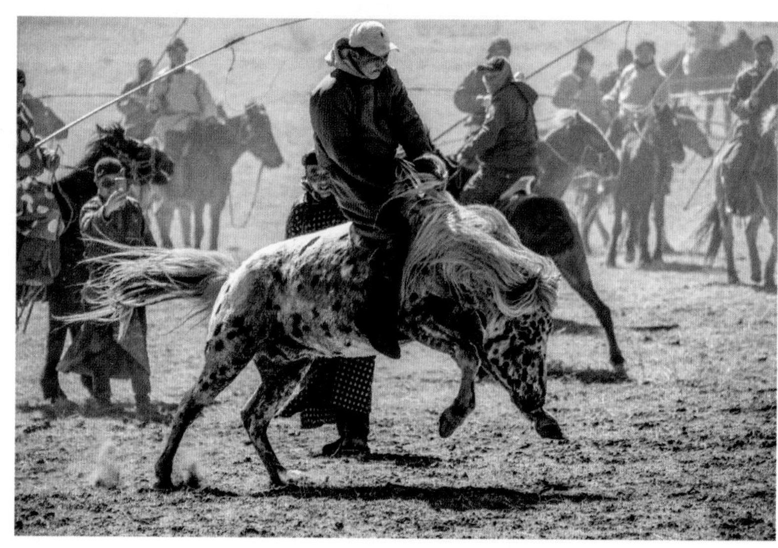

《马背豪情》组照 摄影 / 钢特木尔

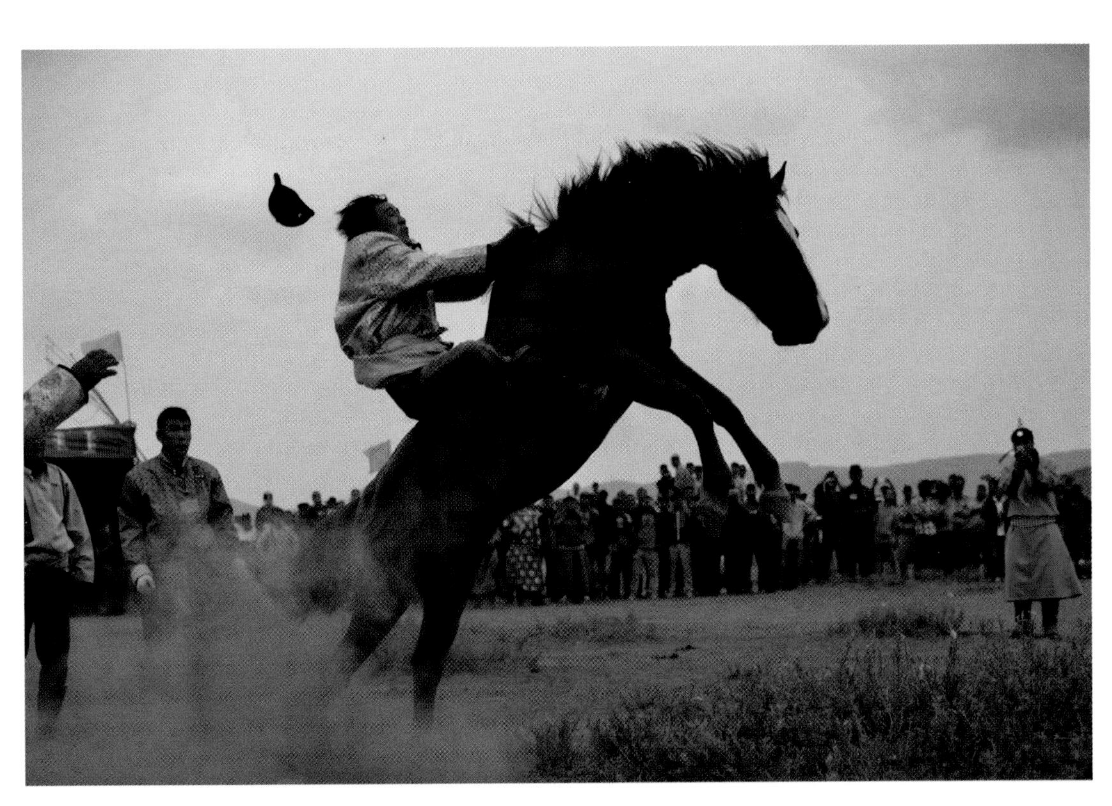

《驯马场上》 摄影 / 海日罕

较量

清明

驯马手被烈马摔下来
一头把风撞个窟窿

烈马闪过疾风
一个趔趄 砸下了云朵

甩落的 草场般宽大的脾气
雾一样笼罩骑手驰骋过的天地

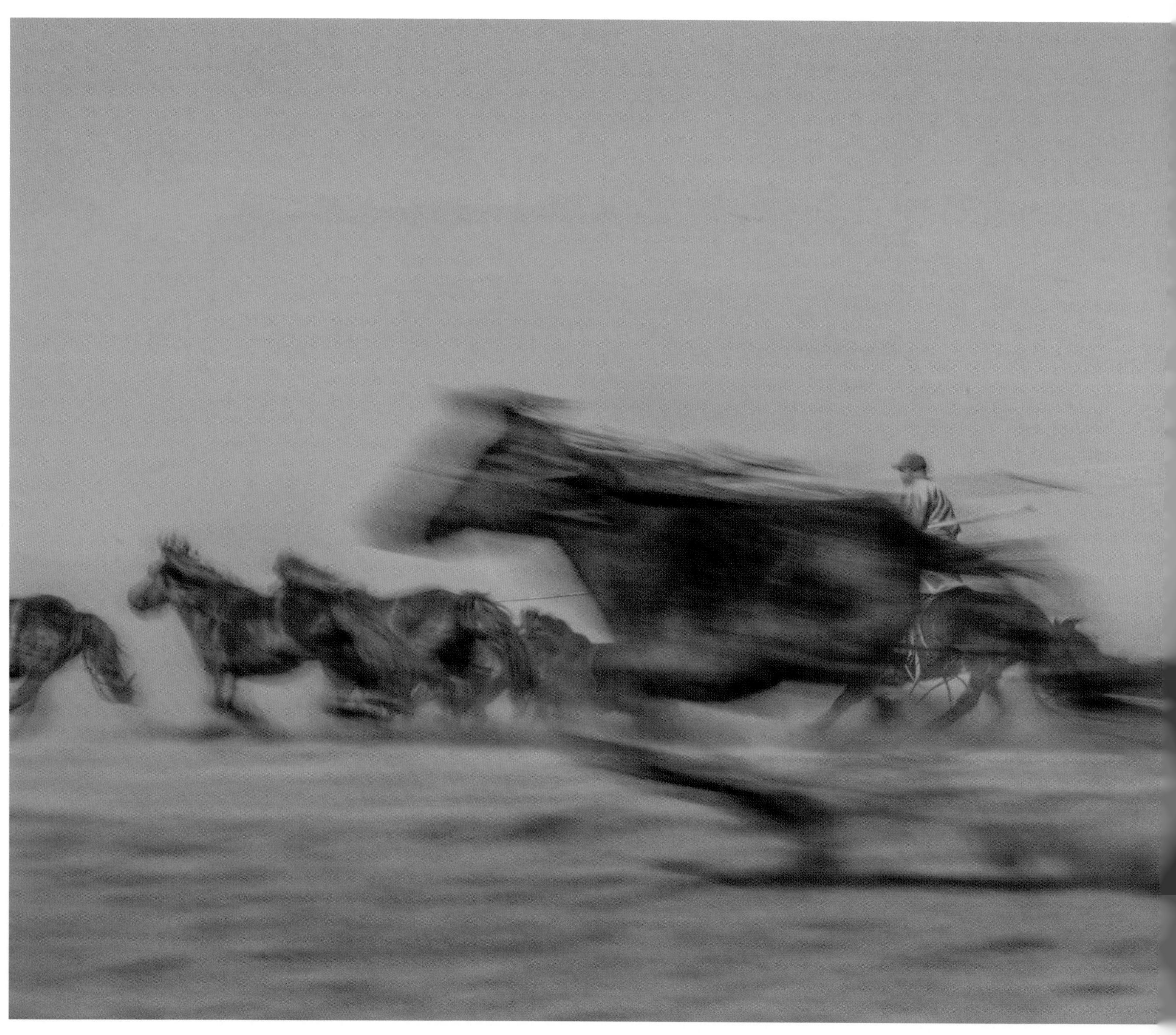

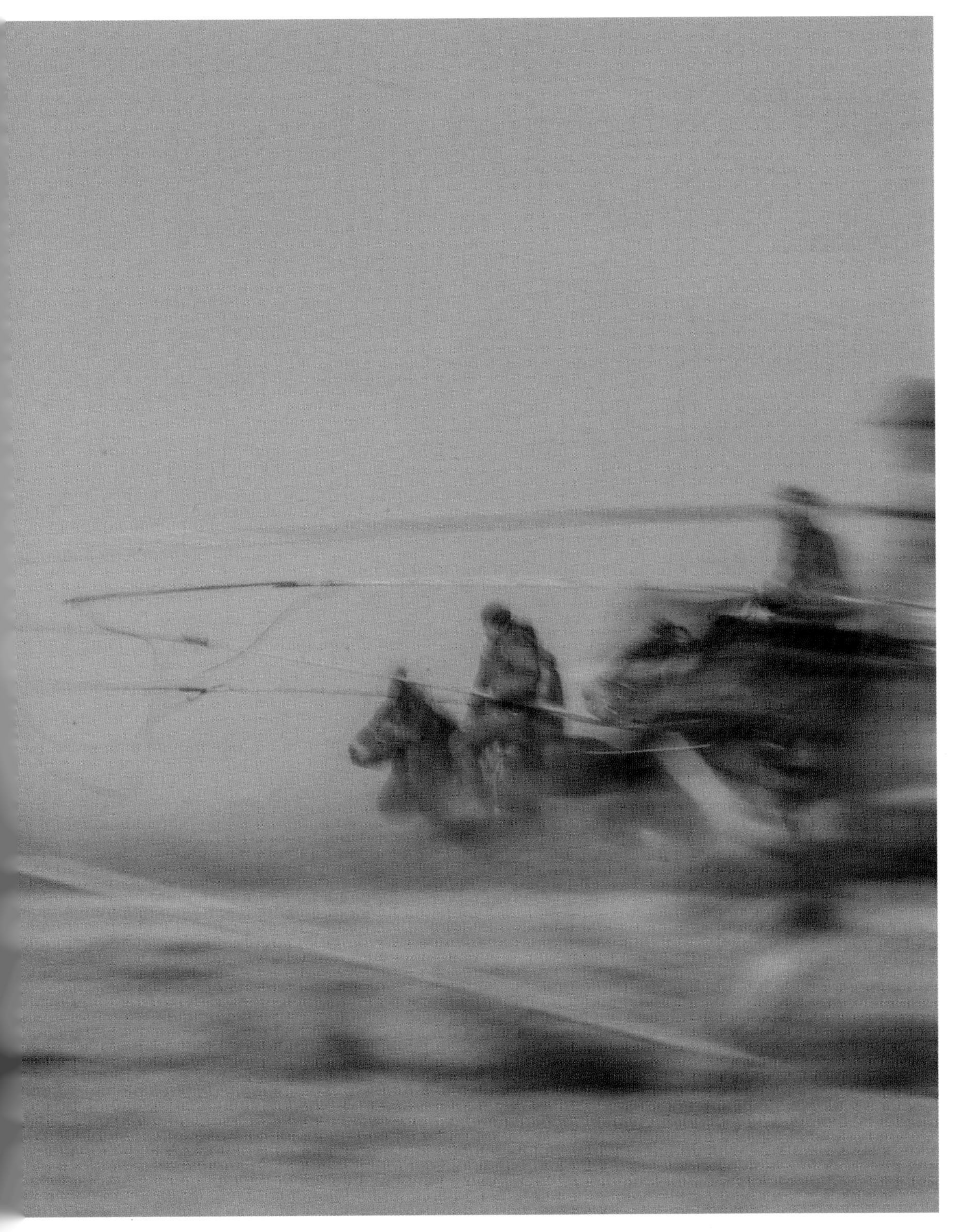

《飞速的蒙古马》 摄影 / 巴音

套马

宋金龙

“套马的汉子你威武雄壮
飞驰的骏马像疾风一样……”
乌兰图雅的歌声在草原上飞扬
赞美着套马汉子的勇敢与豪放

一根套马杆就是一处战场
握在手里舞动牧马人的坚强
跨上马背方是英雄儿郎
追风逐日在美丽的草原上
飞扬的套马杆
套住牧人的希望

广袤的绿洲之上
马儿奔驰 有成群的牛羊
洁白的毡房
似白云飘落在旷野上

套马的汉子
马背上凸显勇猛与铿锵
手里的套马杆是你的脊梁
引诱你套住马头与苍狼

你一次次地挥舞
也套开了乌仁图雅的心房
她愿随套马的汉子去流浪
在美丽的乌珠穆沁草原上

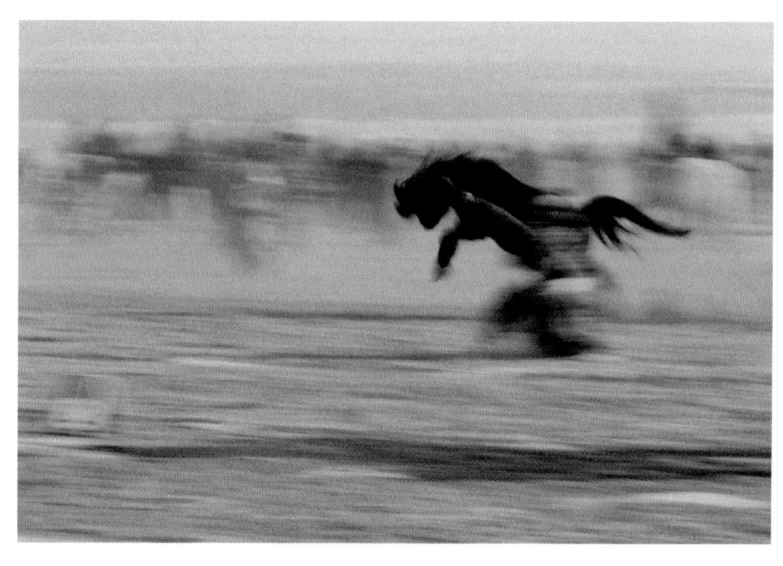
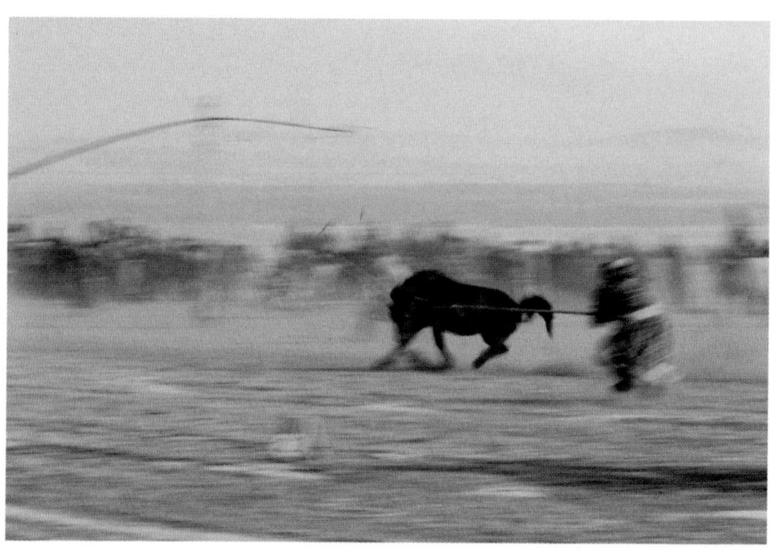
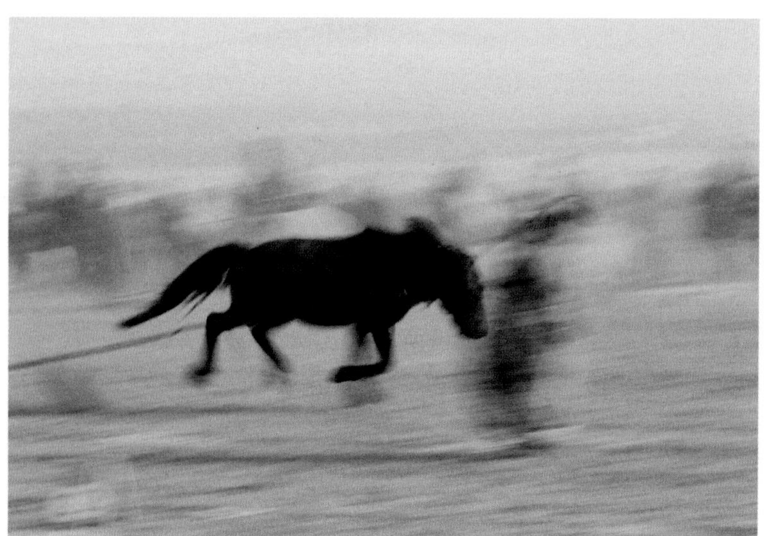
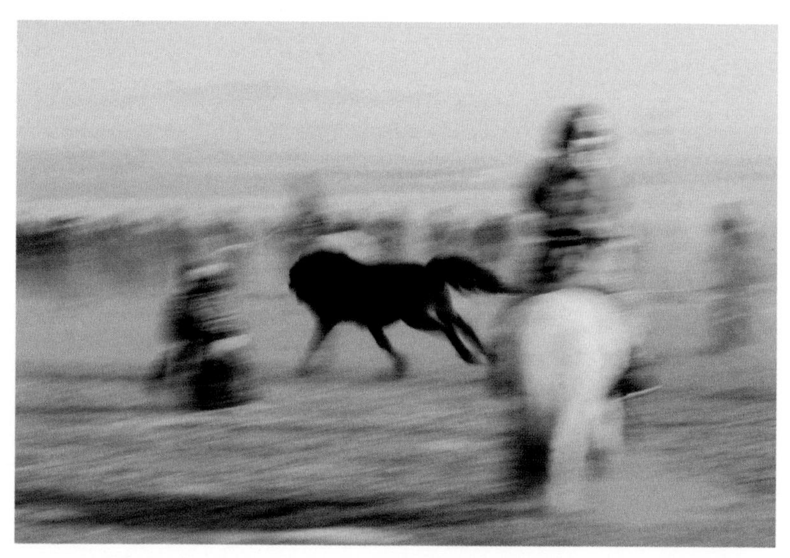

《春季套马》组照 摄影 / 德格金

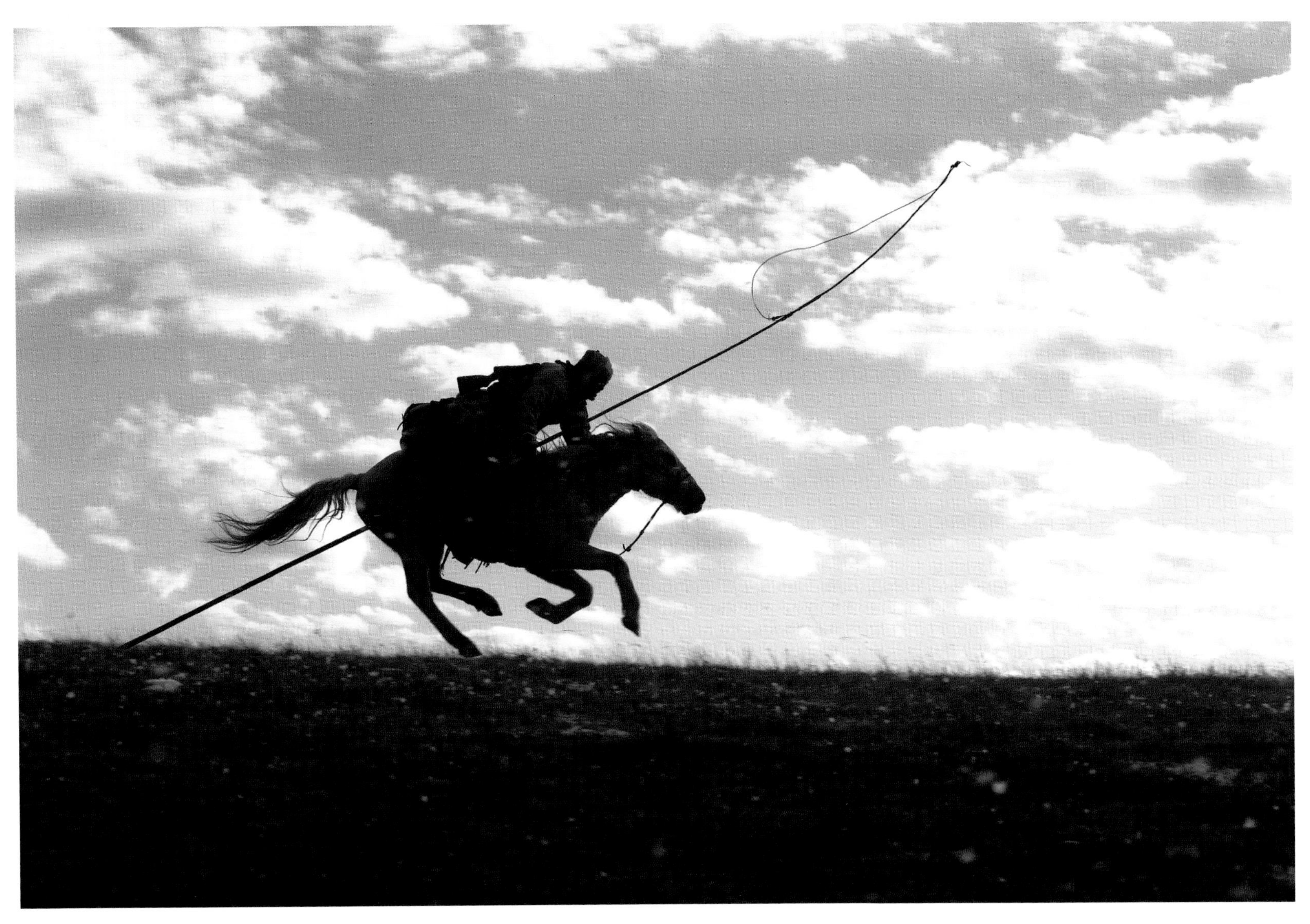

《套马的汉子》 摄影 / 南吉德

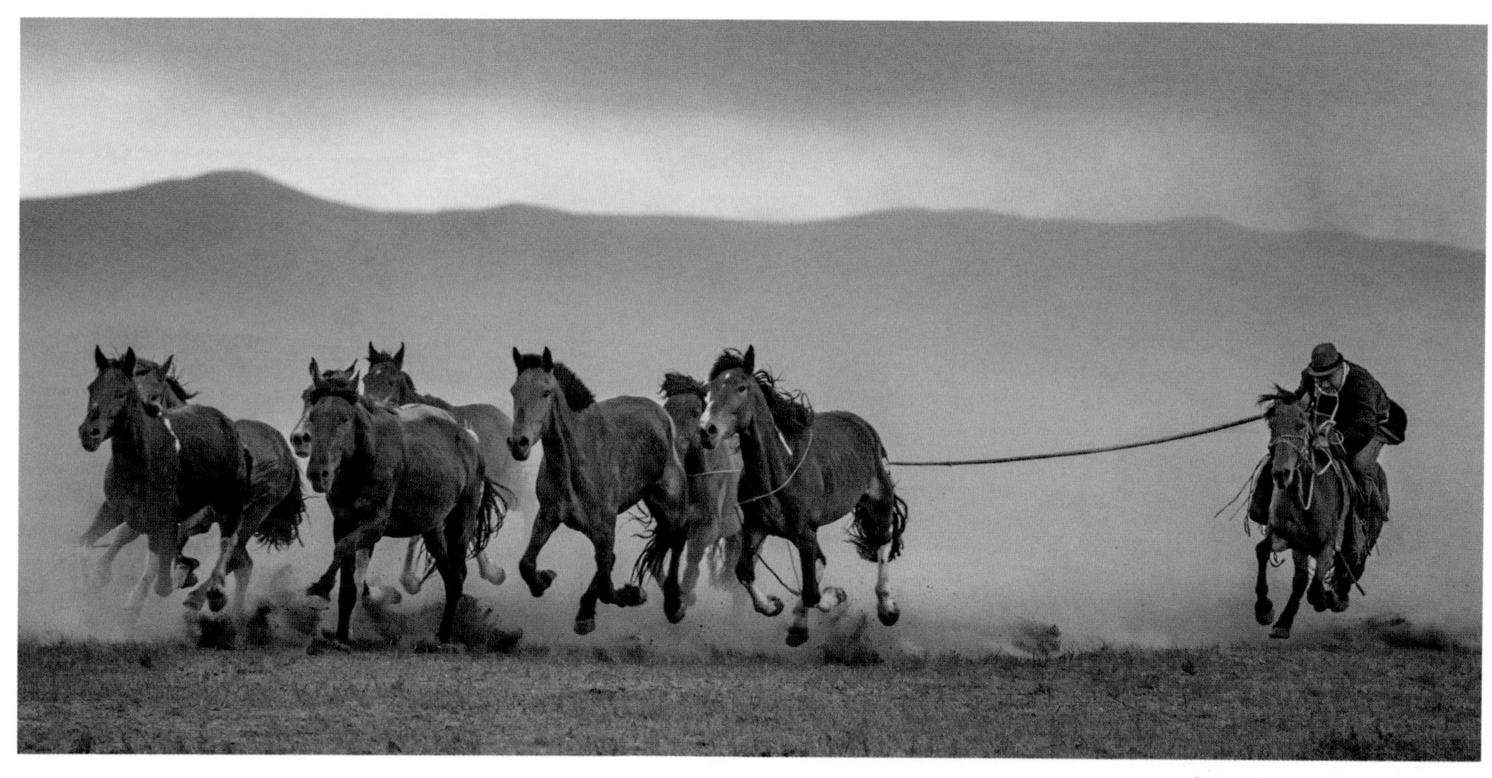

《套马》 摄影 / 南吉德

刺青

李广凤

乳香混合着炒米
飘成心间柔软的哈达
而梦里马儿发出的响鼻
惊醒了窗前的月光

雕鞍 马群
被朝霞镀金的青春在马背上
滴下晨露

困惑和倔强在征服中
把枯燥的日子轮圆成一个个
深陷的马蹄坑
直到马兰花瓣在那蹄坑里
开成淡蓝的春天
我才真正爱上了驰骋

而这些年一个远在天涯的人
狠着心模仿冷漠
偏偏遗忘的橡皮擦怎么也擦不掉
草原留给我的刺青

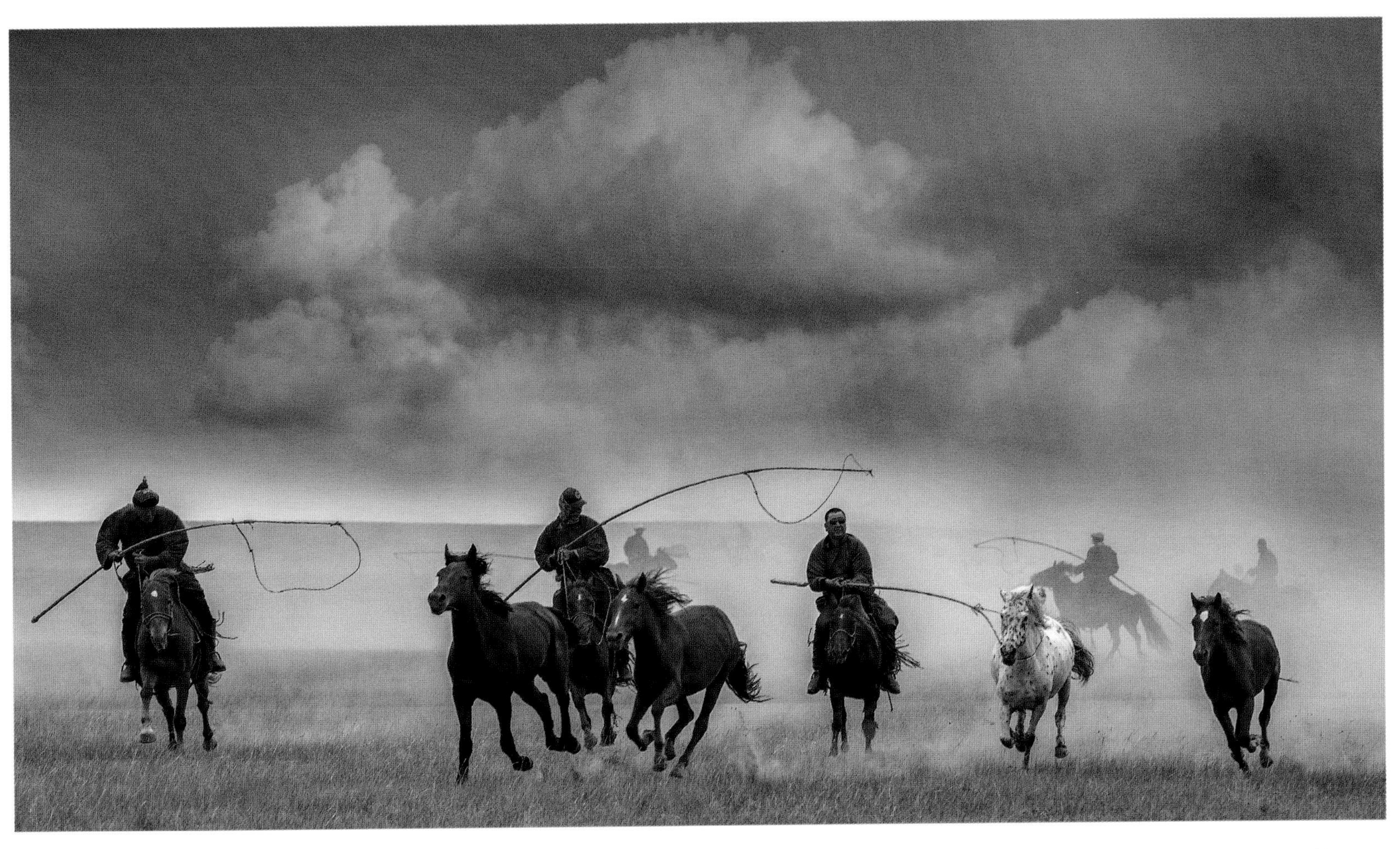

《各显身手》 摄影 / 巴德玛

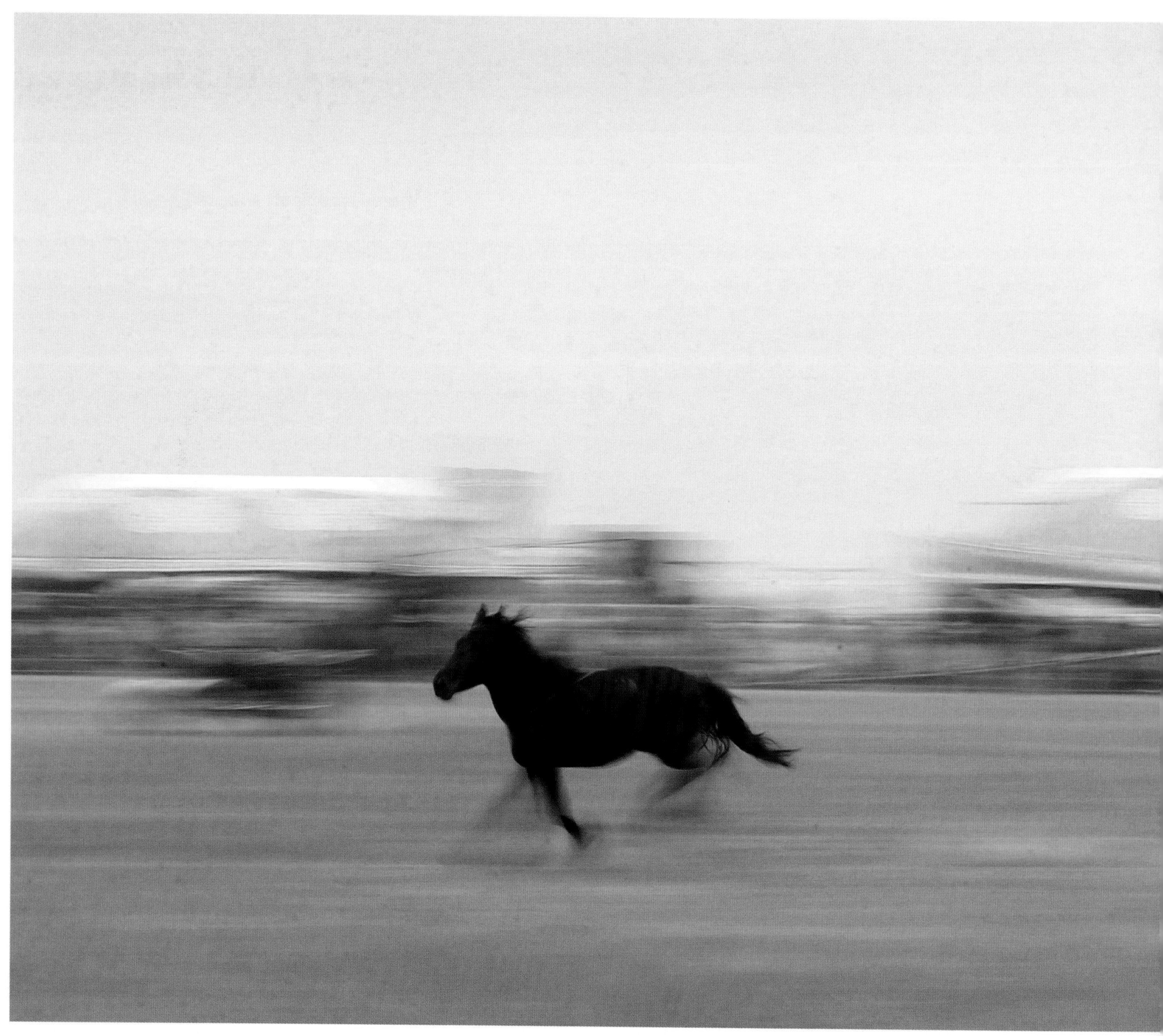

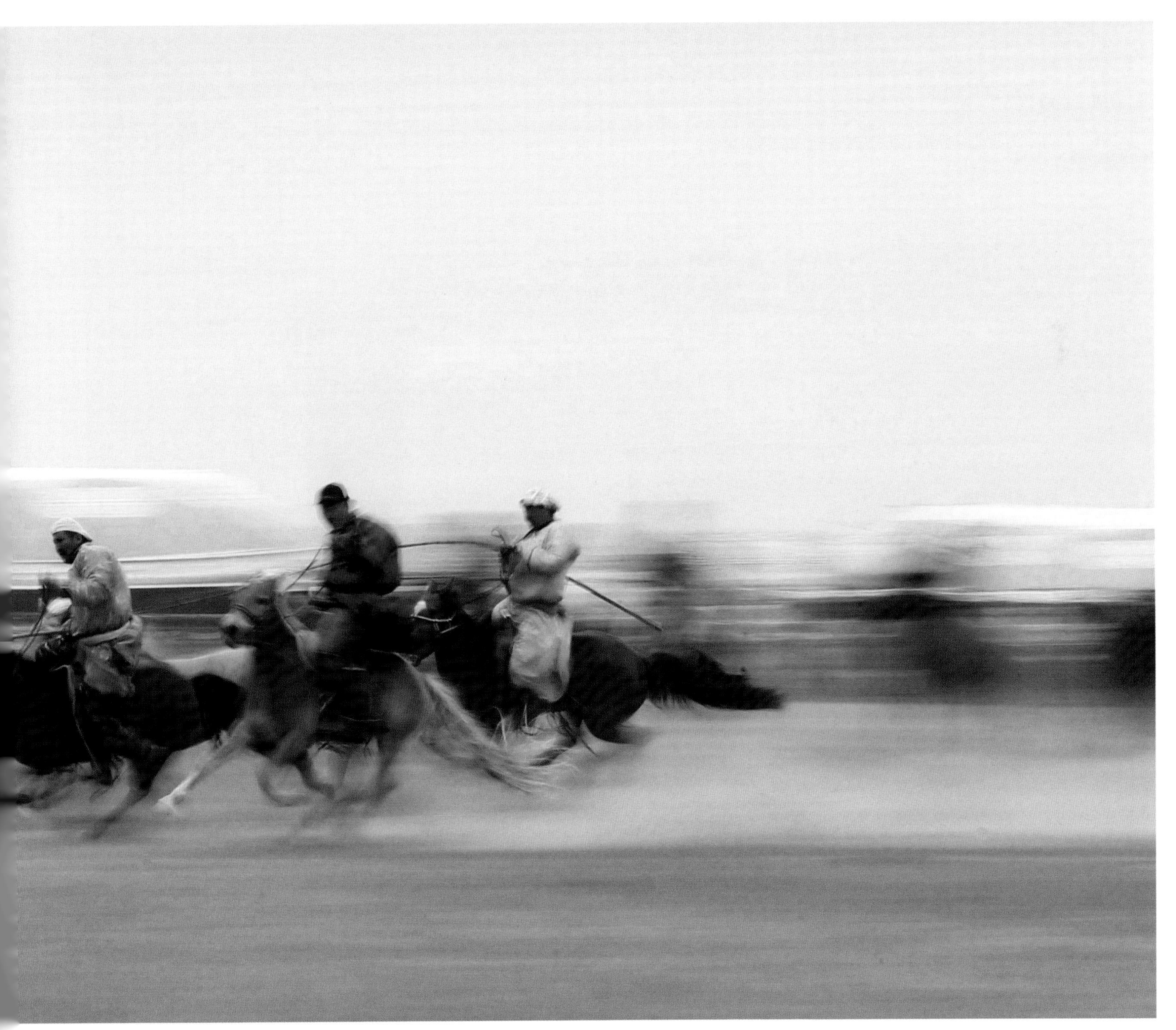

《追风》 摄影 / 伊力塔巴特尔

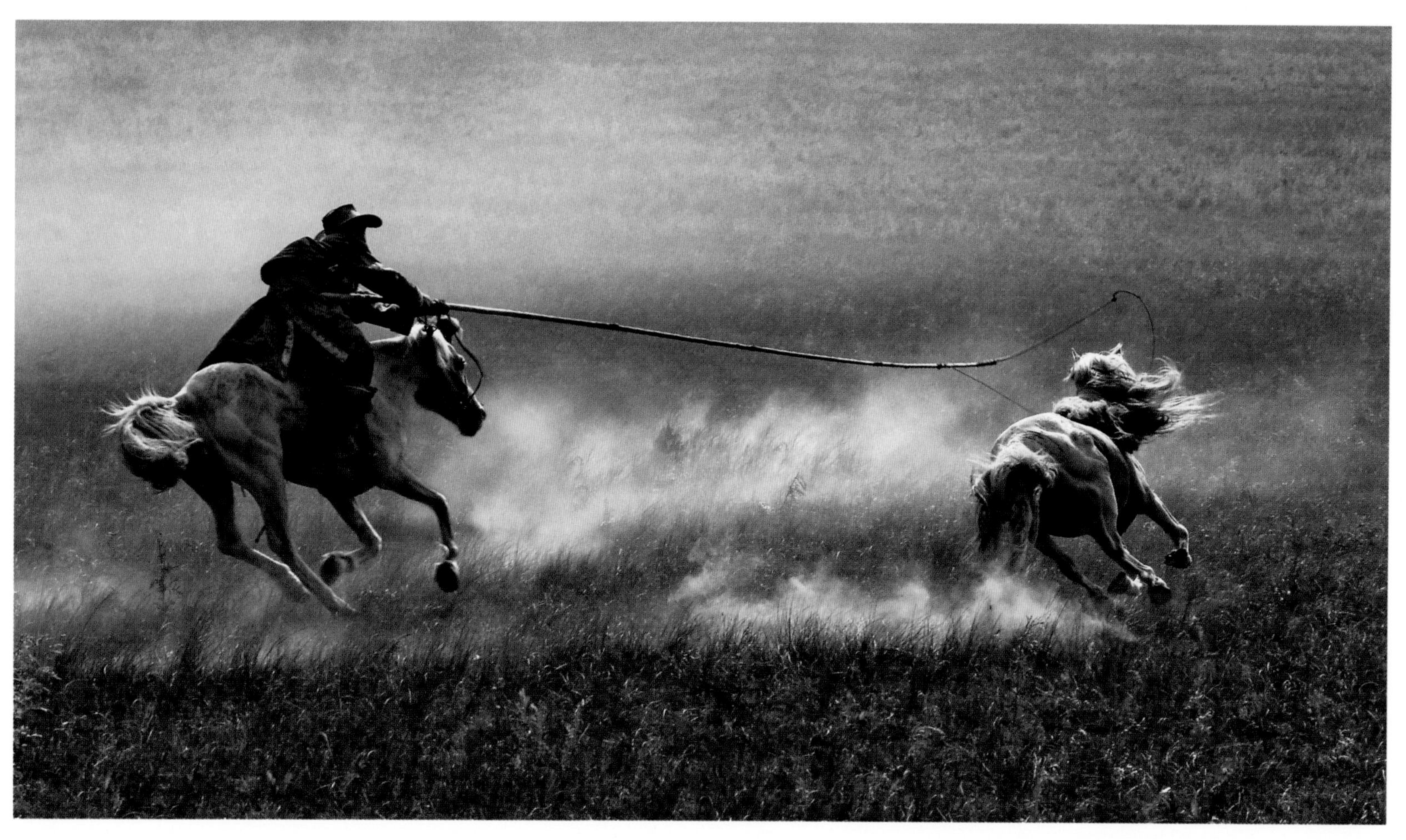

《套马》 摄影 / 那 · 阿拉塔

草原上的精魂

杨文叶

浩瀚苍穹之下
广袤无垠之上
一群如潮水般奔涌而来的蒙古马
踏破清晨的露珠 呼啸着
以整个草原旷远辽阔的速度 一往无前
向着霞光斑斓的方向汹涌而去

我站在辽阔的草原上
感受着渐生的豪迈与壮阔
心也陡然豁亮起来了
我望着它们 它们也望着我
从它们矫健有力的雄姿中

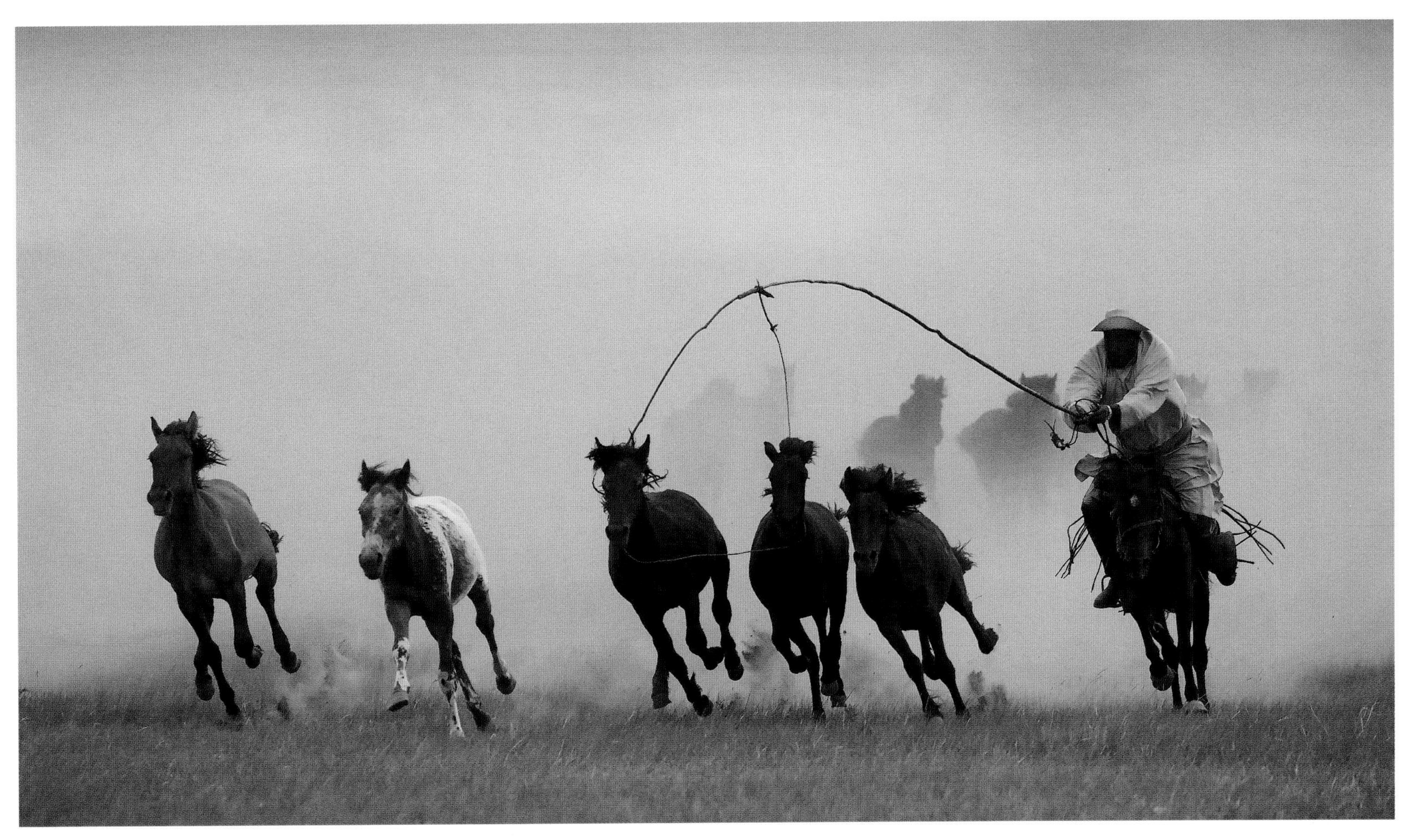

《一杆双骏》 摄影 / 苏亚拉图

从它们撼动天宇的蹄音中
我感受到生命的力量
感受到热情奔放的雄壮与威严
涌动着草原绿色的血液

一帘帘长长的鬃毛迎风舞动
像一面面旗帜 穿行在时空的隧道里
凛冽的西风中
用伟岸与隐忍无言的负重前行
站立成大漠孤烟中的勇士

一匹马 就是一首奋发向上的古歌
它们从远古走来 守候着这片草原
守望着马背民族的梦想

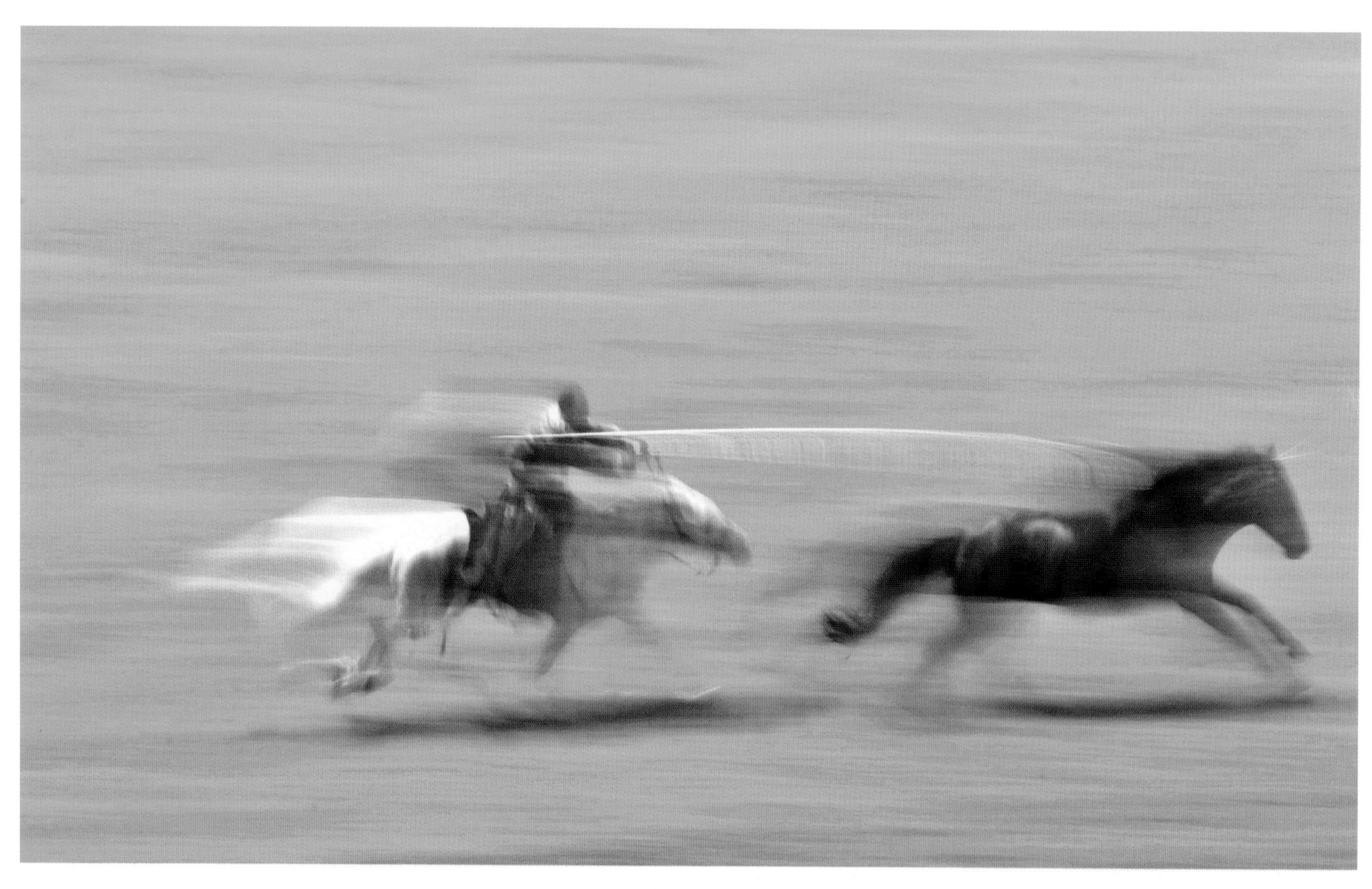

《追风》 摄影 / 姚永华

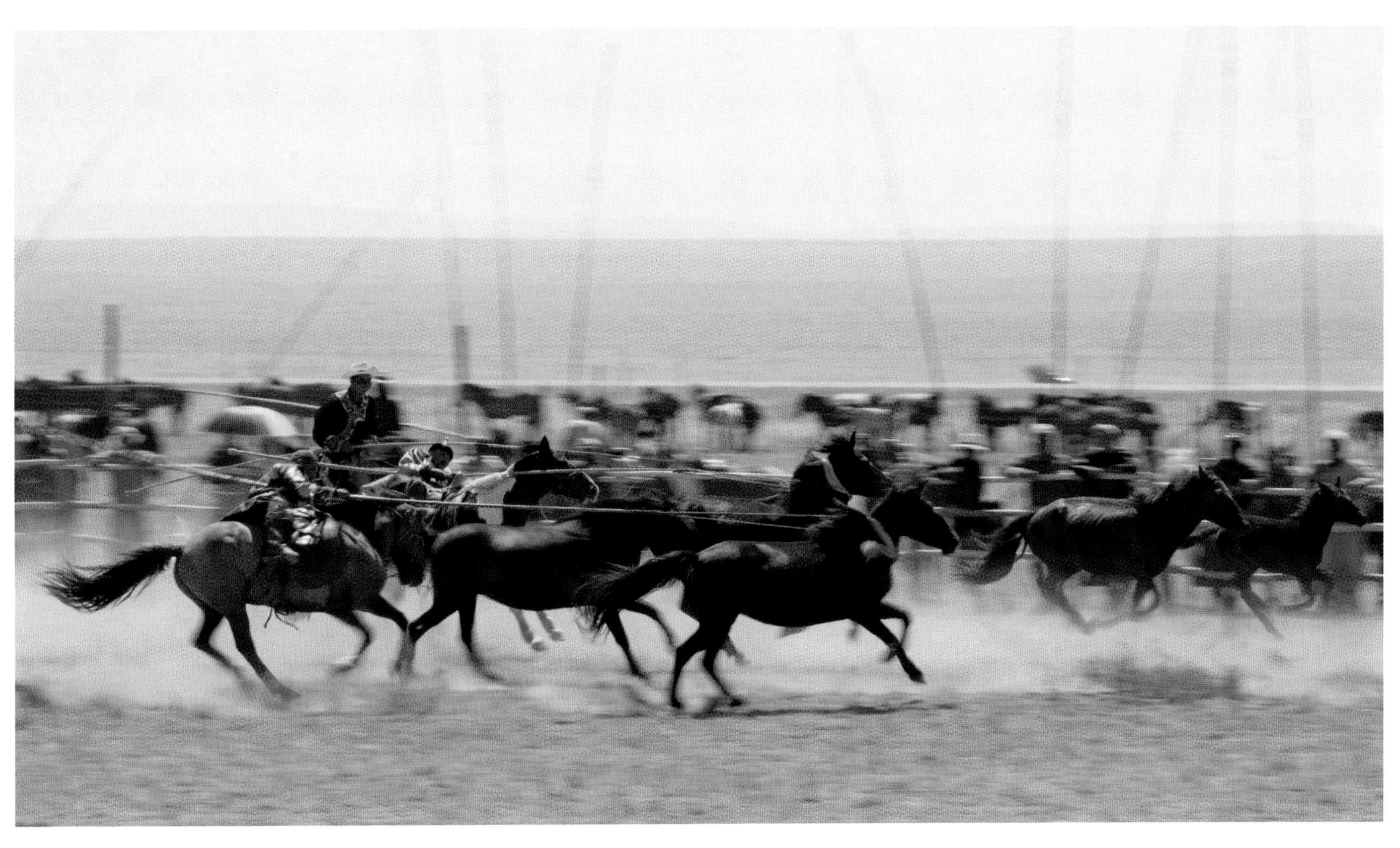

《套马会》 摄影 / 王长明

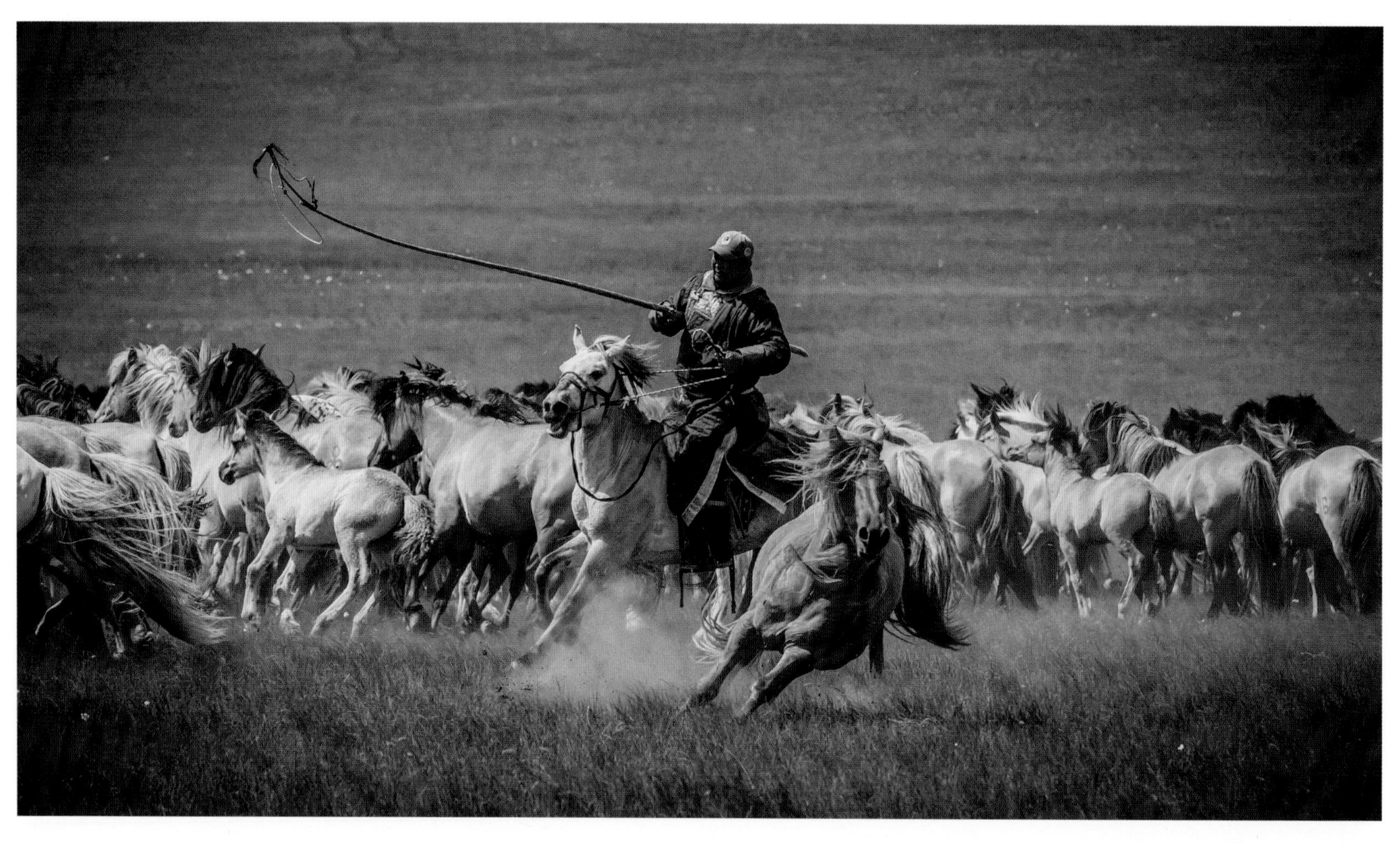

《套马杆》 摄影 / 杨光涛

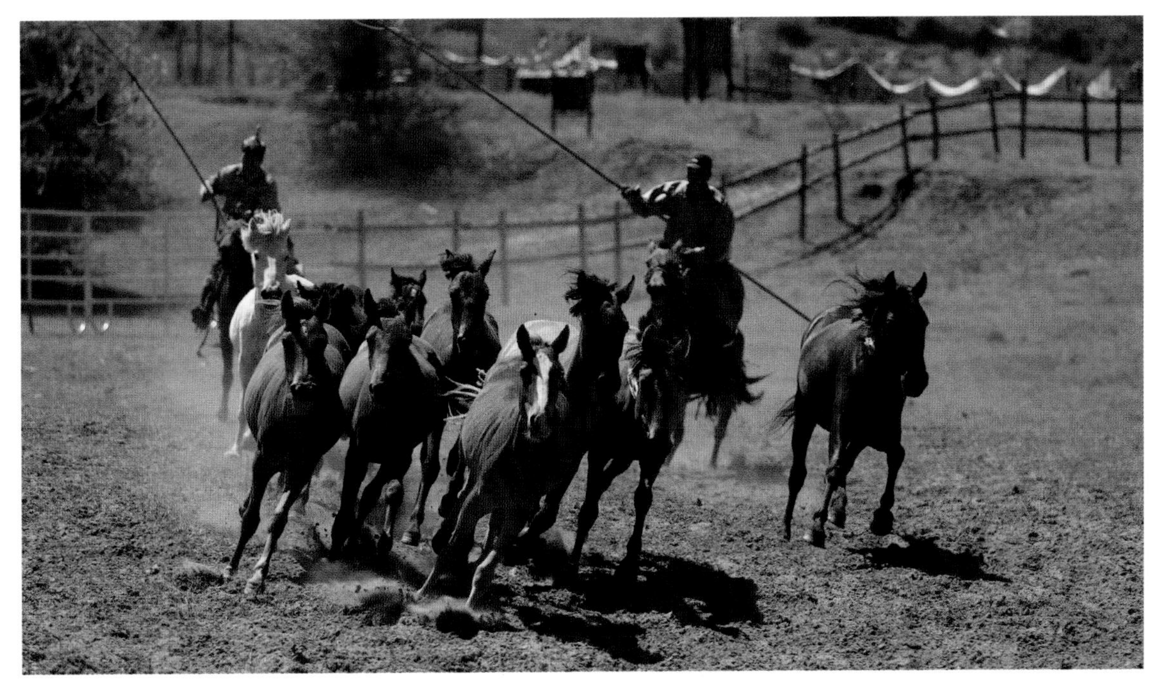

《奔驰》 摄影 / 王激扬

草原记忆

袁海玲

感受着久违了的风
还跟儿时一模一样的风
暖暖的围绕着自己
蹦着跳着肆无忌惮
追逐着那高空的雄鹰
那才是久远年代里最唯美的本真

一缕霞光
披在了蒙古包上
那是阿妈日夜期盼的心
为漂泊的游子敞开思念的大门
英俊的牧马人和骏马
在扬起的套马杆里
比试着各自的本领
在根与魂相连中
祈祷着万物生灵合十的佛音
永远抹不灭的草原养育的恩情
回赠她吧
为她拼搏为她奉献
永远不变的
还是那燃烧在血液里的青春
和在草原深处永久的记忆

草原之子

青阳

甩掉时光的羁绊
踏破洪荒
冲出齐·宝力高的《万马奔腾》
驰向李波《遥远的敖特尔》
为徐悲鸿复活了神来一笔

马群像移动的山峦
压过来
蹄印 是留给大地的刺青
神韵在古老的琴弦上奔驰
马头琴
一把拉满弦的弓

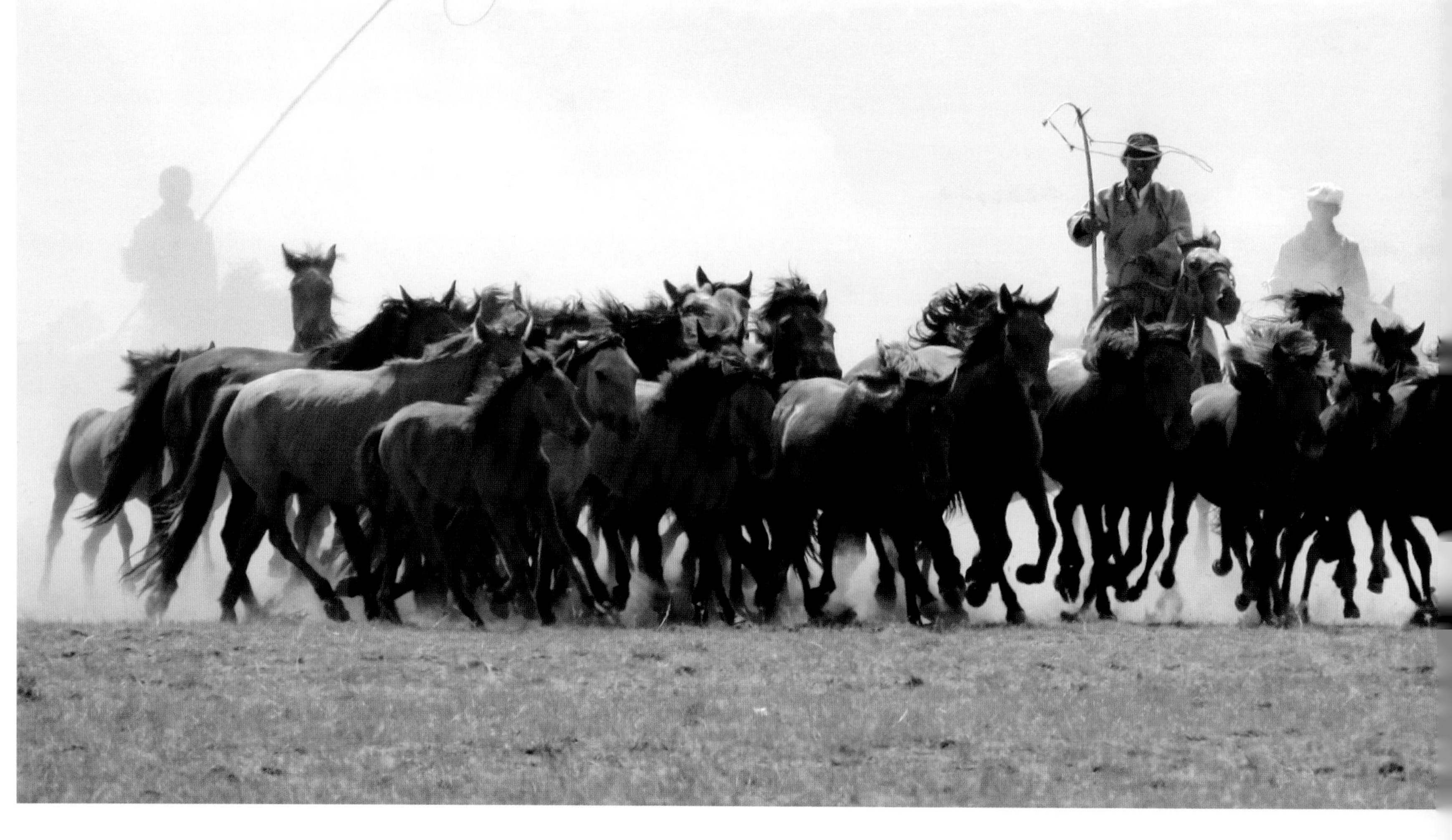

嘶鸣如离弦之箭
射向天际
自然之子的骄傲
钙化在骨骼里

风 拽着马尾一路飙起
力的游戏玩得飞沙走石
彪悍与桀骜对垒

耐力与韧性抗衡
不是角斗
是天地之间
爱与忠的一见钟情
是雄心与野性交手之后的
生死之交

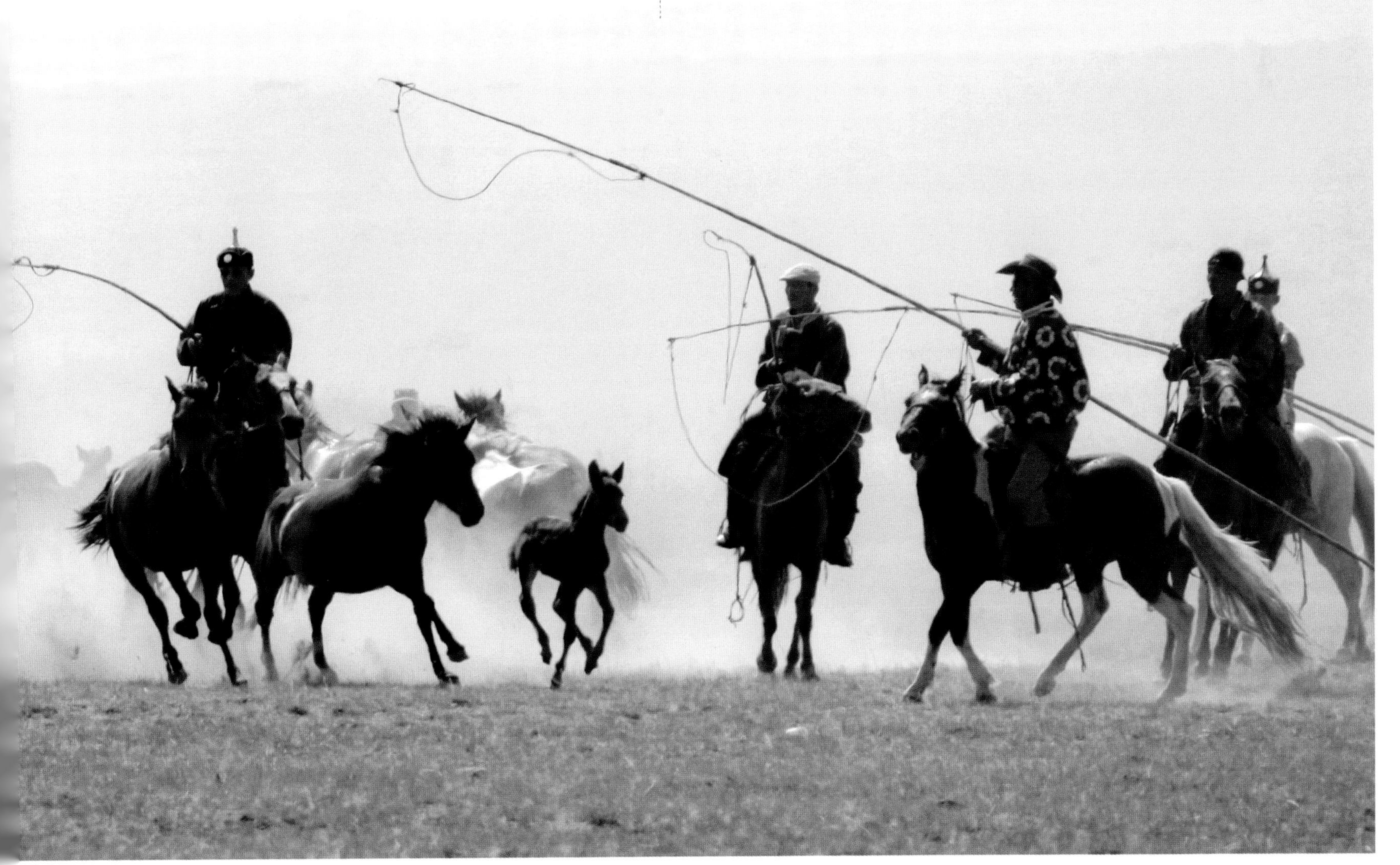

《牧人雄姿》 摄影 / 王志远

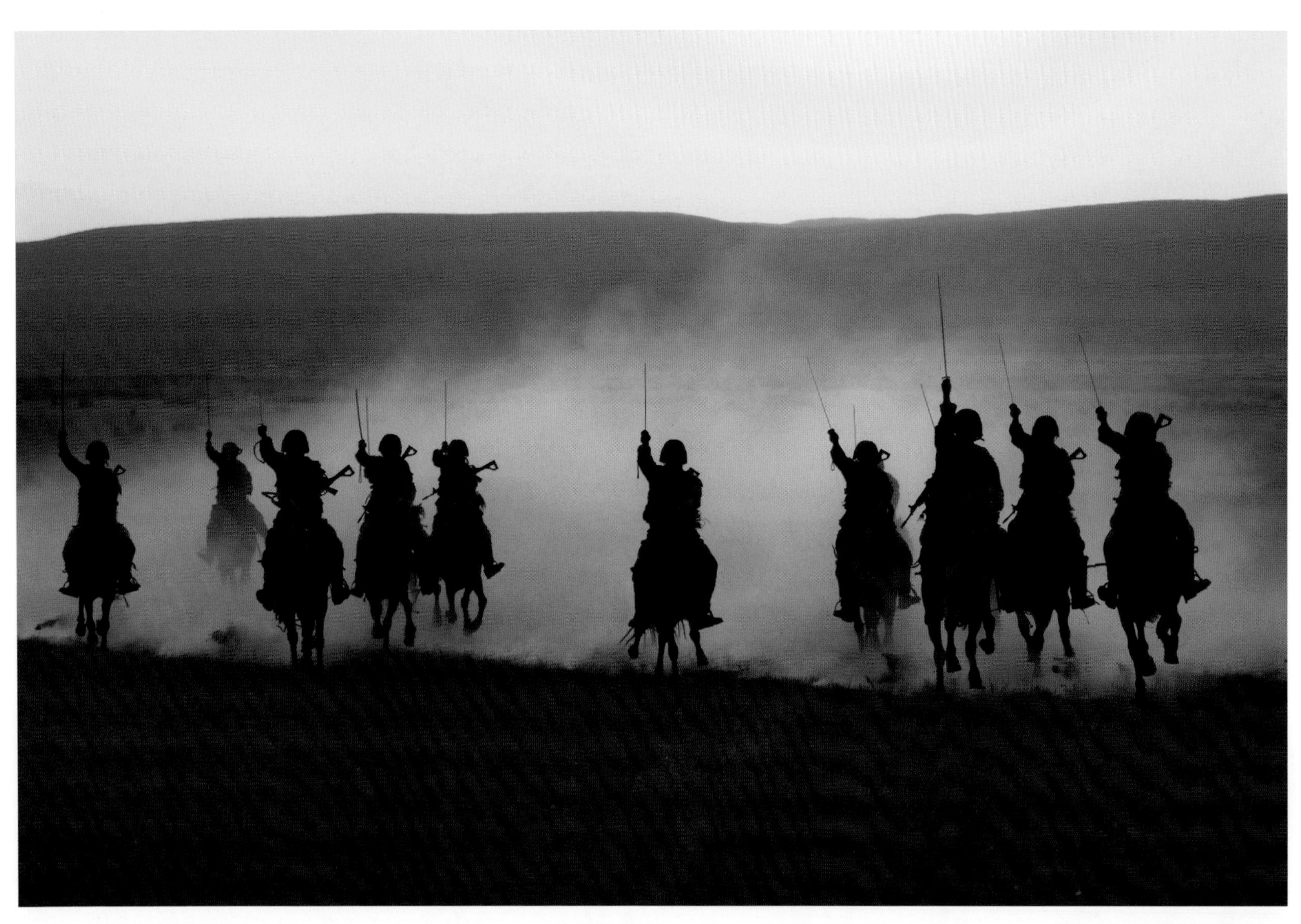

《骑兵》 摄影 / 孟艳玲

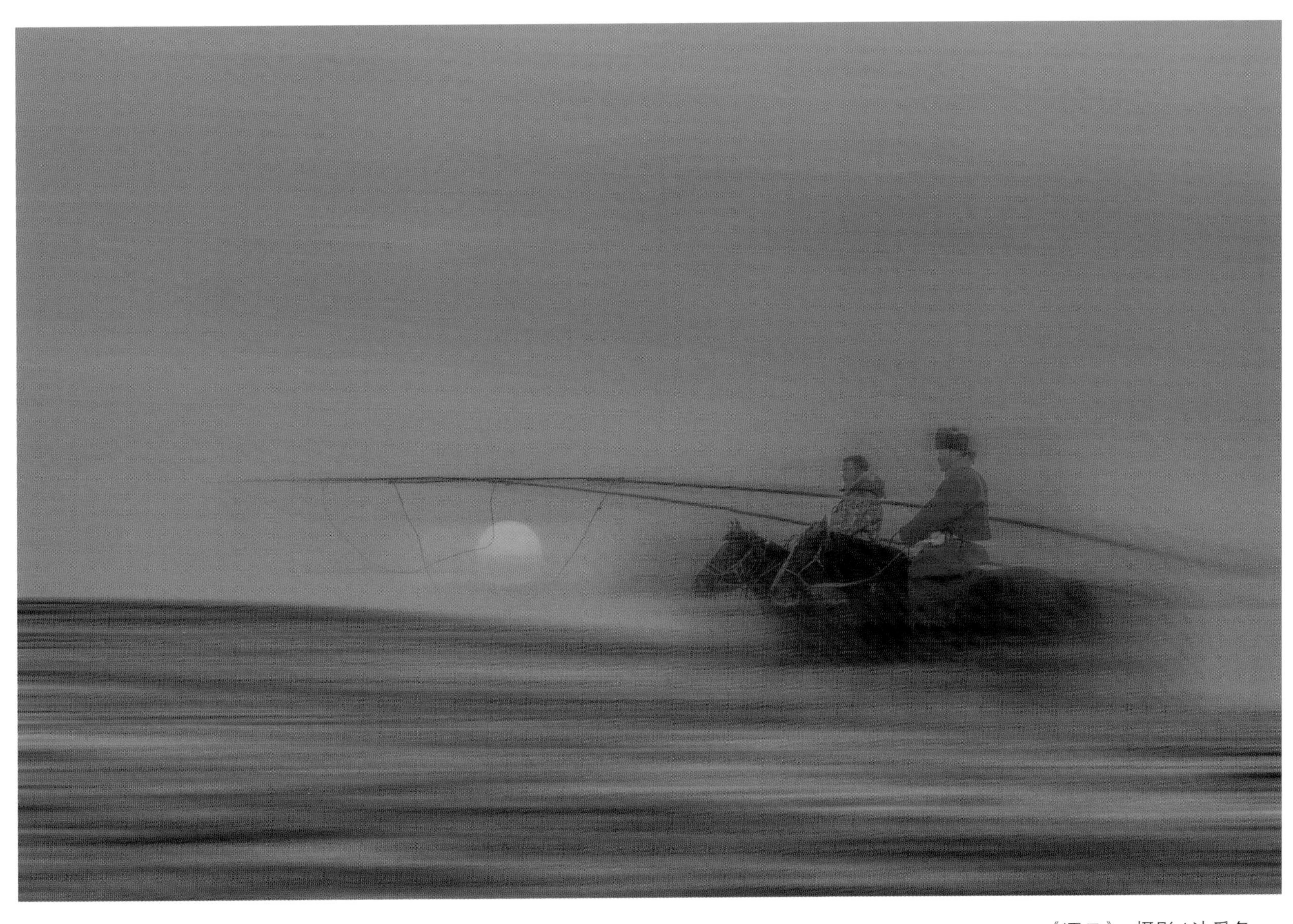

《逐日》 摄影 / 沈爱冬

踏歌的马蹄

水一芳

马背上有一支红色的队伍
马背上有一首奔跑的牧歌
乌兰牧骑
诞生的那一刻
蒙古马就是你的队员
嘶鸣如歌 飞鬃起舞
踏歌的马蹄
丈量过大漠戈壁
丈量过草原人的胸怀

长鞭在空中甩出优美的弧线
让流动的舞台
一直走在敖特尔的路上
走成草原上最美的风景
马头琴拉响久远的渴望
一嗓子呼麦穿越风雨苍茫
一声长调长
醉在毡房的梦里
蹄窝里埋下红色的种子
信念和快乐在草原上发芽

牧人的口碑捧红了你
额吉的马奶酒
把你的故事酿成传奇

一盏马灯 一辆马车
牵一缕星光 近了
在金色的原野
捡一串芬芳的旋律

一队人马 一杆红旗
披一身晨晖 远了
在梦想的征途
追一路踏歌的马蹄

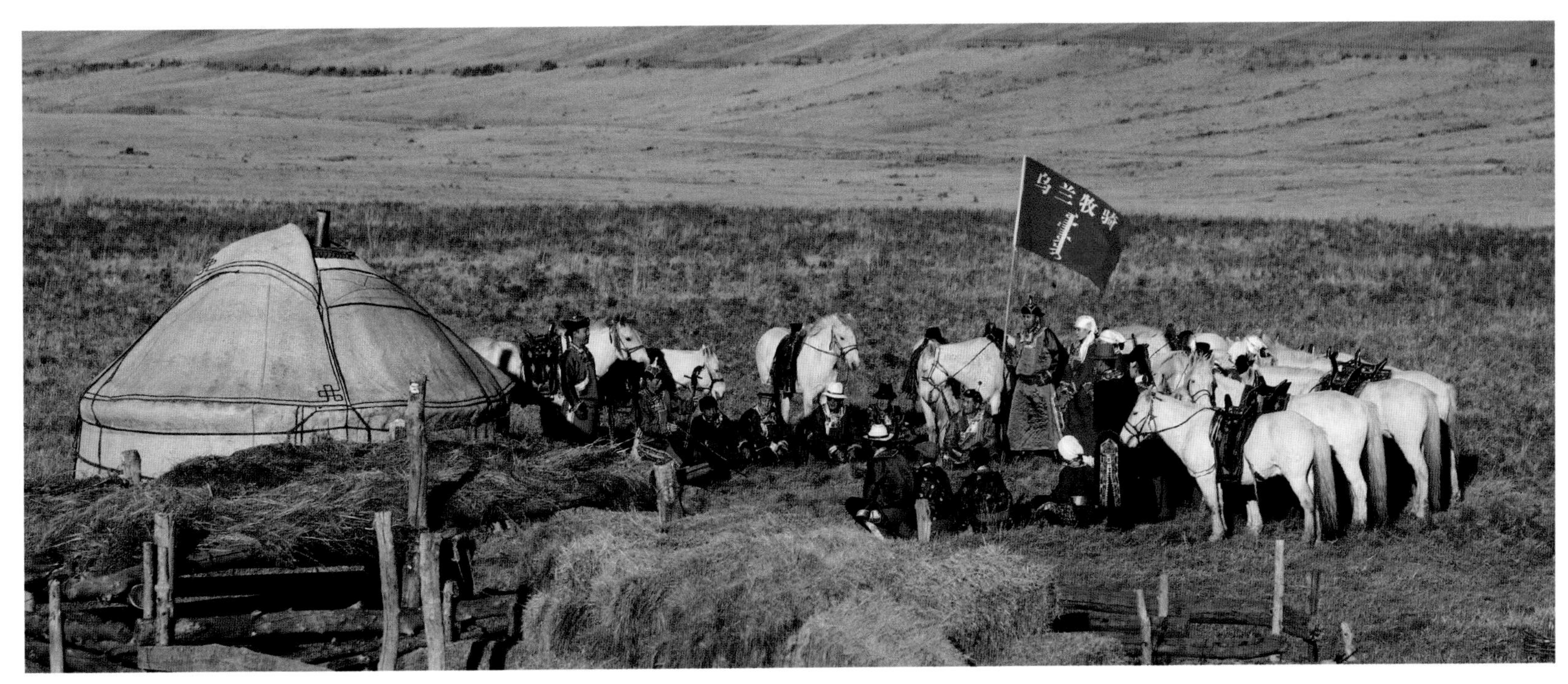

《红色轻骑兵》 摄影 / 那·阿拉塔

《夏营盘》 摄影 / 安一凡

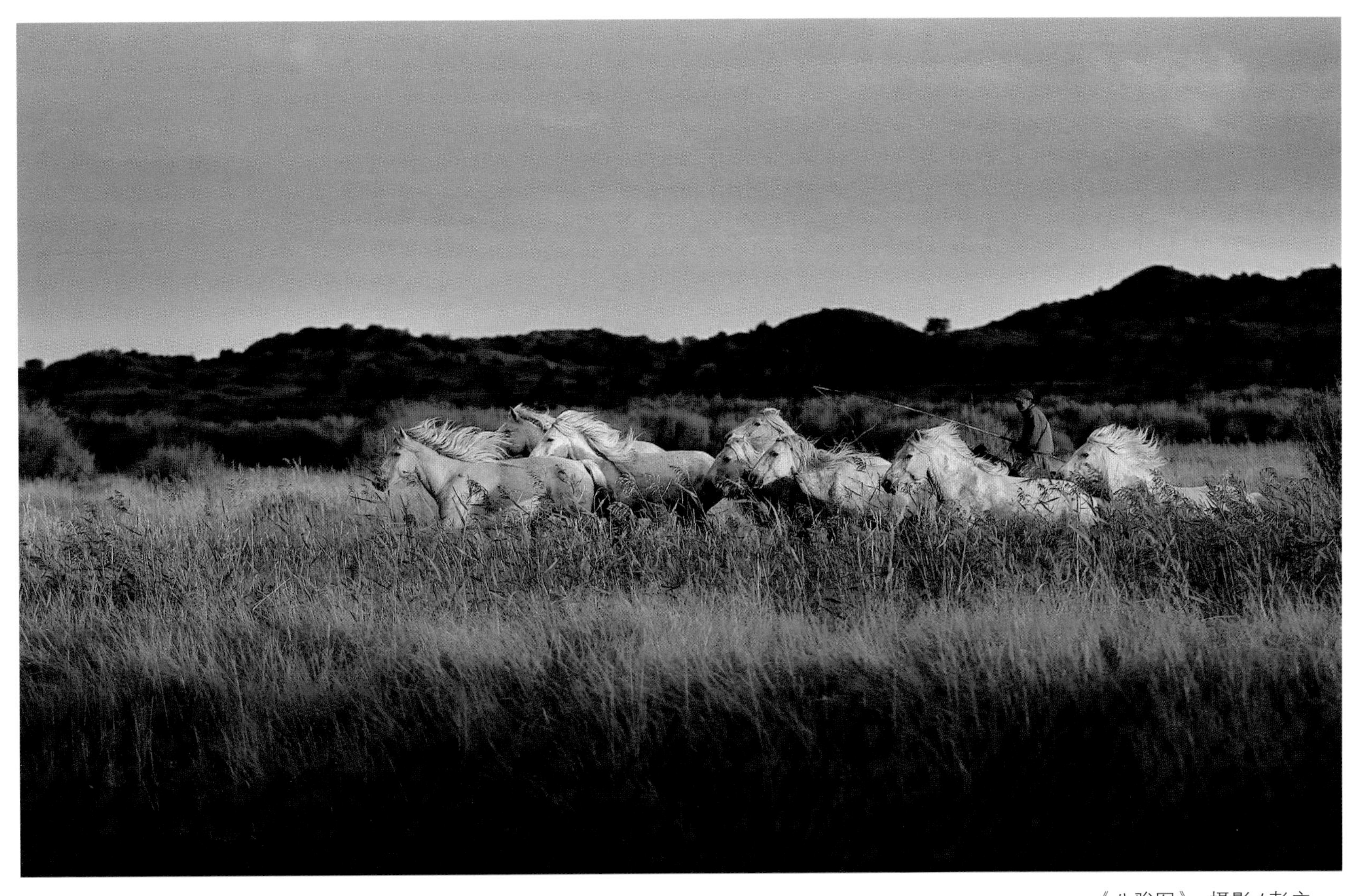

《八骏图》 摄影 / 彭广

《黄马之颂》节选

高·苏雅拉图

发源于广袤无垠的草原
坠世于光照充足的阳坡
铁木真、哈萨尔两兄弟
宠爱的八匹黄骏的子孙
吉祥八匹马繁衍的精灵
黄马后裔永世生生不息

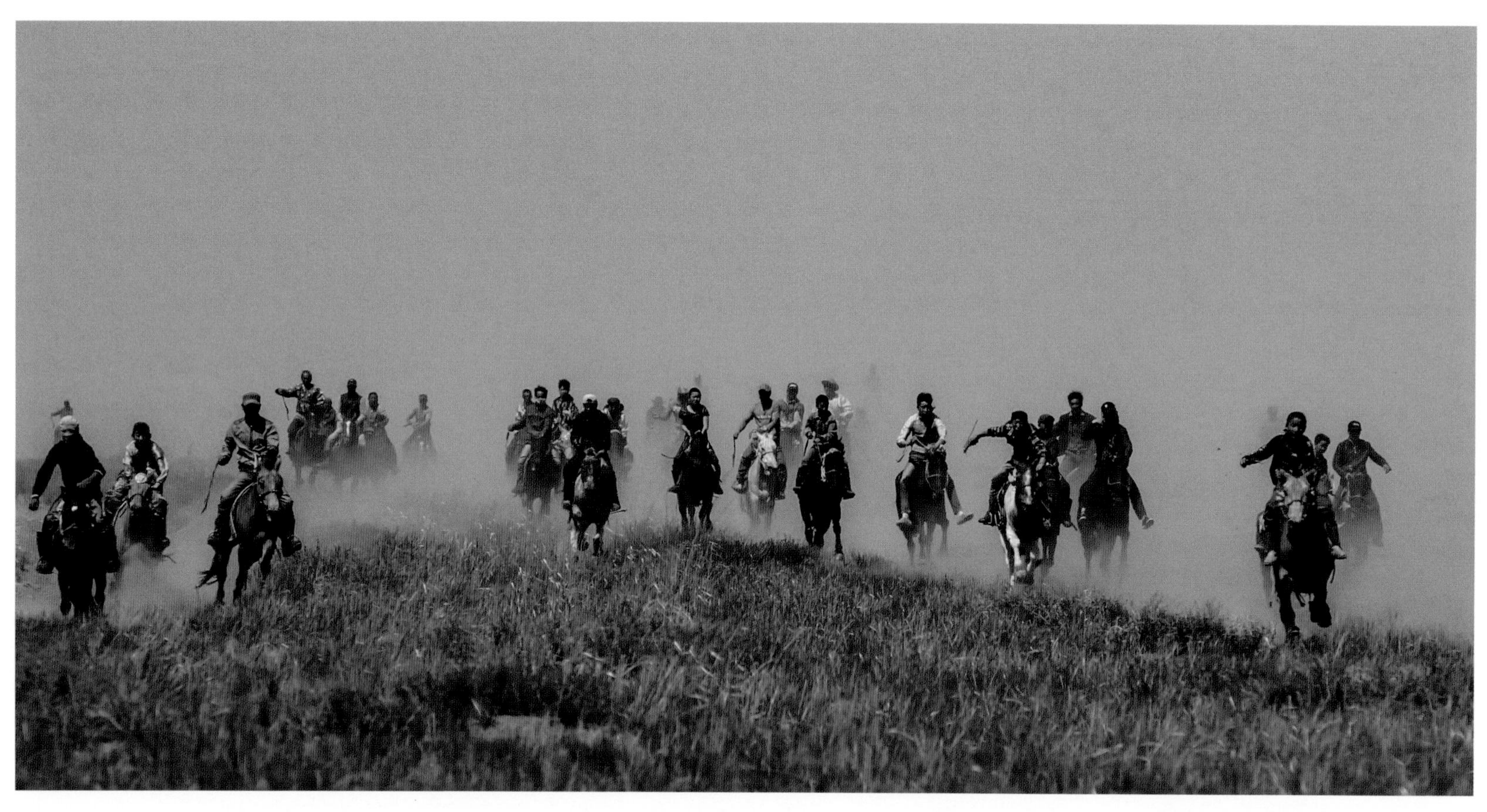

《赛马》 摄影 / 嘎・巴特尔

《马背是草原万事的起点》节选

达・斯仁旺吉拉

乘骑柳条烈马的孩儿
无暇坠地，奔跑着长大的世界
沧桑历史的迁徙车队
来不及抵达，立灶休整的广阔大地
广袤草原上的千事万物
从马背一直奔向目的地

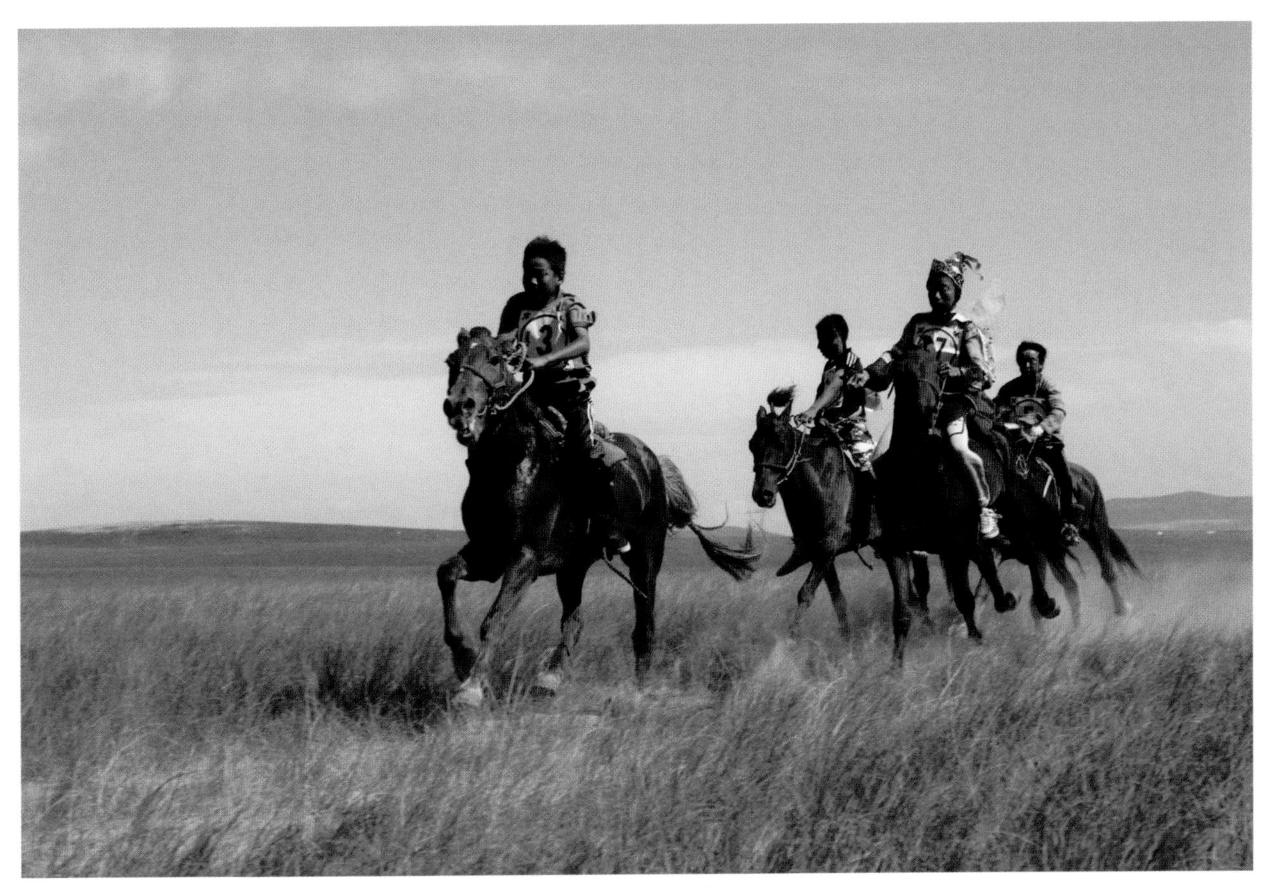

《冲刺》 摄影 / 伊力塔巴特尔

《内蒙古马》节选

普·朝克图那仁

那达慕赛事上运势鼎盛的一匹优良马
赶赴沙场骁勇善战八年的一部英雄诗
诸多马背上勇士被替换了一茬又一茬
把欲欲沦陷的江山捍卫了一次又一次

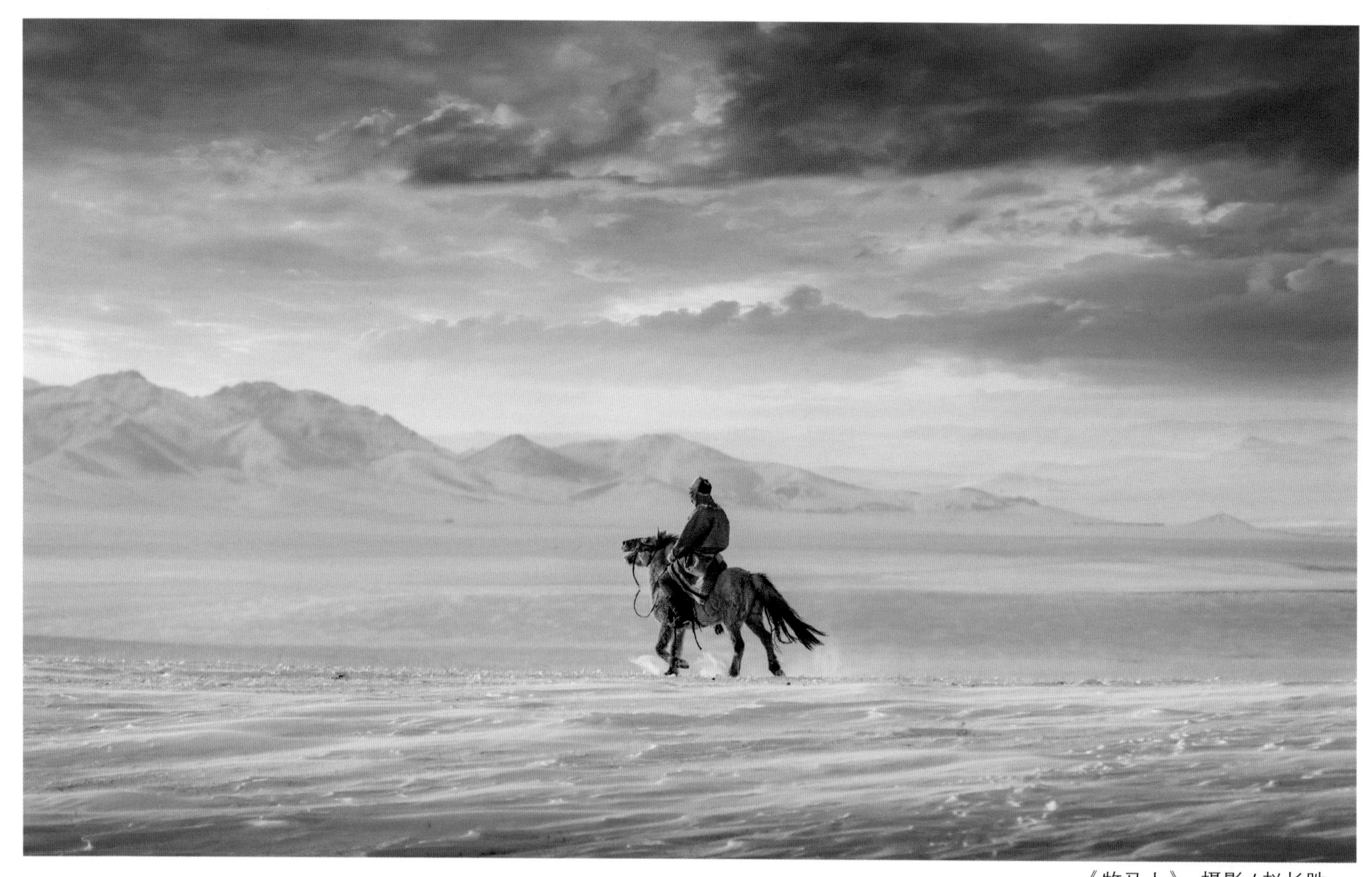

《牧马人》 摄影 / 赵长胜

《云青马》节选

尧·额日登陶克陶

云青优良骏马
闪发吉祥颜色
黎明一声嘶鸣
预示瑞祥吉兆

穿透世间的双眼
散发闪闪的火光
历经沧桑的圆蹄
犹如钢铁般强健

嘴咬冰冻的马衔声
让凉风惊跳为奇葩
抖落身上尘土一瞬
把天寒转暖为神奇

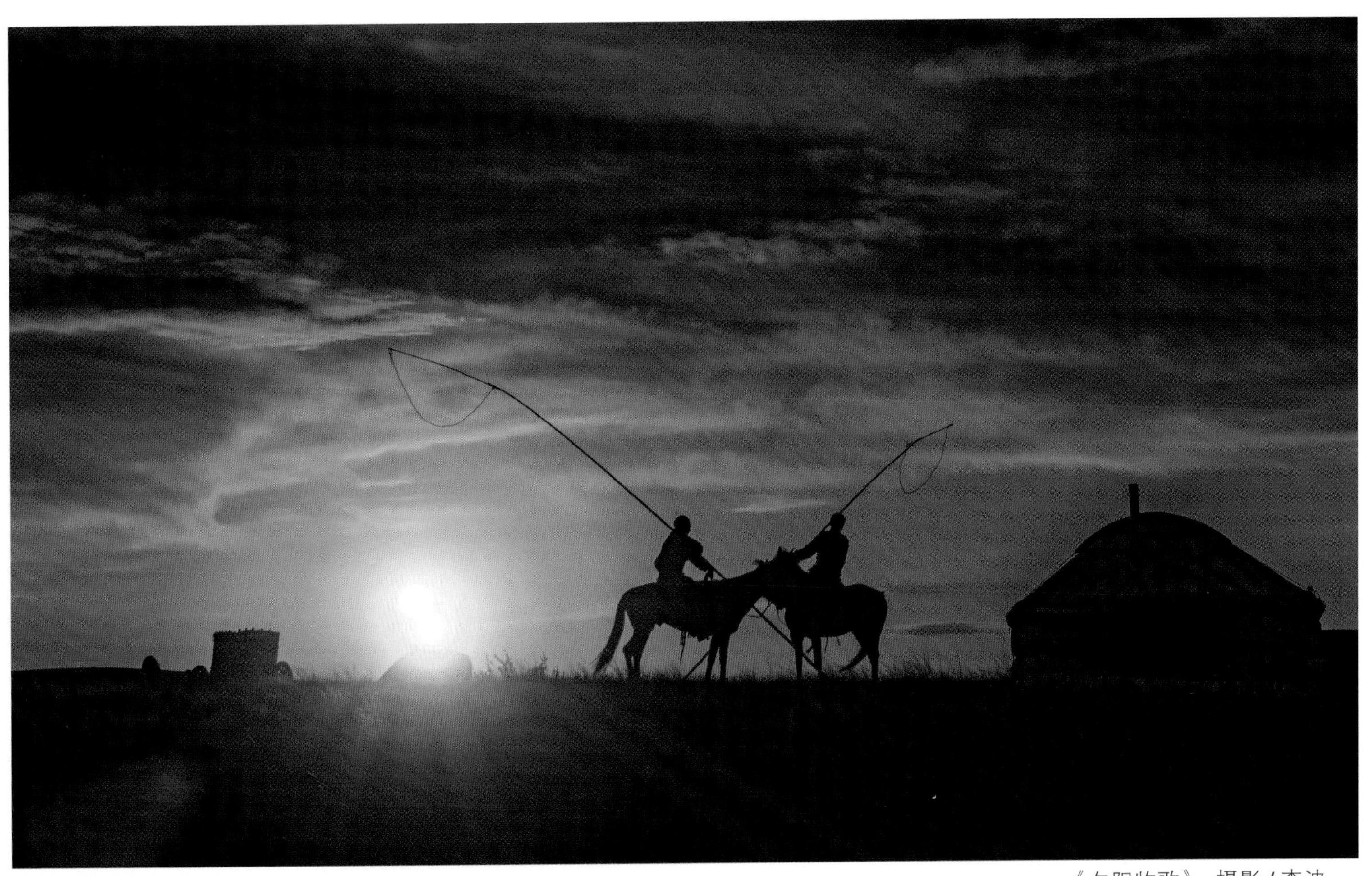

《夕阳牧歌》 摄影 / 李波

《木桩上的蒙古马》节选

达·斯仁旺吉拉

酷似四季太阳系闪亮
操控天地之间的冷暖
宛似青雾缭绕马桩旁
蒙古马点缀牧家门外

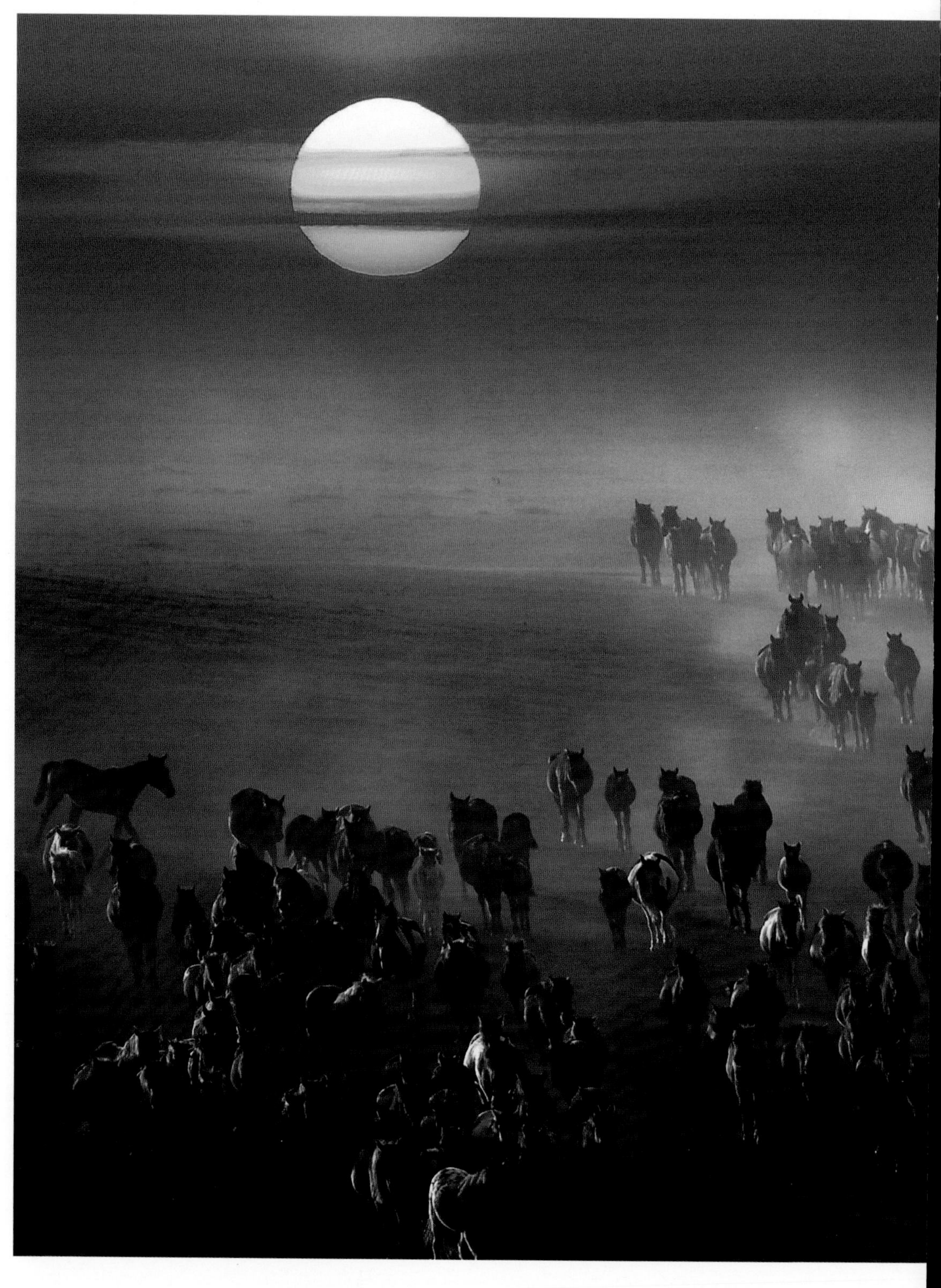

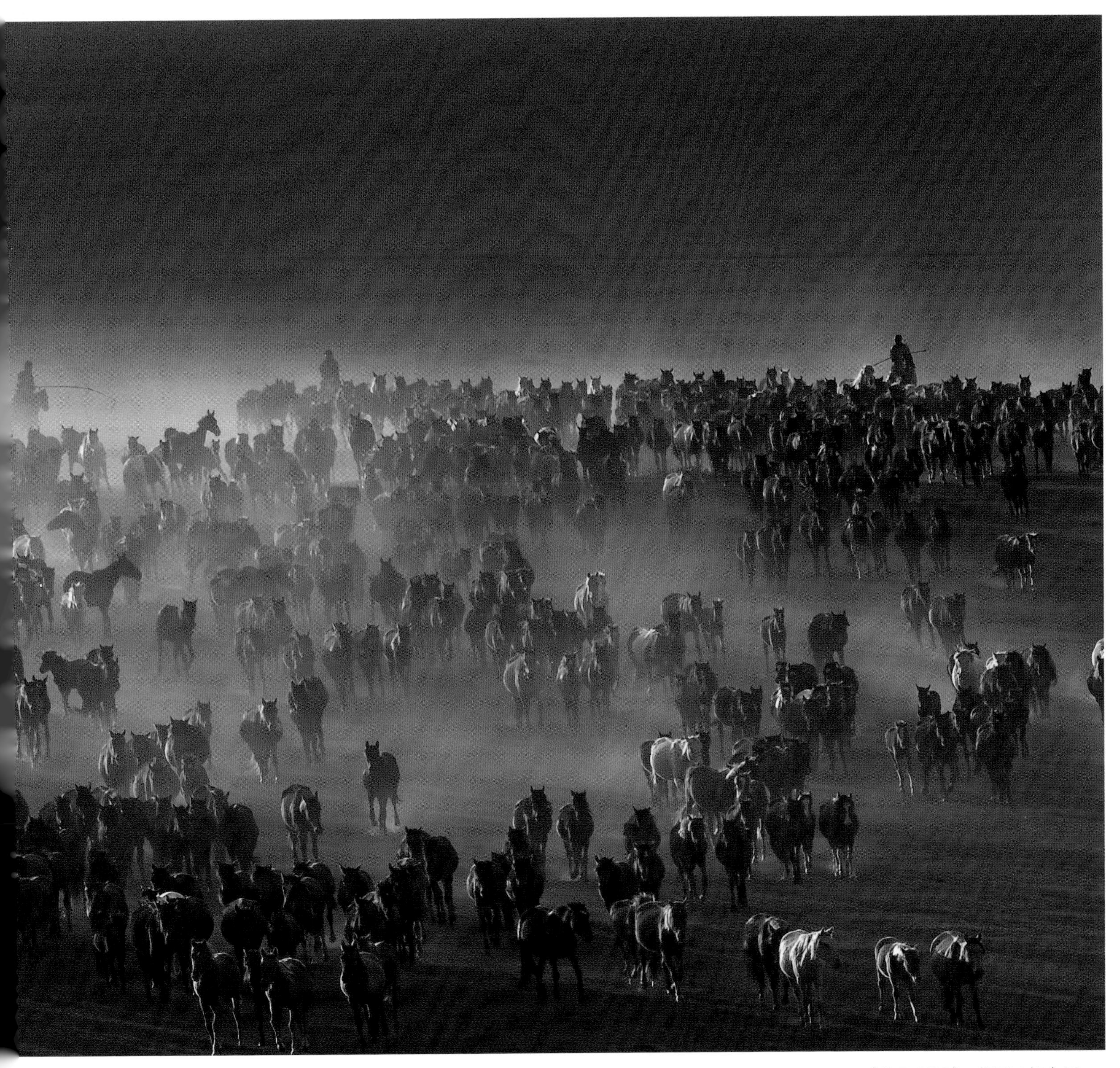

《饮马长河》 摄影 / 赵宏韬

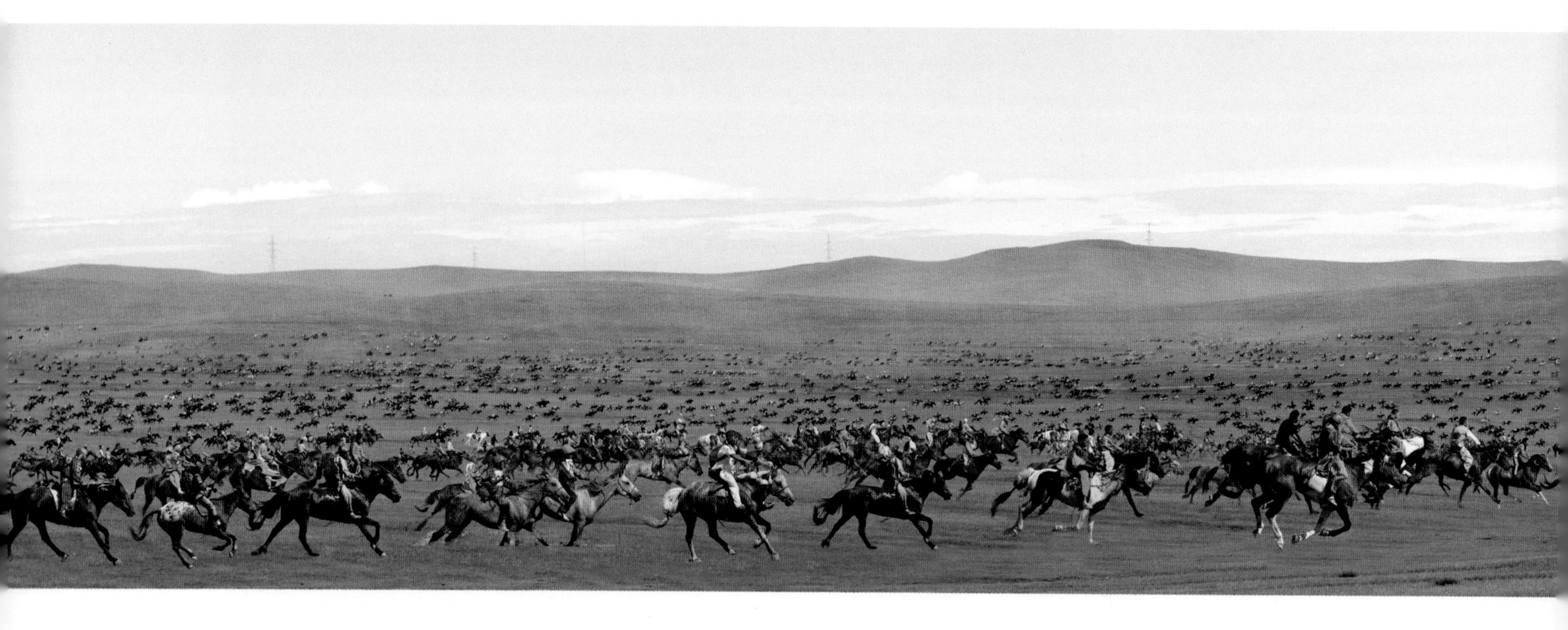

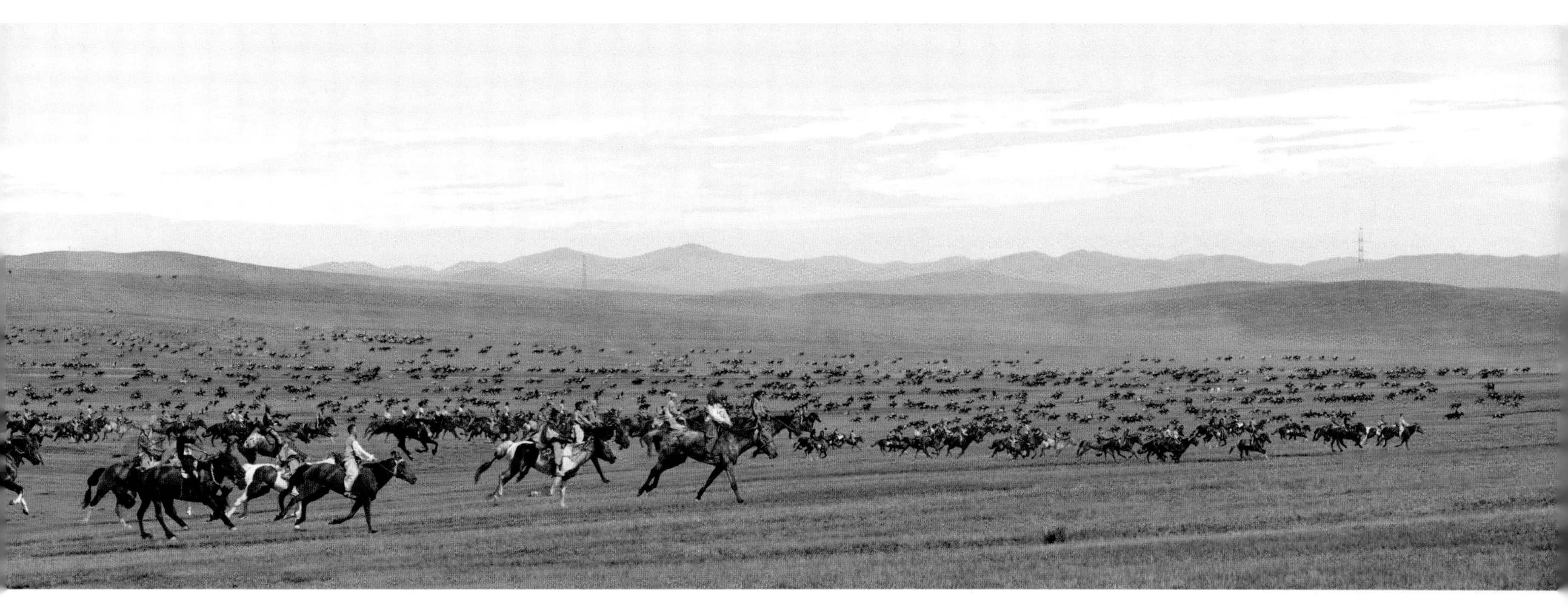

《万马奔腾》 摄影 / 额博

后记

像迎接日出一样期待这本以蒙古马为主题的图文集出版，也像把蒙古马放归草原一样，使其成为历史长河中的一朵浪花。从最初的动议、策划、征稿，到图文编辑、审议定稿……历时一载有余，图文集终于以《马韵之光》命名跃然于世，捧于广大读者面前，为中国共产党成立一百周年献上一份来自锡林郭勒草原的真挚祝福！

为了充分展示千里草原锡林郭勒的美景和人文，进一步弘扬蒙古马精神，用文化的力量深化草原的内涵，扩大草原的影响力，锡林郭勒盟文学艺术界联合会决定出版一本以蒙古马摄影作品和文学作品为主的图文集，展现蒙古马的魅力，彰显蒙古马精神，铸牢中华民族共同体意识，反映各族儿女守望相助、团结奋斗的精神风貌。图文集主要面向锡林郭勒盟内的摄影家、诗人、作家征集作品。共征集到主题摄影作品两千余幅，诗歌、散文（含蒙文诗歌）二百余首（篇）。经过编委会反复甄选，将其中优秀的摄影作品、散文、自由诗等编辑成书。其中有部分为盟外文学艺术家的优秀作品。

为了充分发挥和拓宽摄影家、诗人和作家创作的视野及思维空间，对摄影作品和诗歌、散文作品分别进行征集，并没有让诗人、作家看着图片写诗文，也没有限制摄影家针对哪篇诗文内容进行拍摄。所以征集的作品内容丰富、风格多样、图文新颖。当我们把这些作品汇集起来，不由得被感动、被震撼了。这些图文作品无一不是作者的倾心之作，充分体现了大家对蒙古马的钟爱，对摄影、文学艺术的执着追求以及创作水准。

编辑这本图文集是对每一位编委的挑战和考验。编委会成员以百倍的激情和责任心，全力以赴投入这本书的编辑工作。大家怀着对蒙古马的热爱，努力将摄影、诗文作品编辑得既相得益彰，又异彩纷呈，使蒙古马的形、神、气、韵等特质在这本书里得以体现，用图文并茂的形式，给读者呈现一种视觉与品读的冲击。鉴于我们的能力、水平有限，此书一定有不尽如人意之处，真诚接受广大读者的品评指导。

《马韵之光》得以出版，凝聚了太多人的智慧和才华，倾注了太多人的时间和精力。特别感谢贾学义、路远、哈斯乌拉、额博、乌拉汗等区内外文学艺术界专家学者为出版本图文集提供指导和帮助，感谢道尔吉苏荣、高龙为图文集封面题写蒙汉书名，感谢吉日嘎拉图为图文集设计图标，感谢照日格图为部分蒙文作品翻译，感谢内蒙古科学技术出版社高标准、高质量的编辑加工， 感谢为图文集出版付出辛苦劳动的作者、编辑、工作人员。

写这篇后记时，窗外响起一阵阵辞旧迎新的爆竹声，正值金牛献瑞、万象更新之际。2020 年全球经历了新冠病毒的袭击，但是，我们前行的脚步从未停止，我们追逐梦想的动力愈加充沛。这本图文集的编辑出版是一次养马、驯马、纵马的过程，也是一次识马、懂马、爱马的突破，是一次精神的洗礼和灵魂的升华，更是对蒙古马精神的传播和弘扬。我们要深刻领会和解读蒙古马精神的时代性，宣传蒙古马精神，进一步弘扬蒙古马精神在社会进步和人类发展中的重要作用。骐骥一跃，不能十步；驽马十驾，功在不舍。让我们驾驭时光之马，在前进的路上激情澎湃、坚忍不拔、进取不舍。在未来的岁月里不惧艰难、勇往直前，描绘祖国北疆亮丽风景，以蒙古马精神奔向新时代、新征程。

《马韵之光》编委会

2021 年元月